Michael Moritz

NAMASTE HIMALAYA!

Michael Moritz

NAMASTE HIMALAYA!

Wie ein Dorf in Nepal mir die Welt öffnete

Mit 52 Farbfotos und einer Karte

NATIONAL GEOGRAPHIC

MALIK

Mehr über unsere Autorinnen, Autoren und Bücher:
www.malik.de

Wenn Ihnen dieses Buch gefallen hat, schreiben Sie uns unter Nennung des Titels »Namaste Himalaya!« an *empfehlungen@piper.de*, und wir empfehlen Ihnen gerne vergleichbare Bücher.

Unser Versprechen für mehr Nachhaltigkeit
• Klimaneutrales Produkt
• FSC®-zertifiziertes Papier
• Hergestellt in Europa

FSC www.fsc.org
MIX
Papier | Fördert gute Waldnutzung
FSC® C083411

Erstmals im Taschenbuch
ISBN 978-3-492-40671-0
Mai 2024

erschienen im Verlagsprogramm Malik
Umschlaggestaltung: Petra Dorkenwald (nach einem Entwurf von Birgit Kohlhaas)
Autorenfoto und Umschlagabbildungen: Anna Baranowski
Bildteilfotos: Anna Baranowski und Michael Moritz
Karte: Marlise Kunkel, München
Satz: Uhl+Massopust GmbH, Aalen
Gesetzt aus der Dante MT und der Dico Slab
Litho: Lorenz & Zeller, Inning am Ammersee
Druck und Bindung: CPI books GmbH, Leck
Printed in the EU

Inhalt

Prolog

7. Februar 2020, an der Grenze zwischen Myanmar und Indien

Ein trockenes Kratzen zieht durch meinen Hals. Ich unterdrücke den Hustenreiz und halte die Luft für einige Sekunden an. Sollte der Grenzsoldat mit dem Maschinengewehr merken, dass ich krank bin, wird er mich erst gar nicht nach Indien reinlassen. Es fühlt sich in diesem Moment schrecklich an, aber ich muss mir meinen Wunsch erfüllen. Ich muss weiter ins nächste Land, um dem Himalaya und somit auch dem Wiedersehen mit Anna einen Schritt näher zu kommen. Doch seit ich mich als Freiwilligenarbeiter in Myanmar mit einem üblen Husten ansteckte, plagt mich eine unterschwellige Angst: Habe ich Corona?

Als ich vor gerade mal einem Monat, im Januar, zum ersten Mal davon hörte, dass sich in China ein Virus auf die Reise machte, hätte ich nie erwartet, dass davon irgendwann mein eigenes Unterwegssein berührt sein würde. Wie bei so vielen Nachrichten, die täglich auf einen einprasseln, hielt ich auch diese Epidemie für etwas, das woanders passiert. Aber eben nicht hier, bei mir. Als Weltreisender ist man halt unterwegs, ja, meist rastlos unterwegs. Kaum irgendwo angekommen, ist man auch schon wieder weg. Mit all dem Elend, den Krankheiten und Krisen, die auf der Welt passieren, kommt man, wenn überhaupt, nur oberflächlich in Kontakt. Man glaubt daher, selbst nicht betroffen zu sein. Das ist wohl eines der vielen Privilegien, die ich als Reisender aus dem reichen Westen in meinem Multifunktions-Trekkingrucksack überall mit hintrage: Ich kann es mir leisten, da zu bleiben, wo es mir gefällt, und zu gehen, sobald es unangenehm wird. Da gibt es also eine Seuche in China? Na, dann lass uns schnell weiterreisen. Raus aus China, rein ins nächste Land!

Der Soldat winkt mich weiter und zeigt auf den Eingang der Grenzstation. Ich öffne die Tür, und der nächste Grenzsoldat mustert mich, bevor er mich grüßt. Ich meine, seine Gedanken lesen zu können: Schon wieder ein reisender Hippie mit zerrissenen Kleidern und viel zu großem Rucksack. Kaum zu glauben, dass ich mich vor wenigen Jahren noch mit glatt rasiertem Gesicht freiwillig in Anzug und Schlips zwängte. Meine gepflegten Zeiten als Banker kommen mir heute sehr weit weg vor. Mit jedem Schritt auf der Karriereleiter wurde auch meine Kleidung informeller, was sich ziemlich befreiend anfühlte. Bei meinem letzten Job bin ich sogar barfuß durch das Büro gelaufen. Nach der Kündigung meines alten Lebens – des Jobs, Mietvertrags, Bausparvertrags, der Lebensversicherung und dem Hergeben all meiner Möbel – machte ich mich frei von den vorherigen Bekleidungsregeln. Heute trage ich stets dieselbe schwarze, mittlerweile von der Sonne ausgebleichte Trekkinghose. Mein Bart hat in diesem Jahr noch keinen Rasierer gesehen, und das darf gerne auch für die nächsten Monate so bleiben. Die schulterlangen blonden Haare sind vom Leben als Nomade, das fast ausschließlich draußen stattfindet, weiß gesträhnt. Die aufgerissenen Löcher im bunt gemusterten Lieblingshemd erzählen von den Strapazen meiner Reise.

Der Soldat lächelt mir freundlich zu, führt seine Handflächen vor der Brust zusammen, beugt sich leicht nach vorne und begrüßt mich mit »Namaste«. Bis dahin kannte ich den Ausdruck bloß als Abschiedsgruß meiner Yogalehrerin in Deutschland. Doch tatsächlich, in Indien grüßt man sich so auch alltäglich auf der Straße. Direkt übersetzt bedeutet *Namaste* so viel wie »Ich verbeuge mich vor dir«.

Bevor ich nun offiziell in Indien einreisen darf, gibt mir der Grenzposten zu verstehen zu warten. Ich wippe unruhig von einem Fuß auf den anderen. Vor einigen Monaten verließ ich meine Heimat, reiste nach Russland, durchquerte die Mongolei, stand wenig später auf chinesischem Boden und kreuzte in Südostasien alle paar Wochen eine weitere Landesgrenze. Doch im Gegensatz zu den letzten zwölf Grenzübergängen läuft dieses Mal irgendetwas anders.

»Ein Arzt muss überprüfen, ob Sie gesund sind, Sir«, erklärt mir der Soldat. Der Satz wirkt wie ein Schlag gegen meine gereizte Kehle. Ich tauche im selben Moment ab, als würde ich etwas in meinem Rucksack suchen. Tatsächlich verstecke ich das Geräusch meines trockenen Hustens hinter meinem schwarzen Halstuch, das mit einem dicken Knoten an meinem Gepäck befestigt ist. Das alles fühlt sich an, als würde ich gerade illegal in ein fremdes Land einreisen. Der Soldat starrt mich weiterhin an, ohne den Blick einmal abzuwenden.

»Der Nächste, bitte!«, schallt es aus dem Zimmer mit der weißen Tür. Mein Puls rast. Ich begrüße den Mann im weißen Kittel wortlos mit einem kurzen Nicken. Seit Tagen bin ich heiser. Während der letzten Wochen in Myanmar arbeitete ich als Englischlehrer an einer Klosterschule für Waisenkinder. Die Kinder steckten mich nicht nur mit ihrer puren Lebensenergie an, sondern eben auch mit einer hartnäckigen Atemwegsinfektion. Die Erfahrung an der Schule machte mich im doppelten Sinne sprachlos.

Der Arzt nimmt eine weiße Pistole aus der Schublade und drückt sie mir direkt an meine Stirn. Eine rote Zahl blinkt auf, 37,2 Grad. Glück gehabt, wenigstens mein Fieber ist wieder runtergegangen.

»Haben Sie irgendwelche Erkältungssymptome, Sir?«, fragt er mich mit ernstem Blick, als würde es gerade darum gehen, die Ausbreitung einer globalen Pandemie zu verhindern. Wie sehr das zutrifft, ist mir in dem Moment nicht klar. Ich schüttele den Kopf und schäme mich. Zu diesem Zeitpunkt mache ich mir keinerlei Gedanken, was tatsächlich gerade auf dem Spiel steht. Das Bewusstsein für den Ernst der Lage einer Massenerkrankung existiert noch nicht. Ob ich mich selbst möglicherweise in Myanmar mit Corona infiziert habe, werde ich nie herausfinden. Es ist die Angst, irgendwo im Nirgendwo mit einem Husten stecken zu bleiben, die mich antreibt und mich den ersten Inder, den ich treffe, anlügen lässt.

Ich muss es zügig nach Nepal schaffen, denn dort habe ich ein Date mit Anna, die endlich wieder zur Reise mit dazustößt. Unser letzter Abschied vor einem halben Jahr in der endlosen Steppe der Mongolei war schwer; wir hatten nicht die leiseste

Ahnung, wann, ja vielleicht sogar, ob wir uns überhaupt wiedersehen würden. Bisher fand unsere Beziehung entweder auf gemeinsamen Reisen statt oder eben in Form einer überkontinentalen Fernbeziehung, inklusive Zeitverschiebung von bis zu acht Stunden; ein normaler Alltag war uns immer fremd.

Kennengelernt hatten wir uns am allerersten Tag meiner lang geplanten Reise auf dem Jakobsweg in Spanien. Ich fand dort meine Seelenverwandte und floh danach dennoch vor meinem alten Leben. Es war ein schwermütiges halbes Jahr, in dem wir uns gar nicht sahen. Sogar seltene Telefonate wurden zur Qual. Was uns nun erwartet, wenn wir uns in Nepal wiederbegegnen, wissen wir beide nicht. Doch eins ist sicher: Wegen eines Hustens an der indisch-burmesischen Grenze hängen zu bleiben und Anna am Flughafen in Kathmandu sitzen zu lassen, wird die Beziehung sicherlich nicht aushalten.

Der taumelige Kampf zwischen Wahrheit und Lüge geht in die nächste Runde.

»Waren Sie während Ihrer Reise auch in China?«, löchert mich der Arzt an der Grenze. Erneut schüttele ich den Kopf, während mir die Bilder der chinesischen Shaolin-Mönche durch den Kopf schießen, mit denen ich einige Wochen zusammenlebte. Vor meinem inneren Auge sehe ich mich wieder als Erntehelfer auf den Feldern des vegan lebenden Klosters ackern, wo ich etliche Schubkarren mit Bananen, Kakis und Sternfrüchten füllte. Bloß wenige Kilometer entfernt und kurz nach meinem Aufenthalt zog von einem Viehmarkt in Wuhan ein winziges Virus los, um die ganze Welt zu erobern.

Während meiner Tagträumereien blättert der Arzt durch meinen Pass. Irgendwo da, zwischen all den gesammelten Stempeln der letzten Länder, prangt auf einer Seite auch die chinesische Flagge.

Ich halte die Luft an, denn ein Hustenanfall kündigt sich an. Mir wird schwarz vor Augen. Schon benebelt höre ich seine Worte: »Willkommen in Indien, Mister Moritz.«

Mit dem Kompass Richtung Ferne

10. Januar 2020

Von keinem anderen Land der Erde wurde mir während meines Unterwegsseins mehr berichtet, keines scheint Reisende so zu polarisieren wie Indien. Es wirkt auf mich wie eine geheimnisvolle, fremde Welt. Ich traf Menschen, die in mit Räucherstäbchen benebelten Höhlen ihre scheinbare Erleuchtung und das wahre Glück fanden. Und andere, die in der Milliardenrepublik schlichtweg verrückt wurden und heute nur noch auf Drogen mit ihrem Leben klarkommen. Mein eigentliches Ziel in Indien war gewesen, irgendwo ein buddhistisches Kloster zu finden, um dort meinen ewig rastlosen Geist zu bändigen. Bis ich dann in Thailand einem buddhistischen Mönch begegnet war, der mich verwundert gefragt hatte, warum ich dafür nach Indien wollte. Dort herrsche doch eher die hinduistisch geprägte Weltanschauung vor und eben nicht der Buddhismus. Ich hatte ja keine Ahnung, was mich auf dieser großen Reise erwartete. Aber so muss es einem wohl ergehen, wenn man überstürzt in die Fremde aufbricht, ohne sich vorher darauf vorzubereiten.

Ich sehe es als ein Privileg der heutigen Zeit, als Spontanreisender ohne einen wirklichen Plan zu reisen. Die Technik macht es möglich: Mit Google Maps kann jeder ein Entdecker sein. Orientierung auf der Reise gibt mir eine in Gedanken gemalte Weltkarte in Schwarz-Weiß-Schattierungen. Über einige Ecken habe ich schon mal gelesen und mir selbst etwas darüber zusammengereimt. Doch die meisten Stellen der Karte sind unbekannt und dunkel. Länder, Landschaften und Ozeane, abgebildet in verschwommenen Graustufen, wie im Toner-Sparmodus gedruckt. Sobald ich jedoch ein Land erreiche, beginnt sie sich mit Farben zu füllen. All die strahlenden Menschen, die mir begegnen, ihre magischen Rituale und die blühende Natur sind wie Malereien, die meine Weltkarte bunt werden lassen.

Das Ziel meiner Reise? Es gibt kein Ziel. Auch wenn mein Kompass eher gen Osten zeigt und mich Asien schon immer neugierig machte, begleitet mich eine Frage, seit ich denken kann: Wo will ich hin? Eine Antwort zu haben würde im selben Moment wahrscheinlich bedeuten, am Ende meiner Reise zu sein. Ein Gedanke, der mich ängstigt. Denn was, wenn Ankommen mit Sesshaftsein gleichzusetzen ist? Eine gruselige Vorstellung.

Nicht selten spielen flüchtige Begegnungen am Wegesrand eine wichtige Rolle, wo die Reise weiter hingeht. In einem Nachtbus in Myanmar treffe ich auf Pieti aus Helsinki. Es sind erst wenige Tage vergangen, seit man mir im thailändischen Waldkloster die ernüchternde Nachricht eröffnet hatte, dass ich im hinduistischen Indien wohl kaum einen buddhistischen Tempel finden würde. Enttäuscht sitze ich im voll besetzten

Bus, der die südlichste Stadt Myanmars Kawthaung mit dem nördlicher gelegenen Mergui verbindet.

Die schmale Rüttelpiste durch kurviges Gebirge existiert erst seit wenigen Jahren. Bevor es diese Fernverkehrsroute gab, nahmen reisende Burmesen das Schiff, um von einem Ort in den nächsten zu gelangen. Der Bus braucht für die fast 450 Kilometer über zwölf Stunden. In meinem alten Leben in Deutschland wäre ich mit dem Rennrad wohl noch schneller unterwegs gewesen. An den abrupten Wechsel des Verkehrsmittels haben sich die empfindlichen Mägen der Einheimischen bis heute nicht gewöhnt. Denn den rund fünfzig Burmesen um mich herum geht es trotz Schneckentempo viel zu schnell. Sie übergeben sich immer wieder in schwarze Plastikbeutel. Bloß mein auf deutschen Autobahnen groß gewordener Magen kommt mit den Turbulenzen klar. Und der von Pieti. Ein kleiner, unauffälliger Finne mit Stupsnase sitzt in der ersten Reihe und ist mit mir der einzige Westler und gleichzeitig der einzige nicht kübelnde Fahrgast.

Kurz nach Mitternacht hält der Nachtbus an einem kleinen burmesischen Straßenrestaurant an. Ich bin nicht hungrig, dennoch lotst mich mein Kompass auf die mit bunten Plastikstühlen gesäumte Außenveranda des Restaurants. Was ich suche, weiß ich nicht. Während der letzten Monate und Länder habe ich andere europäische Reisende meistens gemieden, als zu anstrengend empfand ich den Kontakt zu den oft gehetzten Urlaubern. Doch in dieser Nacht geht alles ganz schnell. Ich steuere intuitiv Pietis runden Tisch an. Er sitzt allein, die anderen drei Stühle sind nicht besetzt.

»Ist bei dir noch frei?« Pieti freut sich über die nächtliche Gesellschaft irgendwo im burmesischen Nirgendwo. Ich erzähle ihm von meiner Zeit in Thailand und den verworfenen Indienplänen. Die Aussage, dass es in Indien keinen Buddhismus gebe, verwundert Pieti.

»Aber du weißt schon, dass im äußersten Nordosten Indiens, in Tawang, das größte buddhistische Kloster außerhalb von Tibet liegt? Es ist ein wundersamer Ort«, entgegnet er. Kein Reiseführer, keine Bewertungsplattform, keine Internetrecherche, nein, ein kleiner sympathischer Finne malt seine eigenen Farbtupfer in meine Weltkarte. Die Begegnung mit ihm ebnet mir meinen weiteren Weg.

23. Februar 2020

Die Route nach Tawang führt mich an einem schwülheißen Februartag über ein kleines Hostel in der indischen Millionenstadt Guwahati in Assam, im Nordwesten des Landes. Es sind noch genau zwei Wochen, bis Anna nach Nepal fliegt. Vier Tage muss ich einplanen, um von Tawang zum Treffpunkt, dem Flughafen in Kathmandu, zu gelangen. Also bleiben mir insgesamt etwa zehn Tage, um den Geheimnissen des Buddhismus auf die Spur zu kommen. Kaum zu glauben. Ganz unverhofft werde ich Tibet nun doch noch sehr nahe kommen. Tawang gehört zum umkämpften indischen Distrikt Arunachal Pradesh. Seit Jahrhunderten erhebt China Anspruch auf das Territorium als Teil des Autonomen Gebiets Tibet. Bis heute führt der schwelende Grenzkonflikt immer wieder zu Militärmanövern auf beiden Seiten der Grenze.

Es ist fünf Uhr in der Früh. Meine Nächte im Hostel habe ich gestern Abend schon bezahlt. Alles, was ich jetzt noch brauche, ist ein Ticket nach Tawang und dringend ein Paar neue Socken.

Denn als ich dem Hostelbesitzer gestern von meinen Plänen erzählte, fragte er mich erstaunt: »Du willst echt im Winter in die nordindischen Berge reisen?« Ja, will ich. Aber in meinem riesigen, hundert Liter fassenden schwarzen Trekkingrucksack sind bloß noch zwei Paar zerrissene Socken. Meine dünnen Sportstrümpfe habe ich vor einem Jahr fast täglich auf meiner langen Radreise zum Nordkap getragen. Sie waren so hauchdünn, dass sie mittlerweile an den Fersen durchgescheuert sind. Auch meine grünen Kniestrümpfe aus Wolle, die ich mir in Norwegen für die bevorstehende Nordkapexpedition zugelegt habe, sind kaputt. Es waren meine Lieblingssocken. Zwischen Moskau, Irkutsk, Ulan-Bator und Peking, auf Wanderungen am Baikalsee, durch die mongolische Steppe und in engen Gassen chinesischer Millionenmetropolen sind sie mir immer weiter aufgerissen. In China fiel dann mein Entschluss, bloß noch barfuß in die Schuhe zu schlüpfen. Der Sommer, dem ich einfach hinterhergereist war, hat es möglich gemacht. Doch nun wartet der Schnee des Himalayas auf mich. Ich brauche dringend etwas Warmes um die Füße.

Als ich über den Gemeinschaftsraum das kleine Hostel Richtung Bahnhof verlassen will, schlafen alle noch. Dann schallt es plötzlich durch den Raum, als hätte jemand eine spontane Erscheinung: »Deuter!« Ich habe keine Chance. Es ist schon wieder passiert. Denn egal, wohin ich auch reise, an meinem kleinen Extra-Rucksack, den ich zusätzlich zum Hauptgepäck auf der Brust trage, erkennt man mich immer wieder als Deutschen. »Ach, du trägst einen Deuter-Rucksack? Aus welcher Stadt in Deutschland kommst du?«, wird man an den entlegensten Orten dieser Welt entlarvt. Je weiter ich komme, desto mehr scheint es sich zu bewahrheiten: Deuter-Deutsche gibt es überall. Es gibt keine Steppe, keine Wüste, kein Gebirge und vor allem kein Hostel, wo man nicht auf Deutsch sprechende Backpacker trifft.

»Reist du schon ab?«, fragt mich der junge Kerl mit kahl rasierten Schläfen und blondem Springbrunnen-Zopf mitten auf dem Kopf direkt auf Deutsch.

»Nee, ich will heute nach Tawang. Aber dort liegt noch Schnee, und ich brauche unbedingt noch ein Paar warme Socken aus der Stadt«, erzähle ich ihm.

Er lacht laut und greift zu seinem dunkelgrünen, ausgefransten Deuter neben ihm auf der Couch.

»Mir ging es genauso. Ich reiste ohne Socken. Aber jetzt geht's mit dem Zug nach Nepal in die Berge. Hier, nimm dir gerne ein Paar, ich komme auch nur mit einem klar«, übergibt er es mir freudestrahlend. Die Wolle fühlt sich weich an. Verrückte Begegnung. Da schickt mir das Universum in aller Früh doch glatt ein Paar neue Socken von einem Deuter-Deutschen.

Mit einem Schmunzeln verlasse ich die Unterkunft. Ich gehe zu Fuß zum Bahnhof, denn die kleinen grün-weißen Stadtbusse sehen auch um diese Tageszeit schon überfüllt aus. Müde und halb in Trance trotte ich durch die lärmenden Gassen. Mein riesiger Rucksack überragt meinen Scheitel wie immer um etwas mehr als eine Kopfhöhe. In diesem Zustand noch das Gleichgewicht zu halten, ohne umzufallen, ist das Ergebnis von monatelangem Training. Meine ausgefransten Kung-Fu-Schuhe erschweren das Vorhaben, heil durch die Straßen der indischen Metropole zu kommen. Die Schuhe, die ich letztes Jahr im chinesischen Shaolin-Kloster geschenkt bekam, ehe sie allerdings in Myanmar von hungernden Straßenhunden halb zerfressen wurden, hängen mittlerweile wie Badelatschen locker an meinen Füßen. Die hintere Kappe, welche normalerweise die Ferse umschließt, ist nach unten umgeklappt, sodass ich einfach in die Treter rein- und rausschlüpfen kann.

Auch an diesem Morgen schleifen die Schuhsohlen wieder Schritt für Schritt, wie zwei asiatische Langlaufski, ohne auf dem staubigen Boden von Guwahati ein einziges Mal den Bodenkontakt zu verlieren. Der Untergrund des Gehwegs besteht aus breit gegossenen, gelbgrauen Betonplatten. Ungefähr bei jedem vierten Schritt folgt nach einem kleinen Spalt die nächste Betonplatte. Meistens sind die Platten nicht gleich tief im Boden versenkt. Eine ist höher, die nächste wieder tiefer. Was auf den ersten Blick harmlos wirkt, wird zur Stolperschwelle für mich gepäckbeladenen, reisenden Esel.

An meinen Zehen spüre ich den harten Widerstand der nächsten Platte, ich strauchele. Die dreißig Kilo auf meinem Rücken drücken mich mit aller Gewalt Richtung Boden. Den harten Aufprall federe ich mit meinen Händen und Knien ab. Winzige Steinchen schieben sich in meine aufgeschürfte Hand. An den Knien rinnt Blut durch meine durchlöcherte Trekkinghose.

Es dauert bloß wenige Sekunden, ehe sich ein spontanes Publikum um mich einfindet. Eine kleine indische Arena, bestehend aus starrenden, reglosen Männern. Die Nachricht von meinem Sturz scheint sich wie ein Lauffeuer verbreitet zu haben. Während die Zuschauer meinen Versuch aufzustehen gebannt beobachten, kauen sie auf ihren Betelnüssen herum.

Die stimulierende Arbeiterdroge Indiens regt einen blutrot gefärbten Speichelfluss an, von dem die Männer sich durch ständiges Auf-die-Straße-Spucken befreien. Bei regelmäßigem Konsum der Kaugummi-Nüsse nimmt auch die sonst weiße Farbe der Augenhaut ein feuerrotes Schimmern an. Ein gruseliges Erlebnis, die Umstehenden scheinen wie Geister durch den Geruch meines Blutes angezogen worden zu sein. Um mich herum markieren sie mit ihrer Spucke einen roten Ring, in dem ich vor wenigen Momenten k. o. in die Knie ging.

Ich muss hier raus, weg von diesen quälenden Blicken. Ich stemme mich nach oben. Der wackelige Turm auf meinem Rücken schwankt hin und her. Im Storchenschritt bahne ich mir meinen Weg durch die starrende Menge, raus in Sicherheit.

Ich erreiche schließlich die mit hupendem Verkehr verstopfte Hauptstraße. An den Stadtbussen hängen in den offenen Türen dürre Männer, die laut irgendetwas durch die Straßen rufen. Wie Marktschreier der verschiedenen Linien und unterschiedlichen Fahrtrichtungen versuchen sie sich in der Lautstärke gegenseitig zu überbieten. Motorräder schlängeln sich überall da hindurch, wo sich kurz ein schmaler Spalt auftut. Auch der Gehweg wird für die waghalsigen Manöver benutzt. Die Fahrer der vielen Rikschas und Fahrräder scheinen sich im Chaos aufs nackte Überleben zu konzentrieren. Und die Heerscharen an Tuk-Tuk-Fahrern legen nicht mal eine Armlänge weg von mir gezielte Vollbremsungen hin, um mir im nächsten Moment schreiend die für überforderte Reisende wohl penetranteste aller Fragen »Tuk Tuk?« an den Kopf zu werfen.

Spätestens nach dem fünfzigsten aufdringlichen Taxi-Tuk-Tuk würde ich nichts lieber, als einfach noch lauter zurückzuschreien: »Verschwinde, verdammt noch mal, mit deinem blöden Tuk Tuk! Ich habe zwei Beine und bewege mich damit dreimal schneller fort als jedes stinkende, im Stau stehende Tuk Tuk!« Doch stattdessen ignoriere ich den Fahrer, so gut es geht.

Im Weitergehen versuche ich, alle Eindrücke zu verarbeiten. Wie kann es an einem Ort eigentlich derart nach Kot und Verwesung riechen, während in derselben Straße Menschen bei ohrenbetäubendem Lärm inmitten giftiger Abgase mit ihren Händen essend den Reis zum Frühstück genießen? Eine Antwort scheint hier keiner für mich zu haben. Denn die Menschen reden nicht mit mir. Nein, sie starren mich nur unentwegt kauend an. Ich manövriere weiter im Slalom um riesige weiße Säcke herum, gefüllt mit getrockneten Kichererbsen, Linsen, Reis, Hirse und Chili, welche den Gehweg bis zum Bahnhof immer wieder versperren.

Als ich die verglasten Ticketschalter des Bahnhofs erreiche, merke ich, dass sie alle geschlossen sind. Ich halte dennoch Ausschau nach dem Schild mit der Aufschrift *Guwahati to Tawang*. Neben Hindi ist Englisch die zweite Amtssprache – ein Vorteil der unglaublichen Größe Indiens. In der Republik leben etwa sechzehnmal so viele Menschen wie in Deutschland. Aber dennoch, auf Englisch funktioniert die Verständigung hier fast überall einwandfrei.

An jedem Ticketschalter hängen ungefähr zwanzig verschiedene Ausdrucke mit möglichen Verbindungen. Doch meine finde ich nicht. Stattdessen sehe ich hinter einer Glasscheibe einen älteren Herrn, den Kopf weit in seinen Schoß geneigt, als würde er sich verstecken wollen.

»Entschuldigen Sie, Sir?«, versuche ich ihn aus seiner Versenkung zu lösen. Vergebens, das Handy zwischen seinen Beinen ist offenbar interessanter als ich. Noch einmal klopfe ich energischer gegen die Scheibe: »Sir, ich brauche ein Ticket, *Guwahati to Tawang.*«

Ohne aufzusehen, kontert er: »Keine Tickets, rufen Sie hier an.« Mit dem Zeigefinger zeigt er auf eines der vielen bedruckten Blätter an der Scheibe. Ich ziehe mein Handy aus dem Deuter-Rucksack auf meiner Brust, in dem sich meine wertvollsten Gegenstände befinden, wähle die Nummer, und jemand nimmt den Anruf entgegen. Keine Chance – ich höre zwar, dass der Mann am anderen Ende der Leitung Englisch spricht, aber durch den indischen Akzent und die Geschwindigkeit verstehe ich dennoch kein Wort.

»Können Sie das bitte noch einmal langsam wiederholen?« Der Mann zeigt sich zuerst geduldig und wiederholt seinen Satz noch zweimal für mich. Doch in genau dem gleichen Tempo. Die wichtigsten Brocken kann ich mir zusammenreimen: »Abfahrt sechs Uhr, hinter dem Bahnhof.«

Ich verlasse die Verkaufshalle und nehme die Überführung, um hinter den Bahnhof zu gelangen, als mich plötzlich etwas am Bein packt. Mein Gepäck auf dem Rücken lässt mich erneut schwanken. Um nicht hinzufallen, versuche ich einfach weiterzugehen. Einen Schritt nach dem anderen. Der Blick hinunter zu meinem linken Bein macht allerdings abrupt all meine Vorsätze zunichte. Ein kleines, von der Sonne dunkel gebräuntes Mädchen, mit schulterlangen Locken und bloß einem dreckigen weißen Leinenkleid bekleidet, hängt fest an meinem Bein. Sie starrt mich mit ihren rehbraunen Kulleraugen an und klammert sich dabei mit beiden Armen fest an meinen Oberschenkel. Mit ihren nackten Füßen steht sie auf meinen halb zerfetzten Kung-Fu-Latschen. Unsere Haut berührt sich an einer Stelle.

In mir steigt eine diffuse Angst auf. Ich fürchte mich vor dem bettelnden Mädchen. Ich weiß mir nicht anders zu helfen und versuche, mit dem kleinen Körper am Bein weiterzulaufen. Schritt für Schritt wehre ich mich gegen das, was gerade passiert. Und dann die Erlösung. Ein mit Anzughose und Hemd bekleideter Inder, der kaum älter ist als ich, scheint meine Verzweiflung zu spüren, packt das Mädchen fest am Arm, reißt es weg von mir, schreit es laut an und schubst es weg. Ich bin erstarrt, bloß noch meine Beine tun das, was sie am besten können: weitergehen. Ich drehe mich nicht einmal um. Ein grünweißer Bus biegt vor mir in die Straße ein, mit einem dürren Mann in der offenen Tür, der die immer gleichen Wörter in die Dämmerung der Stadt brüllt. Ein Motorrad kreuzt den Gehweg, um auf dem Schotterplatz neben mir zu parken. Ein gelbes Tuk Tuk bremst mich einen Moment lang aus. Der Fahrer streckt seinen Kopf aus dem Dreirad und fragt emotionslos: »Tuk Tuk?«

Ist es das, was ich als Kind der westlichen Gesellschaft gelernt habe? Dem Leid mit Ignoranz zu begegnen? Auf die Hilflosigkeit des Mädchens reagierte ich mit einem spontanen Stoßgebet, dass es doch einfach aus meinem Leben verschwinden möge. War ich nicht selbst gerade eben noch Kind? Ein Kind jener Generation, welcher vieles ermöglicht und wenig verboten wurde. Erzogen, um die Welt zu erobern. Aufgewachsen in einer Familie des Mittelstands, mit Überfluss als zentralem Merkmal. Urlaube verschwommen ineinander, zu viel gekochtes Essen lag in der Mülltonne, und Plastikspielzeug stapelte sich bis zur Decke des Dachbodens.

Und ich weiß nicht einmal, was das Mädchen wirklich wollte. Hat es gebettelt, war es in Not, wurde es bedroht? Doch ich will es nicht wissen. Zu unangenehm ist der ewige Konflikt, das Elend zu sehen und doch nichts dagegen zu tun. Meine reisende Seele will davon nichts hören.

Ich betrete einen großen asphaltierten Platz, der voll ist mit gehetzten Menschen und einigen wartenden Bussen. Vor einem läuft ein Mann hektisch hin und her. Er scheint der Busfahrer zu sein, telefoniert und wedelt zornig mit den Händen. Vor ihm bleibe ich stehen, um auf das Ende des Telefonats zu warten. Dann wendet er sich mir zu und zieht kurz seine Augenbrauen hoch, um mich zum Reden aufzufordern.

»Ich möchte nach Tawang«, fasse ich mich kurz, um ihm keine Zeit zu stehlen.

Er kontert: »Kein Tawang. Tawang erst nächste Woche wieder.« Er dreht sich weg, weiter mit Telefon am Ohr.

»Sir, am Ticketschalter sagte man mir …«, stammele ich und merke, wie ich wütend werde. Mit einer kleinen Geste seiner offenen Hand und einem leichten Kopfschütteln gibt er mir zu verstehen, dass er mir nicht weiterhelfen wird. Frustriert verlasse ich die Haltestelle und gehe weiter zum nächsten Bus. Der Betelnuss spuckende Fahrer, der an der Seite gerade die Gepäckklappe zuhaut, schenkt mir einen kurzen Blick aus blutunterlaufenen Augen.

»Bus nach Tawang?«

Seine Antwort fällt ähnlich flüchtig aus: »Tickets am Schalter.«

Ich bleibe hartnäckig: »Sir, gibt es einen Bus nach Tawang?« Und ernte ein erneutes Kopfschütteln. Man ignoriert mich, ich gebe auf.

Frustriert setze ich mich auf die Bordsteinkante einer kleinen Seitenstraße des Bahnhofsvorplatzes. In der Ferne, zwischen all den angespannten Menschen, sehe ich hinter einem Anhänger, der von einem Ochsen gezogen wird, das weiße Kleid des bettelnden Mädchens und seine nackten Füße.

»Tawang, Tawang, Tawang!«, schallt es plötzlich über den ganzen Bahnhofsvorplatz, während einer der weißer Sumos, wie die indischen Allradjeeps genannt werden, langsam in die Straße rollt. Ich schrecke auf: Tibet, mein Kindheitstraum! Mein Blick geht weg vom Mädchen zum Fahrer des Wagens, der erneut seinen Kopf aus dem Fenster streckt: »Tawang, Tawang, Tawang!«

Nach etwa sechs Stunden ohne Pause ist es so weit: Shiva, der Fahrer, entpuppt sich als Betelnuss-Suchti. Seine Augen sehen müde aus. Statt für einige Minuten anzuhalten, beißt er hektisch auf der blutroten Nuss herum und spuckt immer wieder aus dem Fenster. Der Fahrstil wird rasanter. Dann dreht er das Radio laut, dieses Mal ertönt indische Schlagermusik. Streicher spielen für meine Ohren schräg klingende Töne, eine mit einzelnen Fingern gespielte Trommel setzt schwungvoll ein. Der Takt kommt leicht versetzt, ein pulsierender Rhythmus entsteht.

Meine Blicke wandern über die weiß bedeckten Gipfel, die uns umgeben. Ich bin zum ersten Mal im Himalaya. Das Dach der Welt ist nun zum Greifen nah. Die Berge scheinen den tiefblauen Himmel zu berühren. Alles kahl, so weit das Auge reicht.

In der Ferne quält sich eine Herde Yaks die Steilhänge hoch, auf der Suche nach Nahrung. Hier oben wächst nichts außer ein paar gelbgrünen Grashalmen. Der grauenhafte Zustand der Straße ist wenig überraschend, so ausgesetzt, wie der Weg hier verläuft. Der Belag wechselt ständig zwischen Pfützen und Schotter. Eine Serpentinenstraße führt uns hinauf zum über 4170 Meter hohen Sela-Pass.

Spätestens jetzt ist es Gewissheit, was ich schon länger ahnte: Gesetzliche Lenkzeiten wie in Deutschland gibt es hier nicht. Pausen braucht der Fahrer auch nach zehn Stunden keine zu machen, denn er hat ja die stimulierende Betelnuss im Mund. Seit Stunden habe ich bis auf meinen Kopf noch kein einziges Körperteil bewegt, wir sitzen zu viert hinten auf einer Rückbank im Kofferraum. Zwischenzeitlich waren zwölf Personen in diesem Auto. So viele, dass Shiva für einige Kilometer sogar auf dem Schoß eines Fahrgastes sitzen musste, um seinen Sumo zu lenken. Nun sind wir wieder zu elft. Es ist immer noch so eng, dass Shiva den Schaltknüppel zwischen den Beinen seines Nebenmannes betätigen muss. Dass unser Fahrer ausgerechnet wie einer der wichtigsten Götter des Hinduismus heißt, ist eine Ironie des Schicksals. Welchen Weg das Schicksal heute nimmt, scheint dennoch noch nicht entschieden zu sein – Shiva bedeutet nämlich einerseits »der Glückverheißende«, andererseits ist er auch als »der Zerstörer« bekannt.

Das Tempo nimmt zu, während wir auf die nächste 180-Grad-Kurve zurasen. Beim Wagen vor uns sehe ich, dass er die Kurve bloß auf den beiden äußeren Rädern nimmt. Der Wagen scheint jeden Moment zu kippen, als ich spüre, dass auch unser Sumo auf der Innenseite die Bodenhaftung verliert. Doch ich habe keine Wahl. Shiva mit ernsten Worten zu erklären, wie unverantwortlich er als Fahrer doch handelt, während die restlichen zehn Passagiere tiefenentspannt und träumend aus dem Fenster starren, kommt nicht infrage. Stattdessen schließe ich die Augen und warte, bis mich in der nächsten Kurve das Gewicht meiner drei Sitznachbarn wieder gegen die Fensterscheibe drückt.

Dann fängt plötzlich alles an zu rumpeln. Shiva bringt das Auto zum Stehen. Zwangspause, alle aussteigen. Ich sehe, was passiert ist. Der hintere linke Reifen scheint nach der letzten Kurve geplatzt zu sein. Langsam gehe ich um den Wagen herum und stelle fest, dass keiner der Reifen mehr Profil hat. An manchen Stellen ist sogar der letzte Rest des schwarzen Gummis schon verschlissen, und die weiße Innenschicht kommt zum Vorschein. Wäre der Reifen dreißig Meter früher geplatzt, wären wir wahrscheinlich im freien Fall in die Hunderte Meter tiefe Schlucht gestürzt. Doch aus irgendeinem Grund scheint keiner der anderen Fahrgäste meine Aufregung zu teilen. Alle warten entspannt, bis es weitergeht. Ist es der Glaube, der meine Mitinsassen so ruhig bleiben lässt? Stehen in ihren Augen die Kapitel im ewigen Kreislauf des Lebens bereits geschrieben? Oder nimmt ihnen das Vertrauen in die Wiedergeburt ihre Angst vor dem Tod?

Jeden Tag kurz nach Sonnenaufgang bringen unzählige Fahrer dieser weißen Geländewagen viele Dutzend Menschen lebend über diesen Pass. Doch ich frage mich, werde ich heute einer von ihnen sein?

Später muss Shiva wieder anhalten, dieses Mal, um Schneeketten auf die abgefahrenen Reifen zu ziehen. An schneereichen Tagen wird die Route auch schon mal komplett gesperrt, erzählt der Fahrer. Und die Passstraße ist Tawangs einzige Verbindung zur Außenwelt, denn die Stadt liegt eingekesselt zwischen dem Königreich Bhutan und China.

Im Schneesturm geht es bloß im Schritttempo weiter. Wenigstens kann der Wagen in der Kurve jetzt nicht mehr umkippen. Als wir kurz vor Mitternacht die auf fast 3000 Metern gelegene Stadt Tawang erreichen, habe ich seit achtzehn Stunden in der linken hinteren Ecke des weißen Geländewagens gesessen. Shiva hat uns fast ohne eine Pause sicher zum Ziel gebracht. Klar bin ich am Leben – daran hegte doch, außer mir, niemand ernsthaft Zweifel?

Es ist mitten in der Nacht. In der Straße, in der eigentlich mein Hotel sein sollte, scheint alles geschlossen zu sein. Die Stadt ist wie ausgestorben. Ich rufe die Telefonnummer an, die in der Buchungsbestätigung steht.

Der freundliche Inder, der drangeht, weiß auf Anhieb, wer ich bin: »Warte zehn Minuten, dann bin ich am Hotel.«

Um mir die Zeit bis zu seiner Ankunft zu vertreiben, bleibe ich in Bewegung. Mit dem Rucksack auf dem Rücken gehe ich die schmale Straße, in der kein einziges parkendes Auto steht, hoch und runter, um mich aufzuwärmen. Ich schätze, es ist weit unter null Grad kalt. Der Schnee, der fällt, bleibt liegen.

Nach Minuten des Wartens biegt ein junger Kerl am anderen Straßenende um die Ecke und trabt mir mit großen Schritten entgegen.

Leicht aus der Puste begrüßt er mich: »Namaste, mein Freund, ich bin Rahul!« Er redet ohne Unterbrechung drauflos: »Pass auf, mir ist leider ein kleiner Fehler unterlaufen.« Ab morgen feiern die Menschen in Tawang *Losar*, das tibetische Neujahrsfest. Rahul erklärt mir, dass deshalb die meisten Einheimischen für zwei Wochen in die Berge fahren, um das Fest der Familie mit allen Verwandten zu feiern. Eigentlich wollte er das Hotel in der Stadt währenddessen geschlossen halten, denn normalerweise kommen um diese Jahreszeit keine Touristen, allerdings hat er dummerweise vergessen, seine Zimmer aus den Buchungsportalen rauszunehmen.

Mist, ich fühle mich nicht willkommen und entgegne: »Kein Problem, morgen früh suche ich mir eine andere Bleibe.«

Rahul zieht seine dunklen Augenbrauen hoch. »Bruder, du wirst nichts finden.« Alles ist in diesen Tagen geschlossen. Hotels, Restaurants, Märkte – jeder ist bei der Familie.

Rahul nennt mir zwei Optionen, um die Situation zu lösen. Entweder schicke er morgen früh seinen Cousin vorbei, der eh keine Lust auf die Familie habe. Der könne den ganzen Tag für mich hier sein, mir das Tor öffnen, heißes Wasser bringen und den Generator anwerfen, falls ich Strom bräuchte. Dann hätte ich für circa dreißig Minuten Licht. Rahul meint, ich könne so lange bleiben, wie ich will. Option Nummer zwei, er organisiere mir für morgen ein privates Taxi, welches mich ins anderthalb Stunden entfernte Jang bringe.

»Du bist eingeladen, unser Gast, und feierst einfach mit uns ins neue Jahr.«

Alles, was ich dafür bräuchte, sei eine ordentliche Portion Trinkfestigkeit. Denn Rahuls Uropa brennt noch seinen eigenen Schnaps. Neujahr bedeutet in Rahuls Familie, sich zwei Wochen lang zu betrinken. Er lacht laut auf und klopft mir voller Vorfreude auf die Schultern. Unglaublich, der kennt mich seit zwei

Minuten, und schon bin ich für das Fest der Familie mit eingeplant. Dennoch bin ich überfordert, mitten in der Nacht, nach achtzehn Stunden Fahrt, eine Entscheidung zu treffen.

Rahul spürt meine Verunsicherung: »Keine Sorge, komm erst einmal an, schlaf eine Nacht, und schreib mir morgen, wie es aussieht.«

Mit beiden Händen zerrt er kräftig am verrosteten Rolltor des Hotels und zieht es mit einem ohrenbetäubenden Krachen nach oben auf. »Ich muss das Tor für die Nacht leider wieder hinter dir absperren«, erklärt er, während wir die Treppe zur ersten Etage hinaufsteigen. Die einzige Lichtquelle im dunklen Flur ist Rahuls Handydisplay, mit dem er uns den Weg leuchtet. »Mit dem Generator hast du für eine halbe Stunde Strom.« Rahul erklärt, dass wegen einer Baustelle alle benachbarten Häuser bis nach den Feiertagen keinen Strom hätten. Mit einem Ruck startet er die mit Benzin betriebene Maschine. Es hört sich an, als würde ein indischer Lkw, dem gerade der Auspuff abgefallen ist, durch den Hotelflur rattern. Doch wenigstens ist es nun hell. Zum ersten Mal blicke ich in Rahuls rote, glasige Augen, die mich fragend anschauen.

»Brauchst du heute noch etwas?«

»Schlaf«, kontere ich einsilbig.

Der Countdown läuft; während ich eine Etage tiefer das Schließen des krachenden Rolltors höre, ist die erste Minute der Helligkeit bereits vorbei. Als wäre die lange Autofahrt im Käfig nicht genug gewesen – jetzt bin ich schon wieder eingesperrt. Der Generator dröhnt. Eine Heizung im Raum suche ich vergebens. Im Fenster des Badezimmers ist nicht mal Glas drin. Da ist einfach nur ein großes rechteckiges Loch in der Wand. Durch die etwa einen Meter fünfzig breite und einen Meter hohe Öffnung weht kalte Luft herein.

Aus dem untersten Fach meines Trekkingrucksacks ziehe ich meinen Ultralight-Sommerschlafsack raus und lege ihn unter die noch dünnere Bettdecke. Auch meinen Kleiderbeutel mit meinen dickeren Sachen krame ich aus dem Rucksack. Ich hole meinen sandfarbenen Pullover aus Yakwolle und die lange Unterhose aus Kamelwolle heraus. Über meine nackten Füße streife ich die schwarzen Wollsocken, die ich im Hostel in der Stadt geschenkt bekommen habe. Beim Zähneputzen drehe ich den Drehknopf für das warme Wasser auf, vergebens. Das Warmwasser tropft nicht einmal. Die Entscheidung ist gefallen, während meiner Zeit in Tawang wird mich ganz sicher keine Dusche nackt sehen.

Die Winter hier sind hart. Nicht mal die Einheimischen mögen diese Jahreszeit, die eigentlich Trockenzeit bedeutet und in der die Temperaturen auch tagsüber oft unter null Grad bleiben. Im Gegensatz dazu sind die Sommer in Tawang feucht und mild.

Ich liege im Bett, das durch meine eigene Körperwärme sogar schon etwas aufgewärmt ist, als sich der Generator und eine Sekunde später das Licht verabschieden. Stille kehrt im Zimmer ein. Bloß noch durch das Loch im Badezimmer zischt Wind herein. Ich schließe meine Augen, aber ich schlafe nicht in dieser Nacht. Tibet feiert ab morgen das Fest der Familie, und ich liege Tausende Kilometer weg von zu Hause eingesperrt in einer kalten Geisterstadt im Bett.

Beim letzten Fest der Familie meines eigenen Kulturkreises, dem Weihnachtsfest vor zwei Monaten, saß ich auf einer thailändischen Insel und verdrängte meine Gedanken an daheim ganz rituell in einer einwöchigen Schweigemeditation. Dort, wo Denken bei der meditativen Praxis stört, wuchs die Distanz zu den Liebsten in Deutschland. Der einzige Zugang zur Heimat, mein Handy, lag versperrt in einem Schrank des Klosters. Ich hatte meine Wohnung, Versicherungen und Job gekündigt, das meiste verschenkt oder verkauft und meinen Freunden monatelang den Rücken zugekehrt, doch an Weihnachten nicht heimzukommen war wohl die größte Abnabelung von meinem alten Leben.

Mein Weg, der mich bis fast nach Tibet führte, hatte früh begonnen. Es muss Weihnachten kurz nach der Jahrtausendwende gewesen sein. Ich war elf, zwölf Jahre alt. Geschenke gab es wie immer im Übermaß. Ein buntes Meer aus Geschenkpapier, leuchtenden Lichtern und im Hintergrund vertrauten Liedern. Es fing am ersten Weihnachtstag an, als ich als Playmobil-Lokführer meiner neuen Modelleisenbahn auf eine Reise ging.

Mein Bruder fragte mich aufgeregt: »Wo geht die Reise hin?«

Ich blätterte Seite für Seite im Kinderatlas, der neben mir lag. »Nach Tibet!«

Das Vorhaben misslang. Ich musste feststellen, Asien war zu fern. Die Fremde musste warten. Aus dem mit Playmobil spielenden Jungen mit seiner sandfarbenen Hose und dunklem Lederhut wuchs ein junger Mann heran. Gute Noten in der Schule bedeuteten die Aussicht auf ein gutes Leben, gutes Einkommen, auf eine glückliche Familie, darauf, ein Haus zu bauen, Urlaub zu machen. Die Reise zum Dach der Welt verschob ich vorerst auf später. Das Gebot der Stunde hieß Anpassung. Ich machte mein Abi, wurde Bankkaufmann und studierte Betriebswirtschaftslehre. Ich tauschte das Zugticket der Playmobil-Eisenbahn gegen einen Autoschlüssel, die Trekkinghose gegen die Anzughose und begab mich in die Hände der Algorithmen von Google, YouTube und Facebook. Meine Reise nach Tibet rückte in immer weitere Ferne und machte viele Umwege. So viele, dass mir Tinnitus, Magenschmerzen und Angstzustände die kindliche Lust am Reisen nahmen. Ich wollte nicht mehr nach Tibet. Frust wuchs, ich wurde müde.

Ich bin unendlich müde, und dennoch kriege ich in dieser eiskalten Nacht im verlassenen Hotel kein Auge zu. Mittlerweile dürften es im Raum minus zehn Grad sein. Mein Weg, der mich in dieses verlassene Hotel im indischen Hochland führte, hat mich ausgelaugt. Nun bin ich endlich hier, und alles ist anders als erwartet. Um dem oft fehlenden Elan auf meiner Reise entgegenzuwirken, hatte ich irgendwann beschlossen, keine einzige Einladung von Einheimischen mehr abzulehnen. Doch die Aussicht, das Fest der Familie zwei Wochen lang mit Rahuls betrunkener Verwandtschaft zu feiern, lässt mich zweifeln. Ich erinnere mich an meine Zeit in Vietnam.

Ich sollte als Freiwilligenarbeiter auf einer Kaffeeplantage in den Bergen helfen. Was ich als Kaffeetrinker des Westens nicht wusste: Das Land am Südchinesischen Meer ist eine begeisterte Kaffeenation. Zur Kolonialzeit erkannten die Franzosen die optimalen Wuchsbedingungen. Heute ist Vietnam zweitgrößter Kaffeeproduzent der Welt, wobei der Anbau hauptsächlich auf traditionelle Weise von Familien auf kleinen Plantagen betrieben wird. In genau so einem Familienbetrieb landete ich für mein Volunteer-Projekt. Der Vater und Chef des Betriebs zerstörte jedoch eines Nachts im Suff alle Pflanzen der Plantagen. Statt Kaffeebohnen zu pflücken, schob ich als Handlanger die Schubkarren für den Neubau eines Hauses. Jeden Abend verlangten die Männer der Familie, mich mit ihnen mit hochprozentigem Schnaps zu betrinken. Ich lehnte ab und hatte einen schweren Stand. Mein Dilemma war groß. Denn wo ich während meiner Reise auch hinkam, ich wollte meinen Gastgebern Respekt und Offenheit in Form von Anpassung an ihre Rituale bekunden. Ich sang in Russland Karaoke, obwohl ich Karaoke hasse, ich aß Käse in der Mongolei, obwohl ich sonst vegan lebe, und ich fuhr Motorrad in Vietnam, obwohl ich nicht mal einen Führerschein für Zweiräder habe. Doch mit Alkohol tat ich mir schwer. Nach vier Tagen guter Miene zum bösen Spiel beichtete ich dem vietnamesischen Vater mein Unwohlsein und reiste ab.

Meine Motivation, nun das tibetische Neujahr mit selbst gebranntem Schnaps und einer besoffenen Familie zu verbringen, hält sich stark in Grenzen. Die Entscheidung fällt in meiner schlaflosen Nacht im Hotel: Ich werde Rahuls Einladung nicht folgen.

24. Februar 2020

Heute ist Losar, ein neues Jahr beginnt. Es ist der Frühlingsanfang der Tibeter. In Teilen Nepals, im Nachbarland Bhutan und von vielen Tibetern, die irgendwo auf der Welt im Exil leben, wird der Tag des Neuanfangs ausgelassen zelebriert. Ich steuere die riesige Buddhastatue an, die hoch oben über der Stadt friedlich im Schneidersitz thront. Die Straßen scheinen heute etwas belebter zu sein. Die Häuser strahlen Freude aus. Das liegt sicherlich an der Sonne, die an diesem Morgen die bunten Fassaden in schöne Farben taucht. Aus der Seitengasse biegt eine Großfamilie in festlicher Kleidung vor mir ein, um ebenfalls zum goldenen Buddha hinaufzugehen. Die Mutter trägt ein dunkelrotes, langes Kleid mit traditionellen Mustern bestickt. Ihre drei wunderschönen Töchter haben, zusätzlich zum gleichen Dress wie die Mutter, ineinander verflochtene Tücher als Gürtel und bunte Halsketten aus hölzernen Kugeln. Ein breiter Bund am Ärmel ist einmal umgeklappt, wodurch zum Rubinrot ein königsblauer Farbakzent der Jackeninnenseite hinzukommt. Im Gegensatz zur Mutter in weißen Badelatschen gehen ihre Töchter in goldenen, offenen Schuhen mit hohen Hacken.

Mit einem zügigen Wanderschritt überhole ich sie, ein breites Grinsen im Gesicht.

»Tashi Delek«, rufen sie mir zu, was als tibetische Grußformel so viel bedeutet wie »Möge es dir wohlergehen«.

»Tashi Delek, frohes neues Jahr«, schicke ich hinterher.

Die Mädchen mit glatten schwarzen Haaren, dunkelroten Lippen und hohen Wangenknochen strahlen mich mit ihren funkelnden braunen Augen an. Weiter vorn überhole ich die männlichen Mitglieder der Familie, vier Generationen. Drei von ihnen tragen Bluejeans, einer fällt mit seiner schwarzen Leinenhose aus dem Rahmen. Darüber trägt jeder ein dickes, tiefrotes, langärmliges Hemd, ebenfalls mit blauen Ärmelaufschlägen. Das Hemd wird hier nicht in der Mitte zugeknöpft, sondern man legt beide Seiten über die gesamte Breite des Bauches übereinander und schließt die Öffnung seitlich mit einem dicken Gürtel aus Wolle. Doch egal, wie schick und bunt die

Familie auch angezogen ist, nichts lenkt von ihren schönen Gesichtern ab, die vor Lebendigkeit nur so leuchten.

Beflügelt von der kurzen Begegnung, schaffe ich die letzten Schritte hoch zum goldenen Buddha, der auf einer Höhe von über 3000 Metern über dem Meeresspiegel mit seinen sanften Augen die Schluchten des vor ihm liegenden Tals überblickt. Rechts auf einem schmalen Kamm liegt das Kloster von Tawang. Bloß ein einziger buddhistischer Tempel ist noch größer als dieser: der in Lhasa, dem ursprünglichen Zuhause des Dalai-Lama. Von Weitem erkenne ich den Haupttempel. Um diesen betten sich unzählige weiße Steinhütten mit gelben Dächern, die mit der Sonne um die Wette zu strahlen scheinen. Dort am Tempel möchte ich das Neujahrsfest verbringen.

Der Eingangsbereich zum Tempel führt mich durch einen teils grünen, teils mit Schnee bedeckten Park. Ringsherum dicke, noch kahle Bäume, die durch bunt flatternde Gebetsfähnchen miteinander verbunden sind. Über ein großes Netz aus langen Leinen, an dem die gelben, grünen, roten, weißen und blauen Fähnchen befestigt sind, wird jeder Baum zur Mitte des Platzes hin verlängert. Es sieht aus wie das bunte Dach eines riesigen Zirkuszeltes, bloß dass die Decke hier der endlos blaue Himmel ist. Ich schlendere langsam übers Gras. Sieben, acht Straßenhunde, die wohl im Park zu Hause sind, begrüßen mich mit lautem Bellen im neuen Jahr. Ich bleibe stehen, sehe seitlich am Kloster vorbei und stelle mir vor, wie die vom Wind stark verwitterten Fähnchen schon seit Jahrhunderten die Wünsche und Träume der Menschen in die schneeweißen Berge des Himalayas tragen. Ich überlege selbst, welchen Wunsch ich in den

Himmel schicken könnte, und lasse es doch sein. Denn für mich geht gerade einer in Erfüllung.

Das farbenprächtige Eingangstor zum Klostergelände weist mir den Weg. Im Gegensatz zu den runden, steinernen Torbögen, wie man sie oft bei uns in Europa findet, besteht dieses hier aus acht dicken, bunt verzierten Holzpfählen, die ein mehrstöckiges, flaches Dach tragen. In der Mitte ein breiter Durchgang, durch den auch Autos passen. Links und rechts jeweils ein schmaler Bereich, der Fußgänger dazu verleitet, die mächtigen, mit Mantras bedruckten Gebetsmühlen anzuschieben. Als ich die rote Rolle mit goldenen Schriftzeichen erreiche, dreht sie sich noch vom Vorgänger.

Ab dann geht plötzlich alles wie von selbst. Nicht ich bin es, der das Rad zum Weiterdrehen bringt. Nein, einer der hölzernen Griffe drückt sich fest in meine Hand. Für einige Momente spüre ich das schon von Tausenden Händen abgegriffene Stück Holz zwischen meinen Fingern. Mein gesamter Körper reagiert auf die Rotation und schiebt mich sanft weiter Richtung Tempel. In dem Moment, als Hand und Griff sich wieder trennen, vervollständigt sich eine weitere Runde der Mühle, welche von einem kräftigen Glockenschlag am oberen Ende des Tores begleitet wird. Hinter dem Tor laufe ich an einer weißen Mauer entlang, die bis zum Inneren des Klosterhofes mit etwa fünfzig weiteren, etwas kleineren Gebetsmühlen bestückt ist. Mühle für Mühle werde ich Teil dieser ewigen Wiederholungen.

Als ich mich gerade einen schmalen Pfad zwischen der Steinwand einer Hütte und einer rund dreißig Meter hohen Mauer entlangschlängele, steht plötzlich ein junger Novize mit roter

Robe, Glatze und Maschinengewehr in der Hand vor mir. Verrückt, dass ich ausgerechnet an diesem heiligen Ort mit den mörderischen Auswüchsen der Rüstungsindustrie konfrontiert werde. Der Gebietsanspruch auf die Grenzregion ist seit Jahrhunderten umstritten, zur Verteidigung wird hier offenbar jeder gebraucht.

Er bricht in lautes Gelächter aus. »Tashi Delek, happy New Year«, schreit er mir zu und quetscht sich zwischen mir und Mauer in Richtung Freiheit. Von Nahem erkenne ich, dass es bloß eine Plastikknarre ist. Im nächsten Moment springen zwei weitere Jungs um die Ecke, jeweils mit langen Feuerwerksraketen in der Hand. Auf einer Treppe, die zum Haupteingang des Tempels führt, setze ich mich in die Sonne und beobachte mit Erstaunen die nächste Überraschung. Einige Novizen im Teenageralter versammeln sich vor mir auf dem Vorplatz des Tempels, um sich in ihren traditionsreichen weinroten Mönchskutten bei einem Kricket-Spiel, so etwas wie der englischen, auch in Indien sehr populären Baseball-Variante, zu messen. In dieser entlegenen Ecke Indiens bleibt vielen der Zugang zu Bildung verwehrt. Die Ausbildung zum Mönch ist kostenlos und eröffnet ungeahnte Zukunftschancen, weshalb viele Familien aus der Umgebung wollen, dass ihre Söhne im Kloster unterrichtet werden. Im Buddhismus beschert es einer Familie außerdem Glück, wenn sich eins ihrer Mitglieder im Tempel ganz dem Glauben hingibt.

Ich sitze eine gefühlte Ewigkeit, während die Jugendlichen vor mir inmitten der majestätischen Kulisse hin und her rennen. Wartet man auf einer Reise lange genug an einem Ort, baut die Zeit früher oder später Distanz ab, weshalb wohl auch vier aufgeschlossene Jungs ihre Verschnaufpausen irgendwann neben mir auf der Stufe einlegen.

Plötzlich bin ich umgeben von kleinen Buddhisten, die mich in perfektem Englisch mit überraschend weltlichen Fragen konfrontieren. »Welcher ist dein Lieblingsverein in der Bundesliga?«, fragt einer aufgeregt. Meine Güte, als ich so alt war wie dieser Junge, war ich zwar bei jedem Spiel des 1. FC Kaiserslautern im Stadion, konnte den dramatischen Abstieg in die Zweite Liga verfolgen, gefolgt von der sensationellen Meisterschaft nach dem direkten Wiederaufstieg in die Erste Liga. Doch heute, zu diesem Zeitpunkt der Reise, muss ich ehrlich zugeben, dass ich seit Jahren kein Fußball mehr geschaut habe. Doch mit der kleinen Anekdote, dass ich eine von meinem Vater vererbte Abneigung gegen den FC Bayern München hege und deshalb doch eher den Dortmunder BVB bevorzuge, findet man nicht bloß in Deutschland schnell Freunde. »Mario Götze, Marco Reus«, schreien die tibetischen Fußballexperten glücklich auf.

Den kompletten Neujahrstag verbringe ich mit den fröhlichen Jungs im Kloster. Sogar den jungen Maler, der im Tempel die Wände mit bunten Gemälden bemalt hat, lerne ich beim privaten Rundgang kennen. Vor dem Bild einer in Brand geratenen Göttin auf einem Esel bleibt er stehen. »Sie reitet durch ein Meer aus Blut, welches für das menschliche Leiden steht«, erklärt der Künstler mir die Gottheiten des Buddhismus, die symbolisch die vielfältigen Attribute des Menschseins ausdrücken sollen. »Wir sollten die Bilder nicht anbeten, sondern uns selbst darin erkennen.«

Im tibetischen Glauben gibt es zwar kein Ostern wie bei uns, also keine Auferstehung im christlichen Sinne. Aber dennoch feiert man auch hier den Beginn von etwas Neuem. Alles eben ein bisschen anders, mit einer anderen Sprache und eigenen Ritualen.

»Heute beginnt dein neues Leben«, erklärt mir ein junger Mönch namens Garap. Der Neumond von letzter Nacht läutet hier den Frühling ein. Neues wird entstehen. Alles wächst und gedeiht. Und im Herbst geht alles wieder vorbei. Ein ewiges Rad, und wir sind Teil davon. »Heute Morgen bist du zu uns gekommen, heute Abend gehst du wieder. Genau wie im Leben, alles kommt und geht«, erklärt mir der sechzehnjährige Novize in angenehm einfachen Worten.

Den ersten Tag des Festes beginnen Tibeter normalerweise immer mit der eigenen Familie. Ich bin dankbar, diesen Tag mit den Jungs zu verbringen. Denn auch sie sind getrennt von ihren eigentlichen Familien. Ein versöhnliches Gefühl stellt sich ein. Zum Mittagessen und auf den anschließenden Tee bin ich in eine spartanische Steinhütte eines älteren Mönches eingeladen. Ich treffe dort den Lama, den Lehrer der Jungs. Zur Begrüßung legt er mir ein *Khata* um, einen traditionellen Schal aus weißer Seide, mit dem er mir sein Wohlwollen und Mitgefühl ausdrückt. Danach segnet er mich mit einem kurzen Mantra, wobei er mich mit einem Mehl-Zucker-Gemisch und gleichzeitig mit roten Blüten bewirft.

Was für ein Tag – das tibetische Neujahrsfest. Am Abend frage ich die Jungs, warum sie alle so nett zu mir seien, wo sie mich doch gar nicht kennen. Garap musste nicht lange überlegen: *Karma*. Eine jahrtausendealte Weisheit, die mir nach so vielen Reisekilometern durch Asien erst durch Garaps kindliche

Erklärung wirklich klar wird. Wenn man sich mit einer positiven Ausstrahlung und guten Handlungen durch das Leben bewegt, kriegt man die Antworten in der gleichen Art zurück.

»Nicht wir waren nett zu dir, du warst es aus deinem Herzen heraus auch zu uns.« Und diese Hütte hier ist der Ort, wo sich beides heute trifft. »Das ist wie bei einem alten Antennenradio: Erst wenn die Frequenz richtig eingestellt ist, bist du fähig, Gutes zu empfangen.«

Ich stelle mir vor, in meiner Brust befände sich eine große Satellitenschüssel, die verschiedene Kanäle sendet und empfängt. Wenn ich es schaffe, den richtigen Kanal zu finden, sende ich also nicht nur auf dieser Frequenz, sondern empfange auch all das, was auf gleicher Welle von anderen gesendet wird.

Zu lange steht mein Sender schon auf Rastlosigkeit, Unruhe und Flucht. Finde ich in meinem inneren Radio Frieden, wird auch meine Umwelt friedlich sein. Doch wo ich mich auf diesem Weg aktuell befinde? Ich habe nicht die geringste Ahnung. Nach dem aufregenden Höhepunkt zu Neujahr, hoch oben in den Bergen Indiens, kennt mein Gemüt bloß eine Richtung: bergab. Nach jedem Gipfel scheint zwangsläufig ein Abstieg zu folgen. Die kalten Nächte im Himalaya und die quälende Ruhe der Berge schicken mich erneut hinaus auf die Reise, ich ziehe das Tempo wieder an. Früher als geplant sitze ich in einem Allradgeländewagen über den Sela-Pass, der mich zurück ins schwüle Brahmaputra-Tal bringt, von wo ich vor einigen Tagen gekommen war.

Nun heißt mein Ziel Nepal. Mein Weg dahin führt mich erneut durch die Millionenstadt Guwahati, in einem überfüllten

Zug der indischen Eisenbahn, vorbei am wasserreichsten Fluss Indiens. Von dort begebe ich mich auf eine drei Tage und zwei Nächte lange Reise. In Windeseile bin ich nicht nur der Hauptstadt Nepals Kathmandu, sondern plötzlich auch wieder Anna ganz nah. Während der letzten Monate war mein Geist hauptsächlich mit zwei Dingen beschäftigt: mit mir selbst und mit der unaufhörlichen Verarbeitung all dessen, was mich immer wieder von Neuem umgab. Die Frequenz mit Annas zarter Stimme muss ich erst wieder finden.

Happy Holi – Wir wollen uns gesund feiern

6. März 2020

Der wütende Polizist im für Besucher gesperrten Ankunftsbereich des nepalesischen Hauptstadtflughafens bittet mich zum Showdown.

Das war's, das ist das Ende der Reise, ist mein erster Gedanke. Woher zum Teufel soll Anna wissen, dass ich in der U-Haft des Flughafens sitze, anstatt sie nach ihrer Ankunft aus Deutschland am Gate abzuholen? Noch vor wenigen Tagen habe ich ihr am Telefon erzählt, dass ich bis hierhin, während eines Jahres auf dem ganzen Landweg bis nach Kathmandu, noch keine richtig schlechte Erfahrung gemacht habe. Und nun? Soll ich sie aus dem nepalesischen Knast anrufen, um ihr zu sagen, dass ich im Himalaya hochgenommen wurde? Nepal, du verflixte Hippie-Hochburg!

Vor fast genau einer Woche, einen Tag nachdem ich die indische Stadt Guwahati zum letzten Mal verlassen hatte, passierte ich die indisch-nepalesische Grenze bei Shiliguri. Zu Fuß ging es über eine viel befahrene Brücke über den Fluss Mechi hinüber in Land Nummer vierzehn meiner Reise, nach Nepal. Ein unspektakulärer Grenzübergang, bei dem man in Indien mit »Namaste« verabschiedet und in Nepal genauso wieder begrüßt wird. Auch hier, genau wie bei der Einreise in Indien vor vier Wochen, musste ich wieder ein Gespräch mit einem Arzt führen. Ich beantwortete einige Fragen über die zurückliegenden Reiseländer und ließ mir schließlich an der Stirn die Körpertemperatur messen. Im Gegensatz zum letzten Grenzübertritt war ich dieses Mal gelassener. Dass ich meine Reiseroute erneut frisierte und China als bereistes Land verheimlichte, führte dieses Mal nicht wirklich zu Gewissensbissen. Denn das neuartige Virus war nicht mehr neu, China nicht mehr der einzige Corona-Hotspot, und die Panik um die vereinzelten Ausbrüche in einigen Ländern der Welt würde sich hoffentlich bald wieder legen.

Ich erreichte die erste Bushaltestelle auf nepalesischer Seite, von wo mein Bus nach Kathmandu fahren sollte. Hier sah alles aus wie in vielen anderen Grenzstädten, die ich passiert hatte. Vollbeladene Lkws warteten in einer langen Schlange auf ihre Transiterlaubnis, die blinkenden Zahlen mit Wechselkursen über so manch einer Ladentheke lockten Reisende zum Devisentausch an, und Handyläden unterboten sich mit bunten Sonderangeboten für inländische SIM-Karten.

Der Fernbus in die Hauptstadt sollte in einer Viertelstunde abfahren. Entspannt sackte ich, ohne den Rucksack abzulegen, auf den Boden des Gehwegs und kam im Staub der Stadt zu sitzen. Um mir die Zeit während der sechzehnstündigen Busfahrt nach Kathmandu zu vertreiben, kramte ich vor der Abfahrt, die sich schließlich um anderthalb Stunden verspätete, noch meine Reiselektüre aus dem Rucksack. *Hippie* von

Paulo Coelho passte thematisch perfekt zu meiner Ankunft in Nepal. Ich hatte es vor einigen Tagen zufällig in dem unsortierten Büchertauschregal im Hostel in Guwahati gefunden. Der damals junge Schriftsteller erzählt davon, wie er sich mit seiner verehrten Karla auf den Weg macht, um über den sogenannten »Hippie-Trail« mit einem Direktbus von Amsterdam bis nach Kathmandu zu fahren. Coelho beschrieb seine Faszination für eine wundersame Blüte, die für viele Europäer seit Jahrzehnten symbolhaft für Nepal steht. Während mich der unbefestigte Untergrund bei der Fahrt durch die Nacht von links nach rechts schaukelte, las ich seine Zeilen: »Ich weiß, welche Wirkung Haschisch und Marihuana haben: Friede und Euphorie, Selbstvertrauen«. Das Buch sollte wohl eine Art Reiseführer für mich sein, um mich auf die Zeit im Himalaya vorzubereiten.

Denn wie ich bei meiner Ankunft in Kathmandu am frühen Morgen sah, hatte sich scheinbar bis zum heutigen Tag die Begeisterung für die berauschende Droge unter reisenden Hippies gehalten. Auf meinem Weg zum Hostel erblickte ich eine Gruppe junger Hippies, die sich heutzutage in unauffälliger Trekkingkleidung tarnen und dabei ganz offenkundig die Erleuchtung in der zugedröhnten Ekstase suchen. Auch wenn man sie nicht mehr wie früher direkt am bunten Auftreten erkennt, riecht man sie spätestens anhand des erdig süßen Marihuana-Geruchs, den sie illegal in den Straßen verbreiten.

Um mich von den kräftezehrenden Strapazen der letzten Wochen zu erholen, bevor Anna wieder zur Reise dazustößt, habe ich beschlossen, schon zehn Tage vor ihr in Kathmandu anzukommen. Im Hostel mit der besten Bewertung in Sachen Gemütlichkeit will ich einfach mal die Füße hochlegen. Die Zeit in Indien war anstrengend. Ich bin erschöpft und sehne mich nach Ruhe. Der geräumige Mehrbett-Schlafsaal befindet sich in der obersten Etage des fünfstöckigen Gebäudes. Ich gehe zum Fenster und blicke weit in die Ferne, wo am Horizont verschneite Gipfel den Himmel von der Erde trennen. Früher habe ich mir Kathmandu als eine Stadt mitten in den Bergen vorgestellt. Heute erkenne ich, dass es sich bei der Fläche, die die Hauptstadt einnimmt, eher um ein breites Tal handelt. Die Hochebene, in der zusammen mit den umliegenden Städten mehr als zwei Millionen Menschen leben, liegt auf etwa 1300 Meter Höhe und erstreckt sich bis zu den Bergen über 30 Kilometer weit.

Hier oben habe ich endlich wieder Abstand zu all dem menschlichen Getöse, welches unten auf den Straßen stattfindet. Auf der Dachterrasse des Hauses, die man über eine Wendeltreppe im Schlafsaal erreicht, eröffnet sich einem ein Rundumblick über die wohl geschäftigste aller Hauptstädte. Ich scheine Glück zu haben; sonst soll man durch den dichten Smog nicht mal bis zur Stadtgrenze sehen.

Mein Revier für die nächsten Tage: das Etagenbett in der hintersten Ecke des Raumes. Mittlerweile routiniert darin, verwandle ich das Bettgestell mit der durchgelegenen Matratze mit einer Handbewegung und einem dunklen Baumwolltuch in eine behagliche Höhle. Die elf anderen Betten im Raum verschwinden aus meiner Wahrnehmung, als ich unter die weiche Bettdecke schlüpfe.

Insgesamt scheinen nur sehr wenige Betten belegt zu sein. Seltsam, und das in der Hauptreisezeit im Himalaya. Alle reden über die chinesische Epidemie, keiner hat mehr Bock zu reisen. Die einzigen Westler, die man noch sieht, sind eben Hippies; andere Reisende habe ich in den engen Gassen der Altstadt kaum wahrgenommen. Doch in diesem Moment scheint sich die Situation zu ändern, denn drei junge Amerikaner belagern von allen Etagenbetten, die im Raum noch frei sind, ausgerechnet die Rückzugshöhlen neben mir. Zwei neue Bettnachbarn links, einer rechts. Na ja, immerhin hat sich keiner direkt über mich gelegt. Denn mein Bett ist nicht mehr als ein klappriges Alugestänge, das durch zusätzliches Gewicht in der oberen Etage wie ein Segelboot ins Wanken geraten würde.

Noch genau einmal schlafen, dann ist Anna wieder da. Den ganzen Tag habe ich das Hostel nicht verlassen. Mein Körper signalisierte mir am Morgen schon, sich heute nicht bewegen zu wollen. Ich merke, dass der Platz zwischen meiner und der Matratze im Bett über mir ausreicht, um in Meditationspose zu sitzen. Im aufrechten Sitz stößt mein Scheitel nur leicht an das Gestänge. Ich beobachte mein Gedankenkarussell, das ohne Rücksicht auf den Atem seine Runden dreht. Mein Geist verplant bereits die gemeinsame Zeit mit Anna, geht auf Sightseeingtour durch Kathmandu, eine Wanderreise in luftiger Höhe des Himalayas und wirft sich ins Getümmel indischer Großstädte.

Am Abend ist es Hunger, der mich zum ersten Mal für den Tag nach draußen treibt. Einmal quer durch das Touristenviertel Tamel, rein in ein kleines Restaurant in einer engen Seitengasse. Roller schlängeln sich dicht an dicht um die riesigen Pfützen, in denen gefühlt ganz Kathmandu versinkt. Stinkige Abgase bahnen sich den Weg durch das halb offene Garagentor, hinter dem gerade mein Abendessen zubereitet wird.

Drei der Tische sind mit Einheimischen belegt, einer ist noch frei. Ich bestelle Chow Mein, in Sojasoße gebratene Nudeln mit Gemüse, eine Spezialität aus Tibet. Seit ich vor über einer Woche in Nepal angekommen bin, aß ich dieses Gericht jeden Tag woanders. Der Geruch von gebratenem Fett zieht in meine Nase. Das Essen wird vor den Augen der Gäste gekocht. Die Küche sieht improvisiert aus, der Koch trägt normale Straßenkleider und werkelt hinter einem mobilen Gasherd mit zwei Kochstellen. Auf der einen Seite steht ein mattsilberner Schnellkochtopf. Aus dem kleinen Loch im Deckel zischt pfeifend Dampf heraus. Der Reis scheint fertig zu sein. Die Ablageflächen und die Wand dahinter sind großzügig mit Alufolie abgeklebt. Doch das hilft nicht überall, denn an den unbedeckten Stellen drum herum sprenkeln festgetrocknete Fetttropfen die blau gestrichene Wand.

Trotzdem scheint es eher einer der sauberen Orte in Nepal zu sein. Der Laden ist gut besucht; die überwiegend einheimischen Gäste sehen zufrieden aus. Eine junge Nepalesin greift gerade nach einer der großen Zweiliterkaraffen aus Plastik, welche auf jedem der Tische stehen. Gläser gibt es keine. Sie lässt ihren Kopf in den Nacken fallen und kippt sich das Wasser, ohne den Behälter zu berühren, direkt in den Mund.

Dann bringt der Koch mir höchstpersönlich das dampfende Nudelgericht zum Tisch. Er lächelt, als er mir den roten, vom Besteck schon matt gekratzten Plastikteller mit dem Nudelhaufen serviert. Das Gericht für weniger als einen Euro sieht aus wie ein nepalesisches Farbenfest. Goldbraun gebratene Nudeln, grüner Lauch, lila Zwiebeln, rote Tomaten, orange Möhren. Nach dem ersten Bissen wird mir klar: Das sind die besten Chow Mein meiner Reise. Hierhin werde ich Anna zum Essen ausführen.

Trotz Lärm und Gestank genieße ich den letzten Abend allein. Die Hektik der Stadt berührt mich kaum. Von meinem Platz aus, einer grün gestrichenen Holzbank vor einem weißen Plastiktisch, kann ich durch das offene Rolltor das Geschehen auf der Straße beobachten. Ein schmächtiger alter Mann trägt eine viel zu große Holzkiste auf seinem Rücken und setzt auf dem unebenen Boden gezielt einen Schritt vor den anderen. Es scheint, als könnte er jeden Moment unter der Last zusammenbrechen. Der kleine Junge auf der staubigen Treppe des Hauses gegenüber bemerkt den Träger nicht mal und wirft weiter kleine Steine in die Pfütze inmitten der Straße. Eigentlich versuche ich große Städte seit Beginn meiner Reise zu vermeiden, dennoch lande ich immer wieder in einer ihrer lauten Gassen.

Ein junger Nepalese mit schwarzer Röhrenjeans, engem Slim-Fit-Hemd und dicker Hipster-Hornbrille schlendert am Imbiss vorbei, während er in sein Handy vertieft ist. Direkt vor mir bleibt er stehen und hebt plötzlich seinen Blick.

»Hey, wie geht's?« Er strahlt mich an, als hätte er sein ganzes Leben bloß darauf gewartet, mich bärtigen Nomaden endlich im unscheinbarsten Laden der Stadt zu finden. Ich reagiere mit Zurückhaltung, denn die Reise hat mich gelehrt, nicht jedem Menschen gleich mit grenzenloser Offenheit zu begegnen. Unaufgefordert kommt er herein. Als er sich zwischen Tisch und Wand vorbeidrückt, bleibt der cremefarbene Straßenstaub, der auf allen Möbeln im Restaurant liegt, an seiner dunklen Jeans hängen. Er sackt neben mir auf die Bank. In dem Moment zieht der Geruch von Alkohol in meine Nase.

»Hättest du erwartet, dass man hier in Nepal die besten Partys feiern kann?« Seine Frage überrascht mich. Ich schüttele den Kopf und beobachte weiter das Treiben auf der Straße. Er erzählt, er sei auf dem Weg zu einer Studentenparty. »Ich weiß doch, ihr Hippies liebt Partys«, setzt er noch einen drauf. Als ich ihn mit großen Augen anschaue und sekundenlang den Blick halte, beginnt er nervös von einem Bein auf das andere zu rutschen. Dann schiebt er seine Hand langsam in seine Hosentasche. Mein Blick folgt seiner Bewegung. Vorsichtig, als wollte er nichts zerstören, zieht er sie wieder heraus und öffnet sie, von der anderen Hand verdeckt, über seinem Schritt. Ein grüner Klumpen aus getrockneten Blüten kommt zum Vorschein. Seine Augen leuchten. »Hier, schenk ich dir!«

»Ich nehme keine Drogen«, kontere ich und wende mich ab.

Nach außen möglichst gelassen, rollt in meinem Kopf eine Lawine los. Wo ich auch hinkomme, meine Erinnerung an mein altes Leben reist immer an meiner Seite mit. Das Treffen mit dem Kerl ist in diesem Moment wie ein Spiegel meiner eigenen Vergangenheit. Damals war ich der Partyjunge und zog in die Studenten-WG einer fremden Stadt. Gerade frisch in Trennung nach einer zehnjährigen Beziehung lebend, begann eine heiße Affäre mit dem Seelentröster Alkohol. Unter der Woche waren es ein, zwei Bier; am Wochenende dann der Vollrausch mit Ansage. Feiern, bis die Polizei kam. Und sie kam oft. Schon damals wollte ich keine Grenzen kennen. Dort, wo der Alkohol kräftig floss, war auch Cannabis nicht weit. Die Studenten-Einstiegsdroge eröffnete mir eine neue Welt.

Doch auch was Leistung bedeutet, verlernte ich nicht. Ich hatte zielstrebig an meinem Lebenslauf gefeilt und rockte trotz privater Partyexzesse schließlich auch meinen Master in Tourismus-Management als Pflichtteil. Zwei Tage nach Abgabe meiner Abschlussarbeit saß ich schon im Flieger nach Liverpool, um bei einem hippen englischen Unternehmen zum Manager herangezogen zu werden. Meine Chefin sprach von mir als Rohdiamanten, der bloß noch geschliffen werden musste. Das ging runter wie vegane Butter. Ich jettete nach Amsterdam, um mit Geschäftspartnern zu netzwerken, fuhr in Italien von Hotel zu Hotel, um Verträge auszuhandeln, und hangelte mich in der englischen Metropole von Meeting zu Meeting. Gemessen wurde mein Erfolg an vorher vereinbarten Zielvorgaben und Zahlen. Und meine eigene Messlatte hängte ich noch höher als die meiner Vorgesetzten.

Doch nicht nur beruflich wollte ich hoch hinaus. Auch privat wurde die Freizeit nach einem strengen Plan ausgerichtet. Perfektion war die oberste Prämisse. Ich trieb wie ein Besessener Sport, trainierte jede freie Minute, bloß für Regeneration war mir die Zeit zu schade. In den restlichen Stunden des viel zu kurzen Tages feilte ich an meinem veganen Ernährungsplan. Ich strebte nach allem, was in meinen Augen zu einem erfolgreichen Menschen dazugehörte.

Eine Zeit lang funktionierte ich einwandfrei. Ja, einige Male lief ich gar zur Höchstform auf. Doch nach und nach begann die Fassade zu bröckeln. Der traurige Höhepunkt der rasanten Achterbahnfahrt wurde im Sommer vor meiner großen Reise, im Jahr 2018, erreicht. Es waren die seltenen Momente der Ruhe, die meistens abends vor dem Schlafengehen kamen und die ich nicht ertragen konnte. Die Stille brachte meinen Geist zum Ausrasten, Schmerz überkam mich. Im August krachte es bei einem Unfall mit dem Rennrad gewaltig. Danach fing mein Körper an zu schwächeln: Entzündungen, Schmerzen, Pfeifen im Ohr, Ausschläge und ein dauerhafter Druck auf der Brust. Mein Hausarzt untersuchte mich akribisch, konnte nichts finden und stellte nach wenigen Handgriffen bloß meinen Lebensstil infrage.

Auch beruflich standen die Zeichen plötzlich auf Konflikt. Der Wind im einst kleinen Start-up wehte nun aus einer anderen Richtung, das Unternehmen wuchs, und die ersten Barfuß-Hipster aus der Gründungsphase wurden entlassen. Während mein Schreibtisch voller wurde, schwand im gleichen Maße meine Energie. Nach einem aufreibenden Managementmeeting zog mich meine Kollegin zur Seite: »Wenn du so weitermachst, wirft dich die Chefin noch raus.«

Irgendwie rettete ich mich in meinen dreiwöchigen Jahresurlaub im Herbst. An meinem 29. Geburtstag war ich am Tiefpunkt meines Lebens angekommen. Im Netz recherchierte ich nach schnellen Lösungen, denn wie schon seit Monaten hatte ich selbstverständlich für meine eigene Gesundung keine Zeit. Mein Blick blieb bei einer Meditation auf YouTube hängen. Eine Meditation über den Tod. Gefangen von der Idee, las ich die Beschreibung. Eine Übung, die zu einem verborgenen Ort führen sollte, wo Leid nicht mehr existierte.

Ich fürchtete mich, doch mein Leidensdruck war größer. Ich gab mich der geführten Versenkung hin. Quer legte ich mich auf mein Bett, mit meinen Kopfhörerstöpseln tief in den Ohren. Ich schloss die Augen, hatte Angst vor dem, was kommen würde. Eine tiefe Stimme setzte ein und führte mich langsam einen Abgrund hinunter: »Ich werde, wenn du es willst, dich in einen Zustand führen, der dem Zustand des Todes am nächsten kommt.«

Nachdem der junge Nepalese sich schweigend wieder aus dem Restaurant davongemacht hat, kehrt bei mir das Gefühl der Enge in der Brust zurück. Anderthalb Jahre sind nun seit meinem meditativen Tod in der alten Wohnung vergangen, und noch immer lässt mich die Zeit nicht los. Und das, obwohl ich es schon bis nach Nepal geschafft habe. Ich schlendere zurück zum Hostel. An jeder Ecke werden mir Haschisch, *Magic Mushrooms* oder LSD angeboten.

An der Unterkunft angekommen, trifft mich ein wohliger Gedanke: Meine Höhle wartet schon auf mich. Und morgen kommt Anna! Ich nehme eine Stufe nach der anderen. Jeder Schritt, den ich mache, bringt mich einer Musik näher, die ich kenne und die lauter wird. Es ist die sanfte Stimme von Nick Drake. Der sentimentale Klang der einzeln gezupften Saiten seiner Gitarre weckt wieder eine Erinnerung an die Vergangenheit. Nick Drake bringt mich zurück in meine alte Stadtwohnung, wo ich, um dem Lärm der vierspurigen Straße vor meinem Fenster zu entkommen, die Musikanlage aufdrehte: *Pink Moon*. Ich wollte Ruhe. Und ertrug sie dennoch nicht, als sie am Abend einkehren wollte. Doch es gab etwas, das half. Neben mir stand eine Flasche Rotwein, schon halb leer. Vor mir Tabak und winzige grüne Krümel Hasch. Ich flüchtete und versank in einer Trance, während meine Seele unbemerkt verkümmerte.

Das Zufallen der Tür zum Schlafsaal holt mich ins nepalesische Jetzt zurück. Im engen Treppenhaus kommen mir die drei amerikanischen Hippies, meine Bettnachbarn, entgegen. Aus ihrer Bluetooth-Box klingt die vertraute Musik. Ihre verträumten Blicke nehmen mich nicht mal wahr. Beim Vorbeigehen berühren sich fast unsere Körper. Kalter Tabakgeruch und der Duft von Alkohol wehen mich an.

Ich steuere direkt auf die Dachterrasse zu, die nun mir allein gehört. Die bunten Lichter der Stadt treffen mein Gesicht, als ich die Tanzfläche erreiche. Meine Beine beginnen sich zum Rhythmus der hupenden Mofas, kläffenden Hunde und zum Bass der Autos zu bewegen. Leere Bier- und Weinflaschen zieren noch den Boden der Terrasse. In der Ecke liegt eine zerknüllte Zigarettenpackung. Drum herum Tabakreste, die gerne mal herunterfallen, wenn man im Rausch versucht, sich einen Joint zu drehen.

Ich fühle mich, als würde ich mit der Umgebung verschmelzen. Ich, reisender Hippie, der heimatlos und ziellos um die Welt wandert. Zielstrebig greife ich nach dem kleinen Klumpen auf dem Boden. Ich rieche daran und erkenne die erdige Zitrusnote. Kaum zu glauben, das Universum schickt mir ein Zeichen. Ein Stück Haschisch, das die Hippies verloren haben müssen. Der nächste Blick wandert zur Zigarettenschachtel, die in Wahrheit gar nicht leer ist. Ich ziehe die letzte heraus, drehe sie langsam zwischen meinen Fingern hin und her, bis der Tabak draußen ist. Ich zerbrösele das Klümpchen dazu und fülle die leere Zigarettenhülse mit der neuen Mischung.

Die Wiedergeburt am nächsten Morgen ist grausam. Die Augen dick, der Kopf tut weh. Dazu kommt das unfassbar schlechte Gefühl: Ich habe es wieder getan. Mir wird übel davon. Den Brand in der trockenen Kehle lösche ich mit einem großen Schluck Wasser aus meiner Flasche. Dann schießt mir plötzlich der Gedanke durch den Kopf, der mich aufspringen lässt: Anna kommt heute! Und ich liege verpeilt im Bett. Wie kann ich diesen Tag, auf den wir beide seit Monaten warten, nur so beginnen?!

Nach sechs Monaten als Einzelgänger werde ich für die nächsten vier Wochen wieder in einer festen Partnerschaft durch die Welt gehen. Verwirrt schleiche ich durch den Schlafsaal Richtung Toilette. Ich muss aufpassen, nicht über die Kleider der Amerikaner zu stolpern. Ich habe sie nicht mal zurückkommen gehört. Im Badezimmer springe ich unter die kalte Dusche, spüle den Tabakgeschmack aus meinem Mund.

Gerade rechtzeitig schaffe ich es zum Ankunftsdate. Immer noch nicht ganz in der Realität angekommen, gehe ich durch die automatische Tür, die konstant offen steht. Vorbei an einem Sicherheitsbeamten, der sich die Zeit bis zur nächsten Abfertigung mit YouTube-Videos vertreibt.

»Gibt es hier eine Toilette?«

Ohne einmal aufzuschauen, winkt er mich weiter den Flur entlang. Alles ist leer, außer mir kein Mensch zu sehen. Ein seltsames Gefühl beschleicht mich. Ist das wirklich der Ort, an dem ich gerade sein sollte? Doch ich gehe weiter und stehe plötzlich zwischen zwei u-förmigen Gepäckbändern, die gerade ruhen. Warum zur Hölle bin ich jetzt mitten im Ankunftsbereich des Flughafens?

In diesem Moment frage das offenbar nicht nur ich mich. Ein Polizist in dunkelblauer Uniform mit goldener Aufschrift schreit schon aus der Ferne. In seinen Augen lese ich die Gewissheit: Mit dem Jungen stimmt was nicht, den schnapp ich mir. Strammen Schrittes kommt er auf mich vermeintlich blinden Passagier zu.

»Was tun Sie hier?«

»Äh, ich muss pinkeln! Und … ähm, Ihr Kollege dahinten …«

Er unterbricht mein Gestammel schroff. Geduld scheint er wenig zu haben. Meine zerzausten langen Haare, mein buntes und teils schon zerrissenes Hemd, die schwarze Kapuze, die weit über meinen Kopf gezogen ist, und meine vom Vorabend verquollenen Augen verraten mich: Kein Zweifel, ich muss ein Drogen schmuggelnder Hippie sein! Kurzerhand sackt er meinen Pass ein. Seite für Seite blättert er ihn hektisch durch und kann angesichts der Fülle meiner gesammelten Stempel offenbar nicht finden, wonach er sucht.

Den ersten Schock verdaut, probiere ich den zweiten Erklärungsversuch: »Sir, ich warte seit einer halben Stunde draußen am Gate auf meine Freundin Anna, die heute aus Deutschland zu mir kommt.« Ihr Flug aus Delhi landet in einer Viertelstunde. Ich zeige ihm den Einreisestempel in meinem Pass, auf dem ersichtlich ist, dass ich schon seit über einer Woche in Nepal bin. »Wissen Sie, ich reise schon seit einem Jahr, und das, ohne nur einmal das Flugzeug zu nehmen.« Dieser Satz hat doch in jedem Land die Menschen begeistert und mir, wohin ich auch kam, Türen geöffnet. Ich strahle ihn leicht gequält, doch freundlich an. Es funktioniert. Er beruhigt sich und redet mir noch einmal ins Gewissen, man könne nicht einfach so durch den Sicherheitstrakt des Hauptstadtflughafens spazieren. Die Antwort »Macht halt eure dämliche Tür zu, dann kommt auch kein verpeilter Hippie rein« behalte ich besser für mich.

Er lotst mich zur Security-Schleuse, wo der Gepäckscanner schon wild blinkt. Plötzlich fällt mir ein, dass die nicht ganz zu Ende gerauchte Zigarette mit Haschisch von gestern Abend noch in meiner Jackentasche ist. O mein Gott, was zum Teufel passiert hier gerade? Der Polizist bittet mich, meinen Rucksack und die Jacke durch den Scanner zu jagen. In mir brodelt es, doch nach außen bleibe ich beherrscht. Wenn ich jetzt meine Jacke auf dieses Band lege, lande ich im Knast, und Anna wird mich in fünfzehn Minuten ganz sicher vergeblich suchen.

Ich rede ruhig, aber bestimmt: »Sir, ich bin kein Fluggast. Würden Sie mir jetzt bitte meinen Pass wiedergeben?«

Mittlerweile stehen drei Polizisten und vier Sicherheitsbeamte vor mir. Stille, für gefühlte Ewigkeiten.

Und dann lenkt er ein: »Ich bitte um Verzeihung, Sir. Hier ist Ihr Reisepass.« Er erklärt mir noch den Weg zur Toilette und wünscht mir und meiner Freundin eine angenehme Zeit in Nepal.

Das ist die zweite Wiedergeburt des Tages. Dankbar, nicht als vermeintlicher Drogenbaron aufgeflogen zu sein, versuche ich beim Verlassen des »Tatorts« entspannt zu wirken. Ich will nur raus hier. Wieder an der frischen Luft, steuere ich den ersten Mülleimer an, fasse in die Jackentasche und werfe den Rest des Joints in die Tonne.

Noch fünf Minuten. Ich versuche, mich zu entspannen. Spüre in mich hinein und mache mich mit dem Gedanken vertraut, dass Anna mir gleich in die Arme fallen wird. Die Erinnerung an unseren letzten Abschied in der Mongolei ist intensiv, wie ein körperlicher Schmerz. Ein tiefes Gefühl der Einsamkeit überkam mich damals am Flughafen in Ulan-Bator. Wir verabschiedeten uns auf ungewisse Zeit. Die einzige Sicherheit, die wir hatten: Wir werden mindestens ein halbes Jahr lang ohne einander sein.

Am Anfang unserer Beziehung gab es keinen Zweifel, dass wir uns irgendwann wiedersehen. Ich hatte Anna am allerersten Tag meiner Weltreise kennengelernt – ungünstigstes Timing, könnte man meinen. Doch ich habe diesen Tag nie bereut. In meinem Inneren gab es seitdem die Gewissheit, dass sie mein Mädchen ist. Von da an reisten wir immer wieder phasenweise miteinander. Zuletzt sechs Wochen lang mit der Transsibirischen Eisenbahn bis nach Sibirien und in die Mongolei. Doch es war ein harter russischer Sommer. Der Beziehung fehlte eine gemeinsame Vision. Wie sollte es mit uns weitergehen? Auf der Suche nach der Antwort verloren wir unsere Leichtigkeit, die uns zusammengeführt hatte.

Für mich gab es nach ihrer Abreise in der Mongolei kein Zurück nach Deutschland. Die Angst vor dem, was kommen würde, machte mich kühl und hart. Und das ließ ich Anna spüren. Auch Enttäuschung war da, die ich ihr nie wirklich offenbaren konnte. Sie ging, anstatt wie ich alle Zelte abzureißen und sich für meine Art des Lebens zu entscheiden. Tief in mir wartete ich doch bloß auf ihre Nachricht: »Ich lasse alles stehen und liegen für dich.«

Für die Liebe war kein Platz. Denn in Leipzig wartete ihr Leben als Künstlerin. Ausstellungseröffnungen, Dokumentarfilmdrehjobs als Kamerafrau, all die lieb gewonnenen Freunde in ihrer Stadt, die sie seit fünfzehn Jahren ihre Heimat nannte. Ein radikaler Ausbruch war nicht möglich oder vielmehr gar nicht gewollt. Sie jagte zurück in die Vergangenheit und ich meinen lähmenden Träumen hinterher. Zwei Seelenverwandte trennten sich. Anna verschwand in der automatischen Drehtür hinter dem Sicherheitscheck am Flughafen von Ulan-Bator. Sie drehte sich um, lächelte mir noch einmal mit verweinten Augen zu und verschwand für eine lange Zeit. »Tschüs, mein Mädchen!«

Das halbe Jahr, das seither vergangen ist, fühlt sich an wie ein halbes Leben. Zwischen uns lagen bis zu acht Stunden Zeitverschiebung und 10 000 Kilometer Luftlinie. Seltene Telefonate wurden zur Qual, denn sie endeten immer im Streit.

»Ich bin richtig da, wo ich bin. Ich werde sicher nicht in ein Flugzeug nach Deutschland steigen«, erklärte ich Anna. Dann war lange Funkstille zwischen uns. Mir war klar, wenn Anna mich sehen wollte, musste sie zu mir kommen. Auch wenn ich wusste, dass es ungerecht war, die Verantwortung allein ihr zu übertragen. Doch ich konnte nicht anders, als weiterzuziehen.

Ein kleiner Funke Hoffnung keimte in uns beiden auf, als ich in einer flüchtigen Bemerkung äußerte, vielleicht an Weihnachten in der Heimat zu sein. Doch das Gegenteil trat ein: Ernüchterung. Am Fest der Familie war ich nicht bloß weit weg, sondern in einem Schweigekloster auch noch für alle tagelang unerreichbar.

Im neuen Jahr wurde es schließlich konkreter. Anna rüttelte kräftig am eigenen Terminkalender, verschob das eine nach vorn und das andere nach hinten und schuf somit ein vierwöchiges Zeitfenster, in dem ein Treffen wahrscheinlicher wurde. Aus dem Versuch, einen Termin zu finden, aus der seltsamen Idee, dass wir uns sehen könnten, wurde schließlich ein fixer Zeitraum. Schon in der ersten Märzwoche würden wir zusammen sein. Wir wollten endlich wissen, wo unsere Beziehung stand.

Heute ist es so weit, unser Date in Kathmandu. Anna ist fast da. Aufgeregt stehe ich in der Ankunftshalle und schaue immer wieder hoch zum kleinen Monitor, auf dem die ankommenden Flüge aufgelistet sind. Dann blinkt hinter dem Flug von Air India plötzlich in Rot das Wort *landed*. Nun ist sie nah. Fast ein halbes Jahr lang trennten uns Welten, und plötzlich stehen wir auf dem gleichen Boden.

Noch keine drei Schritte um die Ecke, scannt Annas suchender Blick die Wartehalle ab. Ein vollgepackter Jutebeutel auf ihrer Brust verdeckt fast ihren ganzen Körper. Ihr Rücken ist umrahmt von einem rot leuchtenden Trekkingrucksack, der über ihrem Kopf aufragt. Ihr Schritt erinnert mich an die Hunderte von Kilometern, die wir vor genau einem Jahr gemeinsam durch Spanien pilgerten. Ein entschlossener, starker Schritt, wo der eine Fuß schon weiß, was der nächste gleich tun wird.

Dann entdeckt sie mich. Ein Strahlen wandert über ihr Gesicht. Ich merke, dass auch ich lächele, bleibe dennoch stehen. Ich spüre eine unangenehme Nervosität. Es ist Angst. Anna hat es endlich möglich gemacht. In diesem Moment läuft sie zielstrebig in mein Leben hinein. Jetzt bin ich am Zug, auch

Schritte auf sie zuzugehen. Doch ich schaffe es nicht, bin wie versteinert; Annas Schritte werden endlos. Schließlich steht sie vor mir. Ihr ganzer Körper zittert bei der ersten Umarmung, der Kuss ihrer kalten Lippen fühlt sich fremd an. Wir harren beide aus und lassen uns eine gefühlte Ewigkeit nicht mehr los, bis die Anspannung nachlässt und unsere schlotternden Körper sanft werden. Und dann ist sie ganz auf einmal wieder da.

Anna sieht erschöpft aus, als ich ihr den prall gefüllten und dennoch im Vergleich zu meinem bloß halb so großen Trekkingrucksack abnehme.

»Michael, die Welt spielt verrückt.« Seit Wochen kriegt sie ihren Husten nicht mehr los. Die Menschen im Flugzeug hatten solche Angst vor ihr, dass sie sich nach und nach von ihr wegsetzten. Am Ende war sie allein in der Reihe. Im Flieger gab es Leute, die sogar Gasmasken trugen, andere Ganzkörperschutzanzüge. Anna pustet erleichtert aus, sie scheint es noch nicht zu glauben, dass sie jetzt in Nepal ist: »Ich hatte Sorge, dass es noch schiefgeht.« Während der letzten Wochen in Indien ließ ich jegliche Nachrichten nicht wirklich an mich heran. Anna bringt die Realität zurück in mein Leben. Ihre Welt trifft auf meine.

Ich will sie beruhigen: »Ach, weißt du? Ich glaube, das Ganze ist in ein paar Wochen wieder vorbei. Schweinegrippe, Vogelgrippe, SARS, Zika, wurde da nicht jedes Mal Panik gemacht, und am Ende war der Spuk doch rasch wieder vorüber?« Wie naiv meine Einschätzung der Lage ist, ahne ich in diesem Moment noch nicht.

Anna guckt verdutzt und erwidert: »Die reden von einer Epidemie in Europa. Die Nachrichten sind voll damit.« Italien riegelt sich nach innen und außen ab, Deutsche werden aus China ausgeflogen, und der Karneval nicht weit weg von Annas Eltern hat das Virus auch in der Heimat rasch verbreitet. Aktuell gibt es schon fast tausend Kranke im Land. Annas Miene wirkt ernst. »Weißt du eigentlich, wovon du redest?«

Ich bin überrascht über ihre Reaktion. Denn ich bin mir sicher, dass das alles bloß ein chinesisches Horrormärchen ist, welches mit etwas Geduld schnell wieder verpufft. Eine Epidemie in Europa? Das glaube ich nicht. Während sich bei Anna ein Hustenanfall anbahnt, rede ich ihr gut zu: »Jetzt bist du hier, mein Mädchen. Du bist in Sicherheit.«

9. März 2020

Heute ist Feiertag, es ist *Holi*, das Fest der Farben, das in Nepal und Indien traditionell mit einem Vollmondtag im Frühling beginnt. An unserem dritten gemeinsamen Tag in Nepal taucht ganz Kathmandu in einen bunten Freudentaumel. Für den Ausflug in die Stadt habe ich extra mein bestes Hemd angezogen. Ganz im Zeichen der Reinheit hatte ich mir für die lange Schweigemeditation in Myanmar nämlich ein schlichtes weißes Shirt gekauft. Heute muss es als weiße Uniform im Kampf gegen das Virus herhalten. Auch Anna trägt Weiß.

Schlendernd steuern wir die Altstadt an. Außer uns sind Hunderte Nepalesen auf der Straße. Touristen sehen wir kaum. Nicht mal Hippies stechen in dem bunten Treiben noch heraus. Schon nach wenigen Schritten merken wir: Man hat es auf uns abgesehen. Mit noch viel zu sauberen Kleidern werden wir zur Zielscheibe der mit Farbbomben bewaffneten Scharfschützen. Anna und ich nehmen Tempo auf, denn wir spüren die Blicke der Kinder, die uns aus den Fenstern der zweiten und dritten Etagen dieser schief zusammengewürfelten Häuser der Stadt auf Schritt und Tritt folgen.

Dann beginnt der wilde Spießrutenlauf. Ich lasse Annas Hand los, ab hier kämpft jeder für sich. Mit einem schrillen »Happy Holi!« beginnen mehrere Kinder gleichzeitig die Schlacht. Die Hände schützend über meinem Kopf, wehre ich mich gegen die mit buntem Wasser gefüllten Luftballons, die vom Himmel fallen. Mein Blick ist dabei konzentriert auf den Boden gerichtet. Denn bloß ein falscher Schritt, und ich würde höchstwahrscheinlich in einer der vielen Matschkuhlen versinken.

Dafür nehme ich in Kauf, dass mich die erste Bombe am Rücken trifft. »Waahh«, schreie ich einmal laut durch die enge Gasse. Die kleinen Bengel kennen keine Gnade, sie haben eiskaltes Wasser genommen. Raus aus dem Schussfeld verstecke ich mich in einem Hauseingang. Ich sehe, dass auch Anna bereits einmal am Bauch und einmal am Oberschenkel getroffen wurde. Im Gegensatz zu mir genießt sie die spontane Abkühlung. Denn nicht nur die grünen und roten Kleckse auf ihren Kleidern bringen sie zum Strahlen, nein, vor allem ihr breites Lächeln macht sie gerade zum wohl schönsten Farbenspiel der Stadt.

Als sie mich einholt, gehen wir wieder zusammen weiter. Dieses Jahr sind wegen der Ansteckungsgefahr zwar die offiziellen Events in der Altstadt abgesagt, das heißt, keine Livemusik, aber trotzdem sind die Menschen draußen zum Feiern. Das lassen sich die Nepalesen nicht nehmen. Vor allem steht der Tag ganz im Zeichen der Gesundheit. Durch die bunten Farben in den Straßen sollen böse Krankheiten vertrieben werden. Angesteckt von der Euphorie der Einheimischen, schaue ich rüber zu Anna und sehe auch in ihren Augen die Bereitschaft, sich heute gesund zu feiern.

Der Lärm der Menschenmassen lotst uns bis zum alten königlichen Palast und dessen riesigen Innenhof, dem heutigen Durbar-Platz. Der Freudentaumel der Einheimischen hüllt uns in eine sanfte Farbwolke. Sie umarmen sich und wünschen einander »Happy Holi«. Man trägt kleine Plastikbeutel in der Hand, welche mit den buntesten Farben Nepals gefüllt sind, taucht Zeige- und Mittelfinger ins Pulver hinein und streicht liebevoll das Leuchten in die Gesichter der Menschen. Einmal komplett übers Gesicht, über Stirn, Augen, Nase, Mund und Kinn. Dabei wünscht man sich in diesem Jahr vor allem eines: Gesundheit. Bloß den wenigen Menschen, welche vor Angst die blaugrünen medizinischen Masken als Mundschutz tragen, lässt man ihre Ruhe.

Heute vor einem Jahr wanderte ich am allerersten Tag dieser Reise eine steile Bergstraße in einem französischen Pyrenäendorf hinauf. Aufgeregt, was mir der Jakobsweg durch Spanien wohl bringen würde, ahnte ich nicht, dass sich in diesem einen Moment mein Leben so folgenreich verändern würde. Da stand sie plötzlich. Anna. Welch ein Strahlen, dachte ich, während sie schon glücklich ihre Arme auseinanderriss, um mich Fremden zur Begrüßung zu umarmen. »Ich bin Anna«, sprach sie mit ihrer zarten Stimme, als sich unsere Körper zum ersten Mal berührten.

»Happy Holi«, sage ich auf den Tag genau ein Jahr später zu ihr, während ich zwischen Tausenden feiernder Nepalesen Annas bunt gefärbte Lippen küsse. Ob ich mich in dem Moment an ihrem Husten anstecke, ist mir egal. »Anna, schön, dass du bei mir bist!« Dieser Tag wird heilen. Er heilt unsere Beziehung, die seit Monaten in Schieflage ist. Und ja, nachdem wir die Magie auf dem Hauptplatz von Kathmandu hautnah miterlebt haben, glaube ich mittlerweile der Geschichte der Nepalesen, die Welt könne durch das bunte Treiben gesunden. Die Euphorie des Landes hat mich erfasst: ein wohliges Gefühl von Frieden und Harmonie.

Auf der Flucht

23. März 2020

»Sir, haben Sie die Nachrichten denn nicht gehört?«, ruft uns der Hotelbesitzer vom Innenhof seines vierstöckigen Gästehauses zu. Für das ganze Land gilt ab morgen früh sechs Uhr ein Lockdown mit strengen Ausgangssperren. Der Hotelier mahnt uns, vorsichtshalber schon mal die Koffer zu packen, falls wir Nepal schnell verlassen müssten.

Anna und ich sitzen auf dem Betonbalkon unseres Hotelzimmers. Mittlerweile sind wir in Pokhara angekommen, der zweitgrößten Stadt Nepals, in normalen Jahren Ausgangspunkt für spektakuläre Wanderungen und Bergtouren. Die letzten warmen Sonnenstrahlen des Abends fallen nicht bloß in unser Gesicht, sie tauchen auch die Annapurna, den riesigen, mit Schnee bedeckten Achttausender vor den Toren der Stadt, in eine rotgelbe Farbe. Doch nach der Hiobsbotschaft wird Annas Gesicht kreidebleich. Ich sehe Bilder meiner Reise an mir vorbeiziehen. Meine Beine beginnen, nervös hin und her zu schaukeln. Ich war doch endlich auf meinem Weg angekommen, hatte sogar mein Visum für Pakistan schon in der Tasche. Und nun? So ganz ohne Vorbereitung zwischen Hoteltür und Innenhof soll meine Reise an diesem sonst so belanglosen Abend abrupt zu Ende sein?

Mir fällt die Geschichte von Ochir und Tsegi ein, zwei Mongolen, mit denen ich letzten Sommer eine Zeit lang in der Jurte lebte. Ihre Eltern – beide stammen aus seit Generationen durch die Steppe wandernden Nomadenfamilien – wurden in den Achtzigerjahren durch die kommunistische Regierung gezwungen, sich einer gesellschaftlichen Form anzupassen, in die sie einfach nicht hineingehören wollten. Sie wurden zum Sesshaftwerden verdammt. Jetzt verstehe ich, wie es ihnen ergangen sein muss. Es ist brutal, Nomaden zum Stillstand zu zwingen, wenn ihr Grundbedürfnis das Unterwegssein ist.

Ein Berg aus unsortierten Gedanken in meinem Kopf scheint sich höher aufzutürmen als die Gipfel um uns herum. Gestern erzählte uns der Hotelier noch stolz, dass es in ganz Nepal erst einen Corona-Fall gebe. Und heute dann die Nachricht vom Lockdown? Das macht einfach keinen Sinn. Warum spielt die Welt verrückt? Anna und ich sind nicht mal richtig zum Reden gekommen, und schon soll alles wieder vorbei sein? Mein Blick wandert zur schneebedeckten Annapurna, einem der schönsten und gefährlichsten Berge der Welt. Er wirkt majestätisch und zugleich arrogant. Eigentlich wären wir gerade noch auf einer Wanderung und dem Gipfel ganz nah. Doch der Berg besiegte uns. An diesem Abend stellt er abermals alles in seinen Schatten. Über allem stehend verzieht er keine Miene, wird so symbolhaft zu unserem Berg des Scheiterns.

Als Anna und ich vor zehn Tagen nach dem Farbenfest Kathmandu freudentaumelig verließen, hatten wir nämlich einen Plan in unserer Reisetasche. Wir wollten hoch in die Berge, einmal um die Annapurna. Auf meinem Weg nach Nepal hatte ich zuvor einen jungen Franzosen getroffen, der von einem Rundwanderweg, dem Annapurna Circuit, geschwärmt hatte. Er erzählte mir von spektakulären Eindrücken und Ausblicken. Ohne Vorbereitung oder gar Bergerfahrung und ohne überhaupt einen eigenen Schlafsack mitzunehmen, sei er diesen Weg einst gelaufen. Dass es sich dabei in Wahrheit um eine der beliebtesten und zugleich anspruchsvollsten Trekkingrouten der Welt handelt, verschwieg er uns. Vor der Überquerung des 5400 Meter hohen Passes hatten wir Respekt. Doch wir vertrauten mehr, als dass wir uns vorbereiteten, und begaben uns zum Startort der Bergtour. Annas Husten war schon etwas abgeklungen.

Der erste Tag verlief mit einer kurzen Etappe entspannt. Offenbar hatten wir den Abzweig zum Wanderpfad verpasst, denn unsere Route führte uns direkt an der Straße zum nächsten Dorf. Autos fuhren kaum welche. Wenn überhaupt, dann nur Allrad-Jeeps mit viel Bodenfreiheit. Mit jedem Schritt sackte ich einige Zentimeter tief im Untergrund ein. Der Sand, der oben in die Schuhe fiel, scheuerte an der dicken Haut meiner Ferse. Die Hitze brachte mich zum Schwitzen, mein T-Shirt klebte nass an meinem Rücken fest. Anna blieb stehen, atmete kräftig aus. Ihre Wangen glühten. Und das schon am ersten Tag. Das hätte ich in den Bergen des Himalayas anders erwartet. Ich dachte da eher an Kälte und Schnee.

Plötzlich posaunte hinter uns ohrenbetäubend laut ein Nebelhorn. Einer dieser bunt geschmückten, typisch nepalesischen

Lkws, welcher aussah wie ein riesiger angemalter Pappkarton, bahnte sich im Schritttempo seinen Weg über die Bergstraße. Sein Hupen zur Warnung war ein melodischer Dreiklang. Ein Sandsturm aus feinem Staub umhüllte uns, als er vorbeifuhr. Ich hielt die Luft an und schloss die Augen.

Hinter der nächsten Kurve war die Fahrt des Lkws vorerst zu Ende. Eine Felslawine versperrte ihm die Weiterfahrt, und ein viel zu kleiner Bagger räumte Stein für Stein den Weg. Hinter bunten Wimpeln und von Hand geknüpften Vorhängen saß der Fahrer und winkte uns freudig aus dem offenen Fenster zu. In Nepal drücken die Fahrer ihre Liebe zu ihren farbenreichen Lastwagen durch detailreiche Malereien und Verzierungen auf dem Blech der Karosserie aus. Als würden sie damit in den Karneval fahren. Tatsächlich leben viele der Fahrer komplett in ihren Lkws. Mit eigenem Bett über dem Fahrerhaus sind sie auf den Straßen Nepals daheim. Durch die Farben verschönern sie ihr Zuhause und imponieren zudem potenziellen Auftraggebern.

Wir erreichten den Schuttberg aus Steinen, der den Weg versperrte. Mit aller Kraft stemmten wir uns über die losen Brocken, darauf bedacht, das Gestein nicht wieder ins Rollen zu bringen.

Entlang des Weges liefen wir immer wieder an den typischen *Teahouses* vorbei, einfachen Unterkünften mit einer Waschgelegenheit und einem Bett. Am Nachmittag erreichten wir dann unsere eigene urige Raststation für die Nacht. Die Übernachtung kostete uns nichts, solange wir dem Inhaber versprachen, bei ihm Abendbrot zu essen und am nächsten Morgen dort zu frühstücken. Unser Zimmerboden knarzte, und die Wände des kleinen Raumes, in den gerade so zwei Betten passten, waren mit altem Zeitungspapier tapeziert. Es roch nach Holz, und die Sonne spiegelte sich im Staub, der durch unseren Einzug aufgewirbelt wurde. Vom Bett aus konnten wir das Geschehen im Dorf beobachten.

Da war eine nepalesische Oma, die sich unbeobachtet fühlte und sich oben ohne an einem Brunnen unter den Achseln wusch. Danach brachte eine jüngere Frau einen Weidenkorb mit Salatblättern zum selben Brunnen. Sie putzte Blatt für Blatt, denn aus der Leitung tropfte bloß ein dünner Strahl. Da waren Touristen mit Wanderstöcken und ohne Gepäck auf ihren Rücken. Und drahtige Nepalesen im Schlepptau, die auf Bambuskonstruktionen gleich drei oder vier Rucksäcke trugen. Da waren Kinder, die mit Holzstöcken Esel durch das Dorf trieben. Wir lagen da und beobachteten, bis der Duft des Abendessens durch die Spalten im Boden zog und uns nach unten lockte.

Auch am zweiten Tag ließen wir es entspannt angehen. Auf der kurzen Etappe blieb viel Zeit für ausgedehnte Pausen mit *Chai*, Schwarztee mit Milch, dem nepalesischen Kultgetränk. Dass ich dafür mein Vegansein aussetzte, war in Ordnung. Schon in der Steppe der Mongolei hatte ich mich wieder hauptsächlich von Milchprodukten ernährt. Veganismus funktioniert in manchen Ländern einfach nicht. Entweder weil man wie in der Mongolei sonst verhungern würde, oder weil man wie in Nepal die kulinarischen Besonderheiten des Landes verpassen würde.

Am dritten Tag der Wandertour kam dann die Rache für die nicht vegane Sünde. Schon nach dem ersten Chai des Tages saß ich mit Durchfall auf dem Klo. Zuerst wanderten wir weiter Richtung Annapurna. Doch keine Chance, wir strandeten wieder an der nächsten Toilettenmöglichkeit etwa 1400 Meter über dem Meeresspiegel. Großartig. Wir wollten hoch bis auf fast 6000 Meter und kamen nun nicht einmal höher als die höchsten Gipfel des Schwarzwalds. Jede einzelne Faser meines Magen-Darm-Trakts schien gegen die exotische Küche zu rebellieren.

Mehrere Tage hingen wir fest. In der Nacht fielen Wassermassen vom Himmel, die das Wellblech über unseren Köpfen zum Beben brachten. Alle halbe Stunde sprintete ich durch den strömenden Regen aus der Hütte zum Plumpsklo im Garten. Ein enger Betonbunker, ebenfalls mit Wellblechdach und einem schlichten Loch im Boden, gerade breit genug für das große Geschäft. Klopapier Fehlanzeige. In Nepal erleichtert man sich in tiefer Hocke. Seinen Hintern übergießt man danach mit einer kleinen Plastikschüssel mit eiskaltem Bergwasser aus einem Wassereimer. Den Po säubert man gleichzeitig mit seiner linken Hand, denn die rechte nutzt man bloß beim Essen. Ausgelaugt von der fremden Toilettenkultur, resignierte ich irgendwann und harrte die halbe Stunde bis zur nächsten Attacke in der Hocke aus, statt im Regen zurück ins Bett zu rennen. Mein Kopf lehnte erschöpft am mintgrünen Putz der Wand, der an einigen Stellen schon abbröckelte. An Weiterwandern war tagelang nicht zu denken.

Anna hatte sich das Wiedersehen sicher anders vorgestellt. Sie war enttäuscht, wollte aber nicht, dass ich es spüre. Stattdessen umsorgte sie mich und handelte jeden Tag aufs Neue mit dem Besitzer der Hütte eine möglichst fettfreie und magenschonende Mahlzeit aus, die er dann für uns kochte. Während ich erschöpft dalag, tickte Annas Uhr – je länger wir festsaßen, desto mehr schrumpfte das Zeitfenster unserer gemeinsamen Reise.

Tagsüber bot sich uns ein seltsames Bild. Direkt vor der Eingangstür zu unserem Zimmer verlief der Wanderpfad des Annapurna-Rundwegs. Mit jedem Tag kamen weniger Wanderer den Berg hoch. Stattdessen kamen alle, die am Vortag noch nach oben wollten, am nächsten Tag wieder herunter. Was die besorgten Trekker zu berichten hatten, klang gruselig. In den nepalesischen Nachrichten sei zu hören, dass der Hauptstadtflughafen in Kathmandu bald schließen werde, um Nepal vor der Ausbreitung des Virus zu schützen. Die letzten Touristen im Land traten den eiligen Rückzug nach Kathmandu an.

Ich beruhigte Anna immer wieder: »Dein Flug zurück nach Deutschland geht erst in drei Wochen in Delhi, bis dahin hat sich die Lage entspannt.«

Heute, einige Tage nach Abbruch unserer Wanderung in den Bergen, beweist mir der Hotelier in Pokhara das Gegenteil. Die Lage spitzt sich zu. Nun ist der Lockdown da, dessentwegen die panischen Wanderer an der Annapurna gerade rechtzeitig kehrtmachten. Für sie ist der Urlaub nun vorbei; mit einem Last-Minute-Ticket sitzen sie im Flieger in die Heimat. Anna und ich haben zu lange gewartet, wir hängen fest. Und sind die Einzigen im Hotel. Niemand ist geblieben. Nur Anna und ich, für den das Reisen eher das Leben als eine Auszeit davon ist. Unterwegs wurde ich die meiste Zeit vom Gefühl getragen, nicht zu wissen, was das nächste Land, die nächste Einladung, ja, der nächste Tag bringen wird. Heute ändert sich alles. Nicht zu wissen, was kommt, wird nicht zum treibenden, sondern plötzlich zum lähmenden Faktor der Reise. Ich habe Angst.

Annas Blick wirkt versteinert. Als ich sie ansehe, lächelt sie mich nur gequält an und wendet sich dann ab. Sie muss von mir enttäuscht sein. Statt wie die anderen Reisenden eine schnelle Lösung zu finden, als es noch nicht zu spät war, tat ich nichts.

Die Botschaft vom Lockdown treibt einen Keil zwischen uns. Der schon lange vorhandene Riss wird nur noch tiefer. Vorsichtig ziehe ich meine Hand, die bis eben auf ihrem Bein ruhte, zurück. Ich bin im Unterwegssein zu Hause, Deutschland ist für mich keine Option. Doch für Anna findet eben genau dort das Leben statt. Zu ihrem Reisegepäck hat von Anfang an auch das Rückflugticket nach Leipzig gehört.

Unser Hotelier steht schweigend im Innenhof des Hauses. Auch in seinem Blick lese ich Schwere.

»Komm ich irgendwie schnell nach Indien?«, Annas Stimme klingt zittrig.

»Nein, Madam, die Grenzen sind seit gestern zu«, nimmt er ihr jegliche Hoffnung. Auch der Flughafen wurde tatsächlich dicht gemacht. Es gibt kein Entkommen.

Doch damit nicht genug. Unser Gastgeber setzt noch eins drauf: »Ihr solltet für die nächste Zeit auf eurem Zimmer bleiben!« Die Regierung mahnt Hotelbetreiber, Gäste höchstens noch in Notfällen rauszulassen. Ein ungläubiger Seufzer entfährt mir. Ich schaue zu Anna und schüttele den Kopf.

»Ich hab Angst, dass die mich heimschicken. Anna, ich will bei dir sein. Aber nicht nach Deutschland, da hab ich nicht mal ein Zuhause.«

»Bleib ruhig jetzt! Uns bleibt eine Nacht, dann sind wir in der Stadt eingesperrt. Wir müssen hier weg.«

Uns schiebt es raus aus der Stadt. Pokhara fühlt sich an, als werde man jeden Moment von Betonmauern erdrückt. Allein die Essensbeschaffung wird uns vor Herausforderungen stellen. Ohne Küche im Hotelzimmer können wir nicht selbst kochen. Dann bleibt zu hoffen, dass Restaurants noch offen sind. Die Vorstellung, in der ausgestorbenen Stadt eingesperrt zu sein und um Mahlzeiten zu kämpfen, ist beängstigend.

Wir müssen raus, wir brauchen ein Versteck. Und zwar noch vor sechs Uhr morgen früh. Entscheidungen müssen her, aber Zeit zum Nachdenken bleibt uns wenig. Wir sinken in den Schneidersitz auf den Boden des Balkons, Stühle gibt es keine. Bei tief stehender Sonne stellt der Berg des Scheiterns die Stadt in seinen Schatten.

Anna zieht ihr Handy aus dem Rucksack, um im Internet nach einer Bleibe außerhalb der Stadt zu suchen.

»Als Suchkriterium eigene Küche. Okay?« Sie schaut kurz auf. Ich nicke.

Da ab morgen keine Busse und Taxis mehr fahren, brauchen wir ein Fluchtfahrzeug.

»Anna, ich organisiere uns 'nen Roller, okay?« Sie nickt. Die Aufgaben sind verteilt. Es ist zwanzig Uhr.

Tuuut, tuuut. »Namaste, this is Ravin, how can I help?« Ich erzähle Ravin von unserem Fluchtplan: »Wir müssen weg, noch vor der Ausgangssperre. Ein Roller wäre super!« Mit höflicher Stimme erzählt er von seinen eigenen Plänen: »Ich sperre den Laden jetzt zu und verschwinde.« Er möchte in das Dorf, in dem seine Familie lebt. Bis dahin braucht er acht Stunden. Um es rechtzeitig vor dem Lockdown zu schaffen, muss er die Nacht durchfahren. Ravin bietet an, uns schnell noch einen

Motorroller fertig zu machen: »Komm in fünfzehn Minuten vorbei.«

Ich ziehe los, während Anna weiter an der Liste mit infrage kommenden Gästezimmern arbeitet. Die Suche ist kompliziert, denn die wenigsten Unterkünfte in Nepal besitzen eine eigene Küche. In einem Urlaubsland, in dem Dal Bhat, das nepalesische Alltagsgericht mit Linsensuppe, Reis und Gemüse der Saison, bloß zwei Euro im Restaurant kostet, macht sich kaum ein Tourist die Mühe, selbst zu kochen.

Als ich mit unserem neuen Gefährt, einer grau-grün lackieren Honda, zurückkomme, stehen auf Annas Liste trotzdem immerhin drei Unterkünfte, die unseren Wunsch zu erfüllen scheinen. Wir zögern nicht lange, schwingen uns auf den Roller und machen uns auf die Suche. Unser Gepäck lassen wir vorerst im Hotel, wir werden es später nachholen.

Es ist ein düsteres Bild, das uns bei der Fahrt durch die Stadt erwartet. Um diese Jahreszeit tummeln sich normalerweise Massen an Touristen in den kleinen Souvenirläden. In Restaurants würde man um die letzten freien Plätze kämpfen. Das Riesenrad im kleinen Freizeitpark namens *Disneyland* wäre voll besetzt. Die Strandpromenade eine Einladung zum Schlendern. Am Vorabend des Lockdowns aber fehlen die Touristen im Stadtbild. Kellner warten vor ihren Restaurants und versuchen verzweifelt winkend, uns anzulocken. In einer Bar spielt sogar eine Band Livemusik, ohne Gäste. Die Bordsteinkanten der Hauptstraßen werden zum Treffpunkt der Einheimischen. Man bespricht die Lage und blickt aufgeregt auf den nächsten Tag.

Die erste Unterkunft auf der Liste befindet sich am Stadtrand. Das fünfstöckige Yoga-Hotel lockt uns mit guten Bewertungen und mit dem unwiderstehlichen Slogan »Kitchen«. Doch weit gefehlt. Beim Rundgang durch das Gebäude zeigt der Inhaber auf eine Mikrowelle auf einem kleinen Tisch. »Unsere Küche«, präsentiert er uns den Stolz des Hauses. Er wirkt niedergeschlagen angesichts des Exodus von Reisenden und möchte uns in ein weiteres Gespräch verwickeln, um uns hier zu halten. Doch uns bleibt keine Zeit für Plaudereien.

Der zweite Versuch führt raus aus der Stadt. Über eine mit Löchern gesäumte Asphaltstraße geht es durch kleine Dörfer direkt am Phewa-See entlang, bis wir nach etwa zehn Minuten Fahrt eine Ansiedlung erreichen. Das Ortsschild ist bunt bemalt, und unter Hippie-Camouflage kann man den Namen erahnen: *Happy Village*. Eine gute Vorstellung, für den Lockdown im sogenannten »glücklichen Dorf« zu stranden. Die Straße ist schlecht, und alles wackelt. Anna, die hinter mir die Rolle des Navigators übernimmt, kann sich kaum auf die Karte auf dem Handy konzentrieren.

»Stopp, hier rechts hoch!«, schreit sie von hinten gegen meinen Helm. Ich nehme die Abzweigung. Ein Schotterweg, mehr Löcher als Weg. Durch tiefe Furchen quäle ich die Honda den Berg hinauf. Über kleine Serpentinen und schmale Flussläufe erreichen wir eine Siedlung, die aus sechs Häusern besteht. Zuflucht Nummer zwei.

Wir stellen den Roller ab und passieren die Grundstücksgrenze aus bunt angemalten Steinen. Der Geruch von Marihuana weht uns in die Nase, und auf der anderen Seite des Geländes steigt der Rauch eines Lagerfeuers auf: ein kleines Hippiedorf.

Wir steuern auf die erste Steinhütte mit Wellblechdach zu, schauen hinein, doch es scheint niemand zu Hause zu sein.

»Hello, Namaste!«, rufen wir ins Leere.

Da entdecken wir neben dem Haus eine junge Frau, die sich gerade in der Yoga-Pose des Baums versucht. Anna und ich bleiben stehen, halten inne und warten. Ihr Rücken ist uns zugewandt, während sie sich demütig vor dem See unterhalb von ihr verneigt. Dann kommt sie zurück in die Realität, wendet sich uns zu und verbeugt sich erneut: »Namaste, Freunde.« Sie blickt uns mit geröteten Augen an, bemüht, uns ihre Aufmerksamkeit zu schenken.

»Wir sind gestrandet und suchen ein Zuhause«, kommt Anna direkt auf den Punkt. Doch wir sind zu spät. Wie wir erfahren, ist dies ein beliebter Ort für Hippies, die dem Treiben der Zeit entfliehen und sich hier ihre eigene Welt aufbauen.

»Alles belegt, schon lange vor dem Virus«, erzählt sie und schüttelt dabei den Kopf. Seit der Nachricht über den Lockdown scheinen schon einige Leute hier gewesen zu sein. Manche von ihnen blieben und bauten ihr Zelt unten auf der Wiese auf. »Also, wenn ihr Bock habt?«, bietet uns die halb nackte Frau eine Matratze als Notunterkunft an.

Auf dem Weg zurück zum Roller sehe ich Anna an. Sie guckt erwartungsvoll, als ahne sie, dass meine Entscheidung schon gefallen ist.

»Nee, lass mal«, unterbreche ich den kurzen Moment der Stille. Ich sehne mich nach Ruhe, nicht nach der Gemeinschaft gestrandeter, kiffender Hippies.

Anna nickt mein Veto ab und schaut nach vorne. »Bleibt noch *eine* Unterkunft.«

Die Dämmerung hüllt die Landschaft in ein Spiel aus erdigen Grün- und Brauntönen, rechts der stille See, links die schroffen Schieferfelswände. Wir poltern weiter bis ins nächste Dorf und folgen der virtuellen blauen Linie, mit der uns die Karte auf dem Handy lotst. Der Motor heult, die Piste wird immer steiler. Dann geht nichts mehr, wir sind zu schwer. Die vier Pferdestärken unter unserm Po geben auf. Am Wegrand stellen wir den Roller ab und gehen die letzten etwa 500 Meter zu Fuß weiter. Über dicke, runde Felsblöcke eines ausgetrockneten Flusses klettern wir in einen Bambuswald. Über eine steile Wiese dahinter erreichen wir wieder eine enge Straße. Wie soll man hier wohnen? Auch die letzte Option scheint eine Niete zu sein.

»Mir ist das zu steil, lass uns gehen, Anna.« Die schwüle Luft des Abends schlägt auf meine Stimmung.

Da steht plötzlich ein nepalesischer Opa mit braun gebrannter Haut, tiefen Falten um den Mund und weißen Haaren vor uns und lächelt uns an.

»Namaste, Freunde, wo kommt ihr her?« Wir erklären ihm, wo unser Roller parkt, und fragen ihn nach der Unterkunft. Er fängt herzlich an zu lachen. »Nehmt das nächste Mal die Straße, die ist weniger gefährlich.« Er zeigt auf den asphaltierten Weg, der offenbar ebenfalls zum Gästehaus führt. Anna und ich lächeln erschöpft und sind selbst über unsere Mutwilligkeit erstaunt. »Eure Hütte ist da oben rechts«, weist er uns den Weg.

»Thank you, Sir! Vielleicht bis bald.«

»Willkommen in Sedi! Hier lässt sich's leben!« Er wirkt wach, präsent und liebevoll. So einen Nachbarn wünscht man sich. In der Ferne erahnen wir die Unterkunft. An einem steilen Hang stehen zwei Gebäude. Im unteren scheinen Einheimische zu leben, zwei Kinder hängen Wäsche am Balkongeländer auf. Eine Hangterrasse höher ein Bungalow mit Wellblechdach und Wänden aus hellgelbem Naturstein. Das könnte unserer sein. Gesäumt wird das Paradies hoch über dem Phewa-See von schmalen, sich am Berg entlanghangelnden Reisterrassen.

Anna dreht sich zu mir um. Ich kann ihr Tempo nicht halten. Müde seufzt sie: »Pajdiom damoj.« Der Spruch hat sich zum Begleiter unserer Reise entwickelt. Immer in Momenten, in denen wir trotz Tausender Kilometer Entfernung von zu Hause ein intensives Gefühl von Heimkommen spüren, sprudeln die so ziemlich einzigen russischen Worte aus uns heraus, die wir kennen: »Lass uns nach Hause gehen.«

Der süßliche Geruch von Kokos und Curry lotst uns den Weg zu den Gastgebern. Es wird gekocht. Da das Leben vieler Nepalesen fast ausschließlich draußen stattfindet, trägt der Wind den feinen Geruch exotischer Gewürze meist in alle Himmelsrichtungen. Zur Abendzeit riecht das ganze Dorf wie eine nepalesische Großküche. Die Curryspur führt uns einen schmalen, steilen Weg hinauf, der später von großen Schiefersteinplatten als Treppe ersetzt wird. Nach der letzten Stufe stehen wir mitten in einer Außenküche. In einer Feuerstelle auf dem Boden lodern die Flammen, darauf ein Topf mit einer grellgelben Brühe. Eine kräftige Frau sitzt im Schneidersitz davor; der hölzerne Kochlöffel in ihrer Hand ist vom Curry gelb gefärbt. Als sie uns sieht, springt sie auf.

»Namaste. Wow! Reisende? Aber die Stadt ist doch dicht?« Mit uns hat sie nicht gerechnet. Sie stellt sich uns vor: »Jamuna. Das hier ist mein Mann Khadga. Willkommen daheim!«

Nun steht auch der große, schlaksige Mann von seinem weißen Plastikstuhl auf und begrüßt uns mit einer Verbeugung. Annas Wangen glühen rot. Ihr Strahlen ist zurück.

Ich spüre eher Ernüchterung. Auf meiner Reise wäre dies sonst der Moment, in dem ich meine Geschichte erzähle, wer ich bin, wo ich herkomme, wo ich hinwill und wie lange ich bleiben möchte. Stattdessen meide ich den Blickkontakt und schaue gefesselt ins Feuer. Wo ich herkomme, möchte ich ihnen gar nicht sagen, denn die Liste meiner bereisten Länder macht in diesen Tagen den meisten Menschen Angst. Wo ich hinwill, weiß ich zwar genau, doch der Gedanke an die geschlossene Grenze schmerzt.

Anna spürt meine Zurückhaltung und übernimmt das Reden: »Wir wissen nicht, wie es weitergeht. Der Rückflug von Delhi ist gebucht – keine Ahnung, wie ich da in zwei Wochen hinkommen soll. Weiß nicht, wie lange wir bleiben, aber habt ihr ein Zimmer?«

Jamuna lächelt und gibt uns mit dem für Nepal typischen seitlichen Kopfnicken ihr Einverständnis. Eine Reisterrasse höher erreichen wir einen gemütlichen Steinbungalow mit blauem Wellblechdach und einer großen, überdachten Veranda mit Blick auf den See und in die Berge. »Hier könnt ihr bleiben.« Die große, laute Stadt kann man hinter dem Berg bloß erahnen. »Kommt, ich zeig euch die Küche.« Die Entscheidung ist gefallen.

Unser Gepäck steht noch unten im Hotel. Die letzte Nacht vor dem Lockdown verbringen wir in der Stadt. Diese Nacht, die kurz sein wird, hält mich wach. Was ist, wenn die Panik vor dem Virus begründet ist? Was wird aus meinem Leben in der Ferne, wenn Anna in den nächsten Tagen in einem Flieger in die Heimat sitzt? Finde ich ein Versteck zum Abtauchen? Wo ist eigentlich mein Zuhause, wenn es im Unterwegssein nicht mehr sein darf? Was, wenn mich die deutsche Botschaft findet? Und was macht diese Krise mit Nepal, einem der ärmsten Länder der Welt? Wie soll die Region es verkraften, wenn die Einnahmen durch den Tourismus ausbleiben und der Reiseverkehr komplett zum Erliegen kommt?

Es ist noch dunkel, als der Wecker klingelt. Ich schaue rüber zu Anna. Ihr sonst zartes Gesicht ist von einer tiefen Sorgenfalte auf der Stirn gezeichnet. Ihre glatten braunen Haare mit immer noch leicht blonden Strähnen rufen Erinnerungen an unseren Sommer in Skandinavien letztes Jahr wach. Sommersprossen zieren ihr slawisches Gesicht. Mit ihren blauen Mandelaugen sieht sie mich wortlos an. Seit sie hier ist, habe ich sie nicht einmal richtig angeschaut.

Beide angespannt und stumm, stopft jeder seine Kleider in die Taschen. Wir sind spät dran, gleich kommt der Lockdown. Nachdem im Land gestern der zweite Corona-Fall bestätigt wurde, eine junge Studentin, die von ihrem Auslandssemester in Frankreich heimkehrte, beschloss die nepalesische Regierung, das öffentliche Leben ab heute zu unterbinden. Anna und ich dürfen keine Zeit verlieren. Der Plan steht, ohne wirklich ein Plan zu sein. Nicht wissend, wo wir in einer Woche oder einem Monat sein werden.

Wir verlassen das Zimmer und steuern den Mietroller an, unser Fluchtfahrzeug ins Ungewisse. Mein riesiger schwarzer Hundert-Liter-Trekkingrucksack parkt im Fußraum des

Gefährts, an meiner Brust mein Deuter-Rucksack mit den wichtigsten Dingen. Hinter mir sitzt Anna, die wiederum ihren aus den Nähten platzenden Rucksack trägt. Nun sehen wir endgültig aus wie eine nomadisch lebende mongolische Familie, die bei jedem Umzug ihr komplettes Hab und Gut auf einen viel zu kleinen Mini-Pritschenwagen packt.

Wir verlassen die Hotelanlage, biegen auf die Promenadenstraße Lakeside Road ab. Wir sind zu spät dran, es ist bereits kurz nach sechs Uhr. Das viele Gepäck macht es mir schwer, das Gleichgewicht zu halten. Meine Arme zittern beim Lenken. Doch die Straße gehört uns. Keine Menschenseele, keine Autos, keine Touristen, alles ist geschlossen – der Lockdown ist da.

Nicht einmal 500 Meter weit kommen wir, da erwartet uns die erste Straßenblockade. Ein Polizist signalisiert uns durch Winken, dass wir stoppen sollen. Mein schwer beladener Körper schlottert vor Nervosität und Anstrengung so stark, dass es auch der Polizist merkt.

Ich halte an, klappe mein Visier hoch und begrüße ihn: »Namaste, Sir, guten Morgen. Wir wissen, der Lockdown …«

»Sir«, unterbricht er mich schroff, »es ist nicht erlaubt. Fahren Sie zurück zum Hotel, Sie kommen hier nicht weiter.«

Ein Wellblech über dem Kopf

26. März 2020

Stille. Fast hatte ich vergessen, wie sie klingt. Hatte das Gefühl verdrängt, wie quälend sie auch sein kann. Ich mag es nicht, an einer Stelle zu verharren; ich möchte weiter, will Bewegung und vorankommen, will das, was ich seit einem Jahr gewohnt bin: neue Eindrücke aufnehmen, neue Menschen kennenlernen, neue Sprachen hören, durch neue Landschaften ziehen, neues Essen schmecken und neue Gewürze einer wieder neuen traditionellen Küche riechen.

Vor einem Jahr hatte ich mein altes Leben hinter mir gelassen. Ich suchte Lösungen im Extremen, radelte 4000 Kilometer bei teils eisigem Schneeregen bis zum Nordkap. Ich entschied mich für die Einfachheit und lebte eine Zeit lang als Obdachloser im Stadtpark von Helsinki. Ich schuf Distanz zu allem, was ich kannte, und saß tagelang in der Transsibirischen Eisenbahn bis nach Sibirien. Ich ging in die Natur, lebte mit minimalem ökologischen Fußabdruck ein Nomadenleben.

Doch immer wieder bestimmte die Länge meines Visums den Takt meines Lebens. Waren die erlaubten dreißig Tage in der Mongolei vorüber, saß ich flotter, als ich gucken konnte, im 400 Stundenkilometer schnellen chinesischen Hochgeschwindigkeitszug, der mich vor dem nächsten Abenteuer wieder ausspie. Meine Reisekrankheit nach all den Monaten hieß Erschöpfung.

In meinem Vorhaben fühle ich mich gescheitert. Denn im Vergleich zum Herbst vor anderthalb Jahren bin ich heute keinen Schritt weiter. Hatte ich all das nicht bloß als Abenteuer meines Lebens getarnt, um niemandem zu zeigen, dass ich eigentlich vor allem wegrannte? Ich war so weit gereist, bis ich heute auf der Veranda einer nepalesischen Steinhütte mit Wellblechdach sitze und mir die plötzliche, unfreiwillige Stille zeigt, wie einsam ich geworden war.

Die wütenden Worte des Polizisten, der uns am ersten Morgen des Lockdowns den Weg versperrte, hallen immer noch nach. Und das, obwohl wir nun schon drei Tage in unserem neuen Zuhause sind. Wir hatten Glück – unser Versprechen, den kompletten Lockdown über in unserer neuen Unterkunft zu bleiben, stimmte den Mann mit der Maschinenpistole in Händen schließlich um. Er ließ Gnade mit uns in der Fremde Gestrandeten walten und machte den Weg frei in diese Oase der aufwühlenden Stille.

Seitdem haben wir kaum andere Menschen gesehen. Dafür scheinen Tiere Gefallen an unserem Zuhause gefunden zu haben. Eine Ameisenautobahn geht mitten über die ockerfarbenen Fliesen unseres einzigen Zimmers. Die fleißigen Sechsfüßler legen eine Rast in meinem Trekkingrucksack ein, wo sie sich an den krümeligen Resten aus zwölf Monaten Reisen bedienen. Über die vanillegelbe Wand geht es weiter zum Fenster, an dem ihnen das Moskitonetz aus feinem Draht den Weg nach draußen versperrt. Da die Ameisen wahrscheinlich schon vor uns hier wohnten, lassen wir sie gewähren.

Schwerer tun wir uns mit den schwarzen, langbeinigen Spinnen, die so groß sind wie Annas Hand. Durch den drei Zentimeter breiten Spalt unter der Eingangstür haben sie leichtes Spiel. Was sie hier wollen, weiß ich nicht, denn Essen haben wir keins für sie. Am liebsten vertreiben sie sich ihre Zeit im Badezimmer. Hier genießen sie den Luxus eines gefliesten Bodens, eines Keramikwaschbeckens und einer Dusche, wie Anna und ich sie aus Europa kennen. Auch die Toilette ist nicht im nepalesischen Stil, mit Loch im Boden, sondern eine echte weiße Schüssel mit bequemer Brille. Genau diese sorgte bei einem nächtlichen Toilettengang für einen gehörigen Schrecken. Denn eine riesige Spinne versteckte sich unbemerkt im Inneren der Schüssel – ich ließ einen Schrei los, der sicherlich die ganze Nachbarschaft weckte. Sitzt eine der Spinnen wie sonst irgendwo in einer Ecke, lässt sie sich meistens mit dem Wasserstrahl der Handbrause verscheuchen.

Am heftigsten sind die Kakerlaken, die fast so groß wie mein Handy sind. Auf dem Weg durch Asien habe ich viele dieser ungebetenen Mitbewohner erlebt, doch die Exemplare hier in Sedi sind besonders anhänglich. Kein Versuch, sie zu verscheuchen, glückt. Trotz ihrer dicken Körper gelingt es ihnen, sich in jeder noch so kleinen Ritze zwischen Wand und unserem einen Meter vierzig breiten Bett oder irgendwo im landestypischen orange-gelben Vorhang zu verstecken. Ihnen müssen wir gezwungenermaßen Asyl in der Hütte gewähren.

Anna liegt neben mir auf den quadratischen Schieferplatten des Terrassenbodens. Ihr Kopf ruht sanft auf ihrem Unterarm wie auf einem Kissen. Die mit hellgelbem Naturstein gemauerte Hauswand gibt ihrem Rücken Halt. Der leichte, schulterfreie Baumwolloverall, den sie trägt, ist mit bunten Wiesenblumen bedruckt. Im Regenwald des Himalayas schmücken rosa Veilchen, gelber Hornklee und roter Klatschmohn ihren zierlichen Körper.

Mich macht es traurig, sie in diesem Moment so nah bei mir zu haben. Denn mir wird bewusst, wie wenig ich sie in den ersten drei Wochen ihres Besuches wirklich wahrgenommen habe. Wie ihr halbes Jahr in Deutschland wohl war? Wie es sich für sie angefühlt haben muss, ständig in der Schwebe zu sein? Was sie dachte, als von mir kein Entgegenkommen absehbar war? Ob sie wohl Angst hat, nachdem eine Pandemie all unsere Hoffnung zerschlagen hat? Kein einziges Mal habe ich sie danach gefragt.

Anna fehlt zu Recht eine Vision, in welche Richtung wir uns als Paar weiterentwickeln. Denn auf der Suche nach mir selbst mache ich seit Monaten einfach nur mein Ding. Es herrscht Stille zwischen uns beiden. Die wenigen Gespräche wirken erzwungen. Das Klima ist dauerhaft gereizt. Die Erwartung, dass die frische Luft des Himalayas zu einer Heilung der Situation führen könnte, wurde enttäuscht. Plötzlich ist da diese Pandemie, und sie macht alles noch viel schlimmer. Eigentlich sollte uns die gemeinsame Zeit in Nepal zeigen, wo wir stehen. Denn den Wunsch nach Nähe teilen wir. Alles sollte wieder werden wie vor einem Jahr, als wir uns auf der Pilgerreise quer durch Spanien kennenlernten.

Mein Blick schweift über den See, dessen Farbe die gleiche ist wie die des Regenwaldes, der ihn umgibt. Fallwinde aus den Bergen wirbeln große Kreise auf die Wasseroberfläche. Meine Gedanken bringen mich wieder zurück in die Vergangenheit, in diesen Herbst vor meiner großen Reise.

Da lag ich also, im Bett meiner alten Wohnung in der Heimat. Die Talsohle schien erreicht. Nach der Meditation über den Tod spürte ich zum ersten Mal seit Monaten einen sanften Anflug von Leichtigkeit. Es war ein befreiendes Gefühl, das eigene Sterben durchzuspielen, mit der Gewissheit, dass die Welt sich weiterdrehen würde. Nichts von all dem selbst gemachten Druck war von Bestand. Nach meinem Tod würden angefangene Projekte in der Arbeit auf Eis gelegt oder vom Nächsten weitergeführt. Der lange anvisierte Triathlon, mein Saisonfinale, würde einfach ohne mich stattfinden. Meine Freunde würde die traurige Nachricht in eine Krise stürzen. Meine Familie hätte wohl am längsten an meinem Tod zu knabbern. Ein Schmerz, der bei allen bliebe. Aber dennoch würde jeder sein Leben weiterleben.

Ich sah mich im früher so vertrauten Schlafzimmer um, rollte mich zur Seite und richtete mich auf. Irgendetwas hatte sich gelöst. Ich stand auf, ging zum Esstisch, wo zwischen all dem gestapelten Geschirr mein Laptop schon aufgeklappt wartete. Ich setzte mich davor und schaute minutenlang den Bildschirm an. Ich wartete, bis die Worte kamen. Worte, die meine Sehnsucht nach Veränderung ausdrückten. Ich begann zu tippen. Und sendete eine E-Mail an meine Vorgesetzten. Es war kein Stein, der mir vom Herzen fiel; es war eine Lawine, die sich löste.

An einem Montagmorgen im Oktober stand ich pünktlich um neun Uhr wieder im Büro auf der Matte. Doch nach meiner E-Mail, in der ich um eine Veränderung meiner Rolle als Manager gebeten hatte, lag in derselben Woche die Kündigung auf meinem Schreibtisch. Ein erster Schock. Doch auch Erleichterung überkam mich. Denn irgendwie war es ein abenteuerliches Gefühl, nun einen gewaltigen Knick im sonst lupenreinen Lebenslauf zu haben.

Ich blieb noch drei weitere Monate im Unternehmen, um die Altlasten zu beseitigen und meinen Nachfolger anzulernen. Es waren auslaugende Monate, doch insgeheim hegte ich schon Pläne aufzubrechen. Nach der Kündigung dauerte es nicht lange, bis mich die E-Mail einer Produktionsfirma von ZDF und ARTE erreichte, die einen Dokumentarfilm über den Jakobsweg in Spanien plante. Seit Jahren war ich selbst begeisterter Pilger. Jedes Jahr zog es mich nach Spanien. Der Jakobsweg veränderte vieles in meinem Leben. Er hielt mir einen Spiegel vor und entfachte dann die unstillbare Neugier für die Fremde. Da ich mich auch beruflich mit Pilgerreisen durch Spanien beschäftigte, bat mich das Fernsehteam um Unterstützung für den Dreh. Wir müssen wieder lernen, die Sprache der Zeichen zu verstehen, schreibt Paulo Coelho in seinem Roman *Der Alchimist*, in dem er seine eigene Wanderung auf dem Jakobsweg verarbeitete. Doch ich konnte noch nicht entziffern, welches Signal diese E-Mail bedeutete und was sich hinter diesem Doku-Dreh tatsächlich alles verbergen sollte.

Auch die Zeit nach dem Jakobsweg musste geplant werden. Zusammen mit meinem besten Freund und damaligen Arbeitskollegen tauchte ich in die Planung einer Weltreise ein. Julian kündigte, nachdem er von meinem Rauswurf erfahren hatte. Die erste Idee, wie Forrest Gump von der West- zur Ostküste der USA zu joggen, verwarfen wir schnell und entschieden uns stattdessen für eine Radreise bis zu den Rändern Europas. Sie sollte im Mai beginnen. Im Gegensatz zu mir hatte Julian vor, bis Weihnachten wieder zurück in Deutschland zu sein. Mein Schnitt fiel radikaler aus. Ich wollte alles hinter mir lassen.

Ich kündigte meine Mietwohnung in der Stadt, machte meinen Bausparvertrag bei meiner damaligen Ausbilderbank prämienschädlich zu Geld, verkaufte und verschenkte meine Möbel, Kleider und die meisten Elektrogeräte, löste meinen Wohnsitz in Deutschland auf und trat aus meiner gesetzlichen Krankenkasse aus. Nichts sollte mich mehr im alten Leben halten. Ich war sogar im Frieden mit dem Gedanken, Deutschland wenn nötig für immer zu verlassen. Mein Umfeld erklärte mich für verrückt. Niemand verstand, worum es mir ging. Nicht mal ich selbst. Rational begründen konnte ich diesen totalen Bruch nicht – ich folgte einem Gefühl, das stärker war als Zukunftssorgen und alte Verpflichtungen.

Und dann war er endlich da. Der Tag, mit dem ich ein neues Kapitel aufschlagen wollte.

Mein Zug rollte langsam im Pyrenäendorf Saint-Jean-Pied-de-Port ein. Es tat gut, die verträumte Landschaft wiederzusehen. So vieles war seit meiner ersten Pilgerreise passiert. Mit mir waren noch fünf, sechs weitere Pilger im Zug, erkennbar an ihrem unverwechselbaren Outfit, frisch glänzenden Trekkingschuhen und großen Wanderrucksäcken. Wir alle hatten ab diesem Tag dasselbe Ziel vor Augen. Ich genoss die Atmosphäre, denn ich mochte den Gedanken, mich endlich wieder ins Ungewisse zu stürzen. Nach den letzten Monaten war ich endlich bereit.

Der Weg führte mich an diesem sonnigen Frühlingsmorgen im März eine steile Gasse hinauf. Als könnte ich die Welt erobern, folgte ich der Straße namens »Route Napoleon«. Für die nächsten Wochen würde ich einer von fünf Pilgern sein, deren Weg bis in die Pilgermetropole Santiago von einem Filmteam begleitet würde. Die Wegbeschreibung, welche mir die Kölner Produktionsleitung im Voraus zugeschickt hatte, lotste mir den Weg zur ersten Unterkunft.

In diesem Moment sah ich ein Kamerastativ am Ende des Berges. Die Filmkamera, die nicht größer war als meine alte Spiegelreflex, verdeckte das Gesicht der Person dahinter. Doch einen zierlichen Körper, durchtrainierte Beine und ein paar ausgelatschte graue Lederstiefel konnte ich zwischen den dürren Stativstelzen erkennen. Ein langer Anstieg trennte mich von dem Moment, der alles ändern sollte. Und dann war es so weit. Da war sie plötzlich. Anna. Sie drehte sich zu mir und riss ihre Arme weit auseinander. Jetzt war sie mitten in meinem Leben. Und das am allerersten Tag meiner Weltreise, meines Neuanfangs, dem ich so lange entgegengefiebert hatte.

Es war keine Liebe auf den ersten Blick. Doch wir mochten uns auf Anhieb. Sechs Wochen lang wanderten wir Tag für Tag, Kilometer für Kilometer und Schritt für Schritt immer Seite an Seite. Es begann mit stundenlangen Interviews, die sie mit mir führte. Doch auch mein Interesse an ihr war unendlich. Ich stellte Fragen über Fragen. Je weiter wir kamen, desto seltener lief die Kamera. Aus Distanz wurde Nähe, aus einer Fremden eine Vertraute, und aus der Kamerafrau wurde Anna. Unsere Seelen waren verwandt, das merkten wir schnell.

Nach rund einer Woche lag ich eines Abends im Hotelbett des Doppelzimmers, das ich mir mit Carsten teilte. Carsten war ebenfalls Pilger und Teil der Doku.

Er fragte: »Na, läuft da was?«

Ich lachte laut in die Dunkelheit hinein: »Carsten, du bist wahnsinnig.« Mein Leben in Deutschland war nicht mehr vorhanden. Ich verschwand und hatte andere Dinge im Kopf als Frauen.

Wir wanderten gerade durch die Meseta-Wüste, eine flache, baumlose Hochebene in Zentralspanien. Eine gleichförmige Landschaft, ein eintöniger Tag. Unser Weg führte immer geradeaus. Auch das, was Anna in dem Moment erzählte, war nicht wirklich wichtig. Es ging um irgendeine Doku über eine mennonitische Gemeinschaft in den USA. Doch die Art, *wie* sie erzählte, haute mich um. Zum ersten Mal berührten wir uns, denn während sie redete, packte sie mich am Oberarm. Ihre Augen strahlten, als sie von den langen Kleidern und runden Strohhüten der Mennonitenfrauen erzählte. Ihre Arme ruderten wild durch die Luft, als sie die staubige Kulisse des amerikanischen Dorfes beschrieb. In dem Moment hätte ich sie am liebsten geküsst. Doch ich war selbst erschrocken über meine Gefühle.

Noch am selben Tag machten wir Pause in einer winzigen Ortschaft, die wie ausgestorben schien. Das ganze Dorf hielt sich streng an die Siesta, die traditionelle spanische Mittagsruhe. Bloß das kleine Eckcafé an der einzigen Straßenkreuzung des Örtchens war geöffnet. Die Stimme Andrea Bocellis und der

Geruch von frisch gemahlenem Kaffee strömten aus der offenen Tür. Während sieben unserer neunköpfigen Pilger- und Filmemachergruppe für ihre Rast den Schatten auf dem Gehweg suchten, gingen Anna und ich noch einige Schritte weiter.

Wir traten in die gemütliche Stube ein. Auf einem Barhocker direkt an der Theke nahm ich Platz. Über die Lautsprecher schallte währenddessen *Vivo per ella*, Bocelli im Duett mit Marta Sanchez: »Ich lebe für sie, ohne es zu wissen, wenn ich sie gefunden habe oder sie mich gefunden hat.« Anna setzte sich nicht, aber sie drückte ihren zarten Körper zwischen mich und den Hocker nebenan. Als sie ihren Café con leche bestellte, berührten sich zufällig unsere Oberschenkel. Bocelli sang: »Sie ist die Süßeste von allen, süß und heiß wie ein Kuss.« Anna sah mich an. Und wollte mich küssen.

In Anna fand ich eine Macherin, die anpackte. Sie liebte das Unterwegssein, wollte die Welt entdecken. Anna sprach von Freunden, die in alten Zirkuswagen lebten, von Hexen, mit denen sie ums Feuer hüpfte, und von Höhlen in den Bergen, in denen sie gerne ihren Geburtstag feierte. Ihrem alten Skoda gab sie den Namen »Oscar«, sie erfand beim Kochen stets eigene Rezepte und trug am liebsten ihren braunen Wollpulli, den sie für zwei Dollar auf einem Flohmarkt der Amish People in den USA gefunden hatte. Sie liebte den Regen, tanzte im Wind und strahlte selbst wie die Sonne. Ihren Traum von einem Leben in der abgeschiedenen Natur träumten wir ab heute zusammen. Es war eine kindliche Leichtigkeit, die sie sich bewahrt hatte. Sie war mit sich im Frieden und liebte ihr Leben. Anna war zart und liebevoll. Und wenn sie ihre Arme weit ausbreitete, um einen zu umarmen, und dabei ihren Kopf zur rechten Schulter neigte, vertrieb sie mit ihrem großen Herzen auf einen Schlag jeglichen Kummer. Während der sechs Wochen in Spanien hatten wir uns viel zu erzählen. Zweimal dreißig Jahre Leben, die es zu berichten gab.

Das Ergebnis dieser Reise war die neu gefundene große Liebe. Doch mit dem Ende dieses Abenteuers war auch der tragische Tag der Trennung da. Was wir wochenlang verdrängt hatten, war plötzlich Realität: Anna ging zurück in das alte Leben in Leipzig, und auf mich wartete die Ferne. Für mich gab es nun kein Zurück. Denn zu lange hatte ich schon auf diesen Moment gewartet, in dem ich allem den Rücken kehrte. Plötzlich war da wieder jemand, der mich hielt. Ich ging trotzdem, Anna blieb. Seit dem Tag der Trennung wünschte ich mir nichts mehr, als das wilde, spanische Abenteuer wieder in mein Leben zu integrieren. Während ich auf meiner Reise um die Welt vereinsamte, ging das vertraute Leben meiner Seelenverwandten in Deutschland weiter.

Schon beim fünfwöchigen Wiedersehen in Russland wünschten wir uns, an die Glücksmomente auf dem Jakobsweg anzuknüpfen. Aber die Aussicht auf eine Beziehung über eine noch größere Entfernung verdarb uns jeglichen Spaß. Die Leichtigkeit des Pilgerns war verschwunden. Zwischen uns herrschte Kälte. Und ein weiteres halbes Jahr der Kühle verging. Bevor Anna nach Nepal kam, fühlte es sich an, als wäre dies unsere letzte Chance, die Beziehung noch zu retten.

Und nun sitzen wir zwei Suchenden auf der Veranda unserer Steinhütte mit Wellblechdach. Aus der Weite der Welt ist die Enge eines acht Quadratmeter kleinen Gemäuers geworden.

Aus der Freiheit des Reisens das Eingesperrtsein in einem fremden Land. Wir sitzen hier und warten. Und wissen nicht, worauf.

Es sind bereits Tage vergangen, und wir sind noch keinen Schritt weiter. Eigentlich wäre heute unser Bus nach Indien gegangen. Doch seit Dienstag fahren nicht mal mehr die Stadtbusse. Unser Plan hatte bereits Wochen vor dem Treffen festgestanden: Nach Annas Ankunft in Nepal, einer Wanderung um die Annapurna und etwas Sightseeing in Kathmandu und Pokhara hätten wir morgen früh mit einem Fernbus die indisch-nepalesische Grenze überquert. Allein diese Fahrten sind aufgrund der Straßenverhältnisse in den Bergen schon die lohnendsten Abenteuer. Unser Ziel: Varanasi, die heilige Stadt am Ganges. Seit die Hindugötter Shiva und Parvati hier ihre Heimat auf Erden fanden, entwickelte sich die Stadt zu einem magischen Ort, der einen vor lauter Spiritualität das Dogma aller Religionen vergessen lässt. Schon beim bloßen Gedanken daran bekomme ich vor Ehrfurcht Gänsehaut.

Danach hätte uns die indische Eisenbahn in den äußersten Nordwesten des siebtgrößten Landes der Welt gebracht, um im Exil des wohl berühmtesten tibetischen Mönchs, des Dalai-Lama, für einige Tage ein Zuhause zu finden. Kurz darauf wäre Anna mit dem Flugzeug von Delhi zurück nach Leipzig geflogen.

Auch für mich wären die vielen Wochen in Indien damit vorüber gewesen, Pakistan wartete auf mich. Mit dem Visum schon seit Kathmandu in der Tasche, plante ich, per Anhalter auf dem berühmten Karakorum Highway zwischen der chinesischen und afghanischen Grenze vorwärtszukommen. Von dort aus weiter in den Iran – und dann mal schauen. Sollte ich irgendwann mal Heimweh haben, käme ich über die Türkei schnell wieder nach Europa. Wäre das Reisefieber jedoch noch zu groß, ginge auch ein Schiff weiter Richtung Afrika. Man hat viele Möglichkeiten, wenn man die Welt nah am Boden und ohne Flugzeug bereist. Na ja, man *hätte* viele Möglichkeiten.

Doch neben dem Schock tut es irgendwie auch gut, gerade etwas Zeit zu haben, das ständige Unterwegssein Revue passieren zu lassen. Tatsächlich war das für die meiste Zeit der Reise gar nicht möglich. Denn auf die eine Erfahrung folgte immer gleich die nächste. Jetzt entwickle ich langsam ein Bewusstsein dafür, was ich die ganzen Monate über alles erlebt habe. Dass Anna während dieser Reflexion an meiner Seite ist, erfüllt mich mit Dankbarkeit. Und dennoch bin ich bedrückt. Da sind all die Erwartungen, die neben unseren viel zu schweren Rucksäcken auf unseren Schultern lasten. Es fühlt sich an, als hätte sich die Wolke sieben vom Vorjahr in eine schwarze Gewitterwolke verwandelt, die bloß darauf wartet, endlich laut und gewaltig loszubrechen.

Wir liegen beide still auf dem Boden und sehen den Wolken zu, wie sie langsam über uns hinwegziehen, als Annas Handy kurz vibriert: eine Benachrichtigung von Air India. Sie entsperrt das Telefon und beginnt zu lesen, den Blick starr auf das Display gerichtet.

»Mein Flug von Delhi wurde gerade gecancelt«, stellt sie nüchtern fest. Uns ist beiden klar, dass es nun nur noch eine einzige Möglichkeit für sie gibt, rechtzeitig nach Deutschland zu kommen. Unser Hausherr Khadga hatte am Morgen von einer durch die deutsche Botschaft organisierten Rückholaktion berichtet. Schon am nächsten Tag soll ein Charterflug nach Europa gehen. Ob die Bundesregierung weitere Rettungsaktionen plant, weiß niemand. Diplomaten warnen, dass man danach das Land nicht mehr verlassen könne. In einer Krisenvorsorgeliste, der sogenannten *ELEFAND-List,* sollten sich deshalb unverzüglich alle Deutschen eintragen, die aktuell noch in den Bergen festsitzen. Das Angebot der Rettung sei knapp bemessen und befristet.

Bisher weigerten wir uns, diese Liste überhaupt nur anzuschauen. Denn sie steht symbolisch für das Ende einer langen Reise. Nun ticken die Uhren, die gerade noch zum Stillstand verdonnert schienen, plötzlich wieder im rasanten Tempo.

Dennoch fällt Annas Schlussfolgerung aus der alarmierenden E-Mail recht besonnen aus: »Lass uns auf Zeit spielen.« Noch bleiben uns ein paar Tage, in denen sich die Lage vielleicht beruhigt und die Grenzen wieder öffnen können. Ein Ersatzflug in Delhi wäre sicher schnell gefunden. Ich bewundere ihre Ruhe.

Namaste Corona

30. März 2020

»Namaste, Freunde. Was habt ihr vor?«, fragt Khadga, überrascht, uns in Aufbruchsstimmung zu sehen. Wie schon am ersten Abend sitzt er in seinem weißen Plastikstuhl auf der betonierten Veranda. Wie ein Wachmann schirmt er den einzigen Weg ab, über den wir das Gelände verlassen können. Wir spüren, dass wir in diesen Tagen im Fokus stehen. Denn Touristen gibt es hier außer uns keine mehr. Khadgas Aufmerksamkeit gehört ganz uns. Seit wir eingezogen sind, hält er uns mit aktuellen Nachrichten auf dem neuesten Stand. Bisher seien schon zwei von der Bundesregierung organisierte Evakuierungsflüge nach Europa abgehoben. Zwei, die wir haben verstreichen lassen.

»Einkaufen, wir brauchen Nachschub.« Anna wedelt mit der Einkaufsliste. Ihre Augen sind weit geöffnet, ihr Gesicht strahlt. Doch sie erntet Khadgas ernsten Blick.

»Ihr wollt da runter?« Er bietet an, für uns einkaufen zu gehen. Seine Zweifel sind groß, ob das Dorf der richtige Ort für uns ist. Genau wie schon der Hotelier am Vorabend des

Lockdowns erklärt Khadga uns, dass wir nur im Notfall rausgehen sollten. Die nepalesische Regierung wollte anfangs neben sämtlichen Behörden, Unternehmen und Geschäften auch alle Lebensmittelläden und Gemüsemärkte schließen. Doch die meisten Menschen in Nepal sind Tagelöhner und könnten sich deshalb keinen Essensvorrat anlegen. Nun sind die Läden zumindest für wenige Stunden am Tag geöffnet. Bei Verstößen sei die nepalesische Polizei aber hart und kenne selten Gnade. Khadgas Blick richtet sich besorgt hinunter, Richtung Dorf.

Seine Panikmache hat bei mir gezogen. Mit einem Schlag holt er mich zurück ins Schreckensszenario der pandemischen Welt, das ich nach ein paar Tagen Abgeschiedenheit in der Hütte fast schon verdrängt hatte. Das Letzte, was ich möchte, ist, in einem fremden Land negativ aufzufallen. Ich mag es nicht, im Mittelpunkt zu stehen. Und nun? Sind wir überhaupt noch willkommen? Oder vielleicht ungebetene Gäste? Gelten in Nepal, sonst ein so großzügiges Land, innerhalb weniger Wochen neue Regeln? Ist der Tourismus, für die Wirtschaft überlebenswichtig, nun plötzlich unerwünscht?

Ich kenne Annas Blick. Auch sie ist verunsichert und hat keine Ahnung, was sie Khadga entgegnen soll. Unser einziger Akt der Unabhängigkeit, der Weg zum kleinen Tante-Emma-Laden im Dorf, ist in Gefahr. Auf der Website der deutschen Botschaft las ich heute, dass es uns offiziell erlaubt ist, zum Einkauf lebensnotwendiger Dinge rauszugehen. Khadgas Sorge scheint übertrieben.

»Wir schauen heut mal, wie die Lage ist. Und tragen auch schön die Maske«, entgegne ich unserem Gastgeber und verneige mich leicht vor ihm.

»Passt auf euch auf«, ruft er uns hinterher, als wir den steilen, mit spitzen Steinen gesäumten Weg hinunterklettern. Mein Gedankenkarussell geht in die nächste Runde. Zum ersten Mal in dieser schrecklichen Woche haben wir die Chance, rauszukommen. Doch es ist ein mulmiges Gefühl, das Dorf aufzusuchen.

Das Virus liebt Menschen, die viel unterwegs sind. Und damit liebt es uns. Mobilität wird zum Unwort der Krise. Überall, wo vorher der Tourismus war, hat er durch die Pandemie seine Berechtigung verloren. Grenzen schließen, Flugzeuge bleiben am Boden, Hotels machen dicht, und für Unfolgsame gelten strenge Quarantäneregeln. Hinzu kommt, dass wir in einem der ärmsten Länder der Welt gestrandet sind. Man hat dem Virus nichts entgegenzusetzen und fürchtet sich vor dem, was von außen kommt.

Ist es unser gutes Recht, das kleine Häuschen zu verlassen? Ich schweige, während wir die ersten Häuser des Dorfes erreichen. Drei Jungs sitzen auf einer Treppe vor einer verriegelten Wellblechgarage. Sie sehen schick aus, tragen statt lockerer Alltagskleidung bunt karierte Hemden und Jeans, an den Füßen klassisch nepalesisch neonfarbene Flipflops. Anna und ich blieben bei der Kleiderwahl heute Morgen dem Motto dieser Stunde treu, möglichst unauffällig zu sein. Für den Ausflug in die fremde Welt wählten wir extra lange Kleidung, denn zu viel Haut zeigen hier höchstens arme Bauersleute auf dem Land. Wie es sich in einem asiatischen Land gehört, sind Annas Knie, Schultern und Arme bedeckt. Auch ich trage trotz brütender Hitze eine lange Hose und ein langärmliges Baumwollhemd. Sogar ein Tuch habe ich umgeworfen, in der Hoffnung, möglichst unsichtbar zu bleiben.

Die Kerle schauen grimmig zu uns, sie kauen Sonnenblumenkerne. Die leeren Schalen säumen den Boden. Nach dem ersten Augenkontakt meiden wir einen weiteren und gehen im gleichen Tempo weiter. Ich höre unsere eigenen Schritte auf dem Asphalt.

»Namaste Corona!«, ruft einer. Ich drehe meinen Kopf zu ihm. Das hat gesessen. Der Druck auf meiner Brust ist zurück. Unser Schritt wird schneller. Dann ruft der Zweite: »Hallo Corona!« So als wären wir die Ursache des Übels. In mir wächst Verunsicherung. Und Wut.

Da treffen sich wildfremde Menschen auf der Straße, die doch irgendwie durch die strengen Maßnahmen verbunden sind. Wir halten uns alle an dieselben Regeln, wollen nicht krank werden und leiden alle auf unsere eigene Art an der Situation. Und plötzlich sind wir die feindlichen Invasoren, welche fahrlässig Krankheiten verbreiten? Ungläubig schüttele ich den Kopf. Wir Reisende sind nun die, die man mit dem Virus identifiziert; Anna und ich gelten als Gefahr von außen. Zum ersten Mal in meinem Leben fühle ich mich als Feindbild eines anderen. Und ich empfinde Scham, die durch mein Anderssein begründet ist. Ich ziehe das schwarze Tuch weiter ins Gesicht, um die helle Hautfarbe, die blonden Locken und meinen rot schimmernden Bart zu verstecken. Doch ich kann tun, was ich will, man wird mich doch immer als jemanden erkennen, der nicht dazugehört.

Mit jedem weiteren Schritt wird aus Wut und Scham ein Gefühl von Schuld. Die Erinnerung daran, wie ich an den zwei letzten Grenzübergängen auf mein angeborenes Recht zu reisen pochte, kehrt zurück. Wie ich meinen Husten unterdrückte, um den Infekt zu verstecken, und sogar den Arzt anlog. Auf meiner Durchreise bis nach Nepal fragten mich Hostelbetreiber immer wieder, ob ich im letzten halben Jahr in China war. Den Stempel im Pass – die rote Flagge mit einem großen und vier kleinen Sternen – verheimlichte ich stets. Niemals glaubte ich, dass ich nur im Geringsten etwas mit diesem Virus zu tun haben könnte. Da gibt es anscheinend einen Teil im Gehirn, der uns für die Folgen des eigenen Handelns blind macht. Könnten Menschen sonst noch rauchen? Würden wir trotzdem weiterhin zu billig produzierten Kleidern greifen? Würden wir fliegen, unbegrenzt schnell Auto fahren und unsere Einkäufe weiterhin in Plastik vakuumiert kaufen? Würden wir reisen, wenn wir damit aus einer Epidemie eine Pandemie machen könnten? Seit Wochen erzählt mir mein Unterbewusstsein die immer gleiche Geschichte, mit der ich meine eigene Verantwortung davonschiebe. Da gibt es Menschen, die ein Virus um die Welt tragen? Meine Güte, welch unverantwortliche Egoisten.

Der Reisepass war mein größter Joker. Ich tanzte in Kathmandu mit fremden Menschen auf der Straße, schmierte ihnen bunte Farbe von der Stirn über die Nase bis zum Mund. Ich hätte Corona verbreiten können. Und nahm es in Kauf. In einem Land, welches über so gut wie kein Gesundheitssystem verfügt. Und warum? Weil ich eben reise. Weil ich es kann. Und weil ich mir mein Privileg nicht nehmen lasse. Denn moderne Nomaden kennen keine Grenzen.

Jetzt steht die Welt kopf. Es ist nicht lange her, da schauten Menschen zu Reisenden auf. Man bewunderte den Mut und wurde inspiriert durch die Neugier. Man lud uns ein und lauschte gespannt unseren Geschichten aus fernen Welten. Man half uns dabei, Grenzen zu überwinden, und ließ uns in Not niemals im Stich. Man bot uns ein Essen an, ein Bett zum Schlafen. Man gewährte uns eine Fahrt zum nächsten Ziel und ließ uns an Ängsten und Sorgen teilhaben.

Doch der weltweite Lockdown schreibt die für wahr geglaubte Geschichte um. Denn heute sind *wir* die Gefahr. Wir »Westerners«, wie die Nepalesen uns nennen, kommen von draußen, aus Indien, aus Europa, aus China, und schleppen ein todbringendes Virus ins Land ein. Binnen weniger Wochen hat Furcht die Gastfreundschaft der Menschen ersetzt.

»Anna, ich glaub, wir sind nicht willkommen«, breche ich die Minuten des Schweigens. Sie sieht mich an, scheint meine Verzweiflung zu spüren. Sie packt meinen Arm, wie damals in Spanien, als ich sie zum ersten Mal küssen wollte, doch dieses Mal härter und bestimmter.

»Michael, bleib klar im Kopf«, bremst sie meine Angstspirale. Ihr Plan ist, herauszufinden, wie die Menschen drauf sind und auf uns reagieren. Wenn man den offiziellen Zahlen glaubt, scheint es in Nepal in diesen Tagen erst eine Handvoll Corona-Fälle zu geben. Anna zeigt Verständnis, dass die Menschen Angst vor uns Fremden haben. »Aber auch Fremde bleiben nicht immer fremd«, redet sie mir ruhig und besänftigend zu.

Nach zehn Minuten Fußmarsch stehen wir vor einem kleinen Laden. Links und rechts hohe Mauern, in der Mitte ein kleiner Durchgang, der uns zum Innenhof des Hauses bringt. Das grüne, blecherne Rolltor ist komplett geöffnet. Und dennoch ist die Eingangstür zum Laden mit einer hellbraunen Kordel abgesperrt. Wir bleiben davor stehen und warten, was passiert. Links neben der Tür steht ein Korb mit nur wenigen, meist zermatschten Tomaten. Im Jutesack daneben sind Zwiebeln. Immerhin die sehen frisch und saftig aus. Ein faulig süßer Duft von altem Gemüse zieht aus dem Laden heraus.

»Namaste, kommt rein«, ruft uns eine kräftige Frauenstimme zu. Unter der Leine hindurchgeschlüpft, stehen wir direkt in der Gemüseabteilung des etwa zehn Quadratmeter kleinen Raumes. Die Nepalesin guckt uns sanftmütig an. »Ihr seid noch hier? Die meisten Westerners sind schon raus.«

Ich beginne zu erzählen: »Wissen Sie, ich bin seit über einem Jahr unterwegs und weiß nicht, wo ich hinsoll. Ich hoffe, ich kann bleiben, bis die Pandemie vorbei ist.« Alles, was ich will, ist, wieder das verloren gegangene Gefühl des Willkommenseins zu spüren.

Sie lächelt und schüttelt leicht den Kopf; meine Angst kann sie mir nicht nehmen. »Nur Gott weiß, wie lange das Virus bleibt.« Sie dreht sich rüber zum Gemüseregal, das aussieht, als wären bereits Hamsterkäufe darüber hinweggefegt.

»Freunde, das Essen wird knapp.« Kaum einer im Dorf baue heutzutage noch selbst Obst und Gemüse an. Jeder wolle im Tourismus arbeiten, denn dort gebe es das bessere Geld. Sie erklärt, dass die meisten nepalesischen Lebensmittel aus Indien kommen. Zu seinem südlichen Nachbarn pflegt Nepal historisch gewachsen eine gute Beziehung. Doch das Dilemma ist, dass Nepal nun aus Angst vor dem Virus die Grenzen nach Indien dichthält und dadurch auch kein frisches Gemüse mehr nachkommt. »Kommt morgen wieder, dann ist vielleicht Nachschub vom Großmarkt da«, rät sie uns. Allerdings vermutet sie, dass auch der Großmarkt in Pokhara bald schließen wird. Dann erhellt sich ihr Blick wieder: »Nehmt Reis und Linsen mit.

Draußen sind frische Zwiebeln aus meinem Garten.« Sie fährt mit ihrer Aufzählung fort: »Linsen, Salz, Öl, Kurkuma, gebratene Zwiebeln und Reis. Fertig ist euer Dal Bhat!« Das gebe es bei ihrer Familie jeden Tag. Zum Frühstück meistens ein paar Kekse, aber dafür mittags Dal Bhat und abends Dal Bhat. Das mache mächtig satt, und Gemüse bräuchten wir dafür auch nicht zwingend. Also folgen wir dem Rat der freundlichen Verkäuferin und packen ein Kilo Reis, ein Kilo Linsen und einen Sack voll Zwiebeln in die Tasche.

Draußen spreche ich aus, was mich bewegt: »Anna, das hier ist erst der Anfang.« Die meisten Menschen in Nepal haben durch den Lockdown ihren Job verloren. Der Tourismus ist weggebrochen. Geld wird knapp. Auch das Angebot aus Indien wird rar, denn es wird kein Essen mehr importiert. Die Preise werden explodieren und den Leuten die Kehle zuschnüren. Unser westliches Geld ist hier viel wert, Nahrungsmittel sind für uns so günstig wie in kaum einem anderen Land. Ob das Kilo Tomaten nun 30 Cent oder 1,30 Euro kostet, wird uns am Ende nicht wirklich wehtun. Wir kaufen, weil wir es uns leisten können. »Anna, weißt du, was das heißt?«

Sie nimmt den Gedanken auf: »Wir könnten den Nepalesen das letzte Essen wegkaufen.«

Wieder einmal ist mir bewusst, wie privilegiert wir sind. Und im Gegensatz zu sonst löst das keine Dankbarkeit aus, sondern Scham. Wie zum Teufel bin ich bloß in diese Situation gekommen? Ein Jahr ist es her, als ich schon einmal ein lähmendes Gefühl von Privilegiertsein verspürte und beschloss, im verdeckten Kastensystem Europas freiwillig das Leben eines Niedrigeren anzunehmen. Ich wollte als Minimalist im Low-Budget-Segment reisen. Sollte es für mich noch mal eine Zukunft in Deutschland geben, hoffte ich mit wenig Geld, kleinen Jobs und einer Hütte im Wald überlebensfähig und glücklich zu sein.

Ich bewegte mich monatelang mit eigener, kostenloser Muskelkraft fort: mit dem Fahrrad Tausende Kilometer durch Schweden, Norwegen und Finnland. Ich sammelte Pfandflaschen in Städten, bot auf Wochenmärkten meine Hilfe als Kehrmeister an, um im Tausch Gemüse zu erhalten, und fragte in Supermärkten nach aussortiertem Essen. Als Antwort erklärte man mir dort oft Gesetze, die genau das verbieten. Und doch verließ ich die meisten Läden mit vollgepackten Taschen. Abgelaufene Säfte, trockenes Brot, krumm gewachsene Salatgurken, Äpfel mit Macken, braune Bananen, verschrumpelte Karotten, angerissene Packungen Nudeln. Die Taschen waren zu klein für die großzügigen Essensspenden. Reichte die Ausbeute dennoch nicht aus, um meinen Hunger zu stillen, kletterte ich spätabends mit Taschenlampe in die Müllcontainer der Supermärkte. Über Monate futterte ich mich günstig und erstaunlich delikat durch das überteuerte Skandinavien. Ich ernährte mich von dem, was unserer Gesellschaft nicht gut genug war. Ich lebte von ihrem Abfall, was für mich ein befriedigendes Gefühl war. Nicht mehr Teil dessen zu sein, was vorher Wohlstand und Fortschritt bedeutet hatte.

Damals glaubte ich, ich könne meinen westlichen Sonderstatus ablegen und mich mit den armen Menschen der Welt verbinden. Heute zerschlägt ein leer gefegter Gemüseladen meinen eigenen Glaubenssatz. In Europa noch als bettelnder Streuner unterwegs, bin ich hier wieder reich, nimmersatt und privilegiert. Mit ein paar Tausend übrig gebliebenen Euro

Reisekasse bin ich in Nepal Millionär. Hier nach aussortiertem Gemüse zu fragen wäre die größte Farce, die ich mir leisten könnte. Doch den Menschen die letzten Tomaten wegzukaufen, fühlt sich nicht viel besser an. Ich kaufe mich aus der großen Not dieser Tage frei, während die ersten Einheimischen zu hungern beginnen.

Ich bin erleichtert, dass wir schon wieder auf dem Weg zur Hütte sind. Das ist der aufwühlendste Einkauf meiner ganzen Reise.

Mit gesenkten Köpfen steuern wir den Berg an, der vor uns liegt, als uns plötzlich von hinten jemand zuruft: »Namaste, meine Freunde. Wartet!«

Wir drehen uns um. Ein kleiner nepalesischer Mann mit blau gemustertem Hemd und ausgelatschten Badeschlappen kommt mit zügigen Schritten den Berg hinauf.

»Freunde, wo kommt ihr her? Wie geht's?«, fragt er neugierig.

»Aus Indien«, antworte ich plump und merke noch im selben Moment, wie blöd meine Antwort in dieser Situation ist. Auf der Reise habe ich mir irgendwann angewöhnt, nicht mehr mit »Germany« auf die Frage der Herkunft zu antworten, sondern das letzte bereiste Land zu nennen. So wie es sich für einen Weltbürger gehört. Doch ich ärgere mich über meinen gedankenlosen Konter, denn Indien ist in diesen Tagen ein wahrlich schlechtes Thema.

Der Mann lächelt dennoch. »Toll, mein Bruder ist in Indien.«

Er erzählt, dass viele der einfachen Leute zum Arbeiten ins Nachbarland gehen und Geld nach Nepal zu ihren Familien schicken. Nun haben sie durch den Lockdown ihre Jobs verloren. Da keine Busse mehr fahren, wanderte sein Bruder über 150 Kilometer bis zur nepalesischen Grenze, um heimzukommen. Doch die Grenzen sind dicht. Die Regierung lässt nicht mal mehr die eigenen Leute ins Land. Ihre Angst sei zu groß, dass Corona nach Nepal komme. Sein Bruder lebe mit Hunderten anderen seit Tagen in einem Auffanglager.

»Es ist grausam«, berichtet er von einem gestrigen Telefonat, »drei Männer haben sich im Lager erhängt.« Der Kloß im Hals lässt mich schweigen. Vor einigen Wochen log ich mich selbst über Grenzen. Vor Tagen schmuggelte ich mich an einer Straßenblockade vorbei. Und schaue nun mit Anna in einer Hütte im Paradies auf die organisierte Evakuierung der Bundesrepublik Deutschland. Zeitgleich sitzen vor den Toren Nepals Tausende Nepalesen fest, hungern und kommen nicht mal mehr zu ihren eigenen Familien.

Nachdem wir den kleinen Mann sekundenlang sprachlos angestarrt haben, leitet er unvermittelt über: »Freunde, raucht ihr Haschisch?« Gerne wäre ich sein Zuhörer, doch beim Thema Drogen weicht meine Bestürztheit von gerade eben echtem Ärger. Jetzt geht das schon wieder los! Ich antworte ihm, dass wir keine Drogen nehmen, wende mich von ihm ab, ergreife Annas Hand und sage im Gehen: »Danke, Sir! Alles Gute für Ihren Bruder.«

Er lässt nicht locker und kommt uns einige Schritte hinterher. »Leute, ich bin krank, meine Leber ist kaputt. Ich brauche Hilfe, für die Behandlung. Ich brauche Geld.«

Ohne anzuhalten oder mich gar umzudrehen, erwidere ich nur: »Tut mir leid!« Unser Schritt wird zügiger, trotz des steiler ansteigenden Wegs. Wir haben ihn abgehängt.

»Ich will heim«, seufze ich. Anna ist entgeistert: »Nach Deutschland?« – »Um Gottes willen, nein, heim in unser Versteck.« Am liebsten würde ich mein schwarzes Baumwolltuch, das mich in den indischen Bergen vor Erfrierungen bewahrt hat, über meinen Kopf werfen, um unentdeckt zu bleiben. Aber ganz egal, wo wir hinkommen, wir können uns noch so unauffällig verhalten, man erkennt uns überall als Touristen. Und das, obwohl wir uns nicht einmal so fühlen. Mein Zuhause war doch monatelang dort, wo mein Rucksack stand.

Auf dem Rückweg passieren Anna und ich wieder die drei Jungs. Das erneute »Namaste Corona!« schmerzt beim zweiten Mal nicht weniger.

Wir klettern die steile Einfahrt hoch, erreichen die Veranda der Gastgeber. Khadgas Stuhl ist leer, zum Glück. Ich glaube, ich würde in Tränen ausbrechen, wenn er mich nun fragen sollte, wie unser Weg zum Einkaufen war. Was würde ich antworten?

»Danke, es war super! Die Menschen haben Angst vor uns, da wir reisenden Weißen ein tödliches Virus weitertragen. Wir essen den Einheimischen das Essen weg, und man hat uns zwar noch ins Land gelassen, aber nun kommen nicht mal mehr die Nepalesen zu ihren Familien. Ob wir die von unserem Heimatland geregelte Rettung nach Hause in Anspruch nehmen? Blödsinn, wir brechen doch unseren Urlaub nicht wegen einer Pandemie ab!«

Tag der Entscheidung

4. April 2020

Anna und ich sind in der zweiten Woche des nepalesischen Lockdowns angekommen. Die landesweite Ausgangssperre wurde zum ersten Mal um weitere acht Tage verlängert. Heute hat bereits der dritte Evakuierungsflug den Himalaya in Richtung Westen verlassen, in ein paar Tagen geht schließlich die letzte Maschine, ein Direktflug nach München. Danach sind wohl alle deutschen Urlauber raus aus Nepal. Das ist Annas letzte Chance, nach Hause zu kommen. Im Sommer warten schon die nächsten Jobs als Kamerafrau. Ihr Leben in der Heimat geht weiter. Für sie ist die Reise durch die Krise nun vorbei. Seit Tagen reden wir nicht mehr über den Flug. Denn keiner von uns möchte sich mit dem Gedanken befassen, dass der gemeinsame Traum ausgeträumt ist.

Auch für mich muss heute die Entscheidung her. Bis heute Abend müssen wir uns für die Krisenvorsorgeliste der Botschaft melden, um eines der Tickets in die Heimat zugewiesen zu bekommen. Dieses Mal hängt alles von *mir* ab. Während meines Jahrs auf Weltreise war es immer Anna gewesen, die mir hinterherreisen musste. Dieses Mal liegt es an mir, ob wir als Paar weiter nach Deutschland ziehen oder nicht.

Was würde passieren, wenn ich mich einfach mit Anna in den Flieger setzte? Wäre das nicht das Vernünftigste, was ich in der aktuellen Situation tun könnte? Ich könnte heimfliegen, bei meinen Eltern oder bei Anna einen Unterschlupf finden, ein paar Wochen aussitzen und irgendwann, sobald die Grenzen wieder geöffnet würden, meine Reise fortsetzen. Erholt vom schweren Leid, würden sich die Nepalesen vermutlich freuen, wieder neue Touristen im Land zu begrüßen. Immerhin ist ein Großteil der Menschen auf uns Reisende angewiesen.

Doch der Gedanke macht mich verrückt, am Morgen noch ein letztes Dal Bhat mit den Händen zu essen und abends im ICE vom Flughafen zu meinen Eltern zu sitzen. Mich stresst es, dass diese Option nun überhaupt existiert. Meine selbst auferlegten Regeln der Reise verhinderten bisher solch eine spontane Heimreise. Das Unterwegssein wurde so gebaut, dass es die Möglichkeit zu verschwinden, wenn es mir irgendwo nicht gefiel, nicht gab. Ich vertraute darauf, Menschen zu finden, die mir aus der Patsche helfen würden. Zeit war kein immerzu präsenter Faktor mehr in meinem Leben.

Wie oft sagte ich in meinem alten Leben »Ich habe keine Zeit«? Und führte nicht genau dieser Satz immer wieder dazu, das eigentliche Leben zu verpassen? Denn wer keine Zeit hat, verliert gerade noch mehr von ihr bei dem Versuch, das Leben akribisch in ein tickendes Uhrwerk zu pressen.

Das Allerletzte, was ich auf dieser Reise wollte, war ein an Zeit geknüpftes Ziel. Das Leben mit klingelndem Wecker, Terminen, Meetings, Treffen, Geburtstagen und Feiertagen war vorbei. Ich hatte gelernt, Dinge kommen und auch wieder gehen zu lassen. Gerade in Momenten des Loslassens kamen oft wundervolle Begebenheiten zu mir. Ich befreite mich von meinem Job, und der Dreh auf dem Jakobsweg kam; ich ließ den Gedanken los, als Junggeselle durchs Leben zu gehen, und plötzlich stand Anna vor mir. Ich löste mich vom Wunsch, in Indien ein buddhistisches Kloster zu finden, und verbrachte das Neujahrsfest mit tibetischen Mönchen.

Ich wollte langsam reisen, um für Wendungen empfänglich zu sein, und reiste über Land, ohne nur ein einziges Mal ein Flugzeug zu nehmen. Ich erinnere mich an die Geschichten, die uns ein Professor an der Uni mal erzählte. Da soll es nordamerikanische indigene Völker gegeben haben, die Sioux, Apachen oder Cherokee, die nach der Kolonialisierung Amerikas und dem Bau der Eisenbahn nach einer Zugfahrt erst einmal stundenlang am Zielbahnhof saßen, um auf ihre Seele zu warten. Die hohe Reisegeschwindigkeit der alten Dampfloks setzte ihnen zu. Ähnlich, wie mir Jahrhunderte später in der globalisierten Welt das Fliegen zusetzte. Ich gab mich dem Fluss der Reise hin und wurde so von der Strömung zu wundervollen Erfahrungen gebracht.

Doch der Fluss ist heute kein Fluss mehr. Das Wasser wird gestaut; die Pandemie wirkt wie die meterhohe Mauer eines Stausees in unüberwindbare Höhe. Was dahinter wartet, ist unerreichbar.

Als ich vor einigen Wochen an der Landesgrenze zwischen Myanmar und Indien den Soldaten mit Maschinengewehr passierte, der sich mit zusammengelegten Handflächen zur Begrüßung vor mir verbeugte, zog ich zum letzten Mal den Joker. Ein kleines Büchlein mit festem weinroten Cover stattete mich mit einem Vertrauensvorschuss aus. Deutsche Reisende genossen in fast allen von mir bereisten Ländern ein hohes Ansehen. Der Arzt, der mich zur Bekämpfung des Virus untersuchte, baute auf mein Wort. Heute sitze ich in Nepal und habe die Chance, meinen Joker erneut zu ziehen: »Komm schon, zeig, woher du kommst, dann gebe ich dir dein Ticket in die Heimat.«

Irgendetwas widerstrebt mir bei dem Gedanken, das Privileg ein weiteres Mal in Anspruch zu nehmen, während fast dreißig Millionen Nepalesen diese Wahl nicht haben. Denn auch sie müssen mit dieser Krise irgendwie fertigwerden und mit den Mitteln kämpfen, die ihnen in diesem Land mit seinem maroden Gesundheitssystem zur Verfügung stehen. Die Nachbarn unserer kleinen Straßen haben nicht die Möglichkeit, sich schnell in die klimatisierte Maschine zu setzen, um sich keine 24 Stunden später in den Schoß des Wohlstands fallen zu lassen. Sie werden auch nicht als Erste von wissenschaftlichen Erkenntnissen und medizinischem Fortschritt profitieren, um im Notfall auf Hightech-Intensivstationen die lebensrettende Behandlung zu bekommen.

Es kommt mir falsch vor, mich nun zurück nach Deutschland aus dem Staub zu machen und von den letzten sich verbeugenden Grenzsoldaten am Flughafen in Gedanken mit den Worten zu verabschieden: »Ciao, Nepal, halte durch, ich komme wieder, sobald ich wieder guten Gewissens reisen kann und die humanitäre Krise vorbei ist.« Wäre das nicht feige? Wäre das kein Verrat an meinen Idealen? Oder sogar postkoloniale Häme am nepalesischen Volk? Seit Jahren kritisiere ich den ausbeuterischen Lebensstil meiner eigenen Kultur und die Arroganz, mit der wir unsere für richtig geglaubten Werte auf der ganzen Welt vertreten. Und ausgerechnet dann, wenn ich zum allerersten Mal in meinem Leben ernsthaft und unmittelbar mit der Ungerechtigkeit der Welt konfrontiert bin und sie eben nicht bloß vor dem Fernseher in den Nachrichten bedauere, sondern ihre Konsequenzen selbst zu spüren bekomme, soll ich die Flucht in meine heile Welt antreten? Dieser spontan organisierte Charterflug, und dann auch noch als *Rettung* deklariert, würde sich so was von mies anfühlen. Ich bezweifle, ob ich damit tatsächlich gerettet wäre. Wäre es nicht bloß eine erneute Ausrede, um den schmerzhaften Tatsachen nicht in die Augen schauen zu müssen? Ein absurder Gedanke, nach alldem, was die letzten Jahre passiert ist, was ich hinter mir gelassen und mir neu vorgenommen hatte, nach all den Wegen, die ich im letzten Jahr bereits gegangen bin.

Ich wollte mich im Loslassen üben. Die Pandemie scheint wie eine Prüfung zu sein, um herauszufinden, wie ernst ich es damit wirklich meine.

Seit ich reise, beschäftigt mich die Frage, ob ich meiner eigenen, inneren Stimme wirklich folge. Früh im Leben war da die Stimme meiner Eltern. Sie wies mir jahrelang den Weg. Nach der Schulzeit lag eine Stellenanzeige auf dem Esstisch. »Hier, die Volksbank sucht Azubis«, ermutigte mich meine Mutter. Ich wurde Banker. Ich genoss den Kontakt zu den Menschen, doch redete ich ungern von neun bis siebzehn Uhr über Geld. Ich fing an, eigene Wege zu gehen.

Nachdem ich im Jahr 2015 meine Bachelorarbeit in BWL in den Briefkasten gesteckt hatte, folgte ich Hape Kerkelings

Spuren auf einer Pilgerreise durch Spanien: »Buen Camino« – einen guten Weg wünscht man sich dort. Und meiner war am Ende wirklich gut. Doch statt mit neuen Antworten heimzukommen, hatte ich bloß noch mehr Fragen. Das Reisen gefiel mir. Ich fühlte mich frei und redete zum ersten Mal von Dingen, die mir selbst am Herzen lagen. Im selben Jahr fuhr ich mit dem Rad bis in die Türkei. Es war eine großartige Welt, die ich kennenlernte. Schnee in den Pyrenäen, die Sonne des Balkans. Orientalische Hitze brachte meine Haut zum Dampfen, das kalte Wasser des Schwarzen Meers ließ das Leben in meine Adern schießen. Ich roch frischen Eukalyptus in Galizien, aß Feigen von bulgarischen Bäumen und floh vor rumänischen Straßenhunden.

Und ich traf Menschen, die ungewohnte Wege gingen. Menschen, deren Stimme meine prägte. Da war der Schwabe Uli, der sein Leben lang hart schuftete. Nach fünfzig Jahren in der Arbeitswelt erhielt er die Diagnose Krebs. Heute fährt der über Siebzigjährige mir seinem Liegerad durch Europa und reist als Backpacker um die Welt. Ich traf den spanischen Aussteiger David auf dem Jakobsweg, der eine alte Scheune zum *Haus der Götter* umgebaut hatte. In einer der ärmsten Regionen Europas, der Walachei in Rumänien, war ich zu Gast bei Gabriela und Eugen. Sie schenkten mir eine Bleibe und bekochten mich, als wäre ich ihr eigener Sohn. Ich traf Mohamad an der türkischen Küste, zitternd und traumatisiert. Er hatte knapp die Flucht mit einem Schlauchboot überlebt; das Boot war auf seinem Weg in die Freiheit gekentert.

Mein Horizont endete irgendwo am Bosporus. Ich ging zurück nach Deutschland, denn mein Master in Tourismusmanagement wartete. Eine solide Spezialisierung, nannte man es. Die Devise: Gewinnmaximierung in touristischen Betrieben. Ich studierte »Reisen«, doch wo waren plötzlich all die Gesichter und Geschichten dieser Welt, die mich vorher beim Unterwegssein beeinflusst und bereichert hatten?

Nach dem Studium schnürte ich im Job in Eigenregie Pauschalreisen für andere. Ein seriöser Beruf, für viele gar *der* Traumjob. Ich aber packte meinen Rucksack, kündigte mein Leben, auf der Suche nach einem Ort, wo ich endlich frei meine innere Stimme erheben konnte. Und jetzt? Hänge ich seit Tagen schon am Fuße des Himalayas fest, und eine fremde Stimme unterbreitet mir das Angebot, mich aus den Bergen zu retten: »Komm zurück. Du hast in der Fremde keine Chance, vergiss deine Träumereien.«

Anna und ich sitzen noch immer still auf der Veranda und schauen den Wolken zu. Hier im Himalaya kann sich das Wetter innerhalb von Minuten vom wolkenlosen Himmel zu einem krassen Unwetter drehen. Nepal kennt bloß zwei Jahreszeiten, und im Moment sind wir genau im Übergang zwischen Trockenzeit und Regenzeit. Als Frühling kann man diese Wochen nicht wirklich bezeichnen, denn das Wetter ist unbeständig und schickt bereits die ersten Vorboten des Monsuns. Genau dies scheint gerade zu passieren, Wolken ziehen auf, und Wind beginnt, uns um die Ohren zu blasen.

Ich sehe rüber zu Anna, die sich, um Schutz zu finden, in ihr blau gefärbtes Tuch aus Yakwolle einwickelt. Ihr Kopf lehnt sanft an den Steinen unserer Hütte, ihre Augen sind geschlossen. Mich überkommt eine tiefe Traurigkeit. Würde ich bleiben, wäre das das Ende unserer Beziehung. Die Zeit in Nepal war unsere letzte Hoffnung, die nach wenigen Tagen in den Bergen jäh zerplatzte. Nun muss ich mir wohl doch eingestehen, dass es eine schlechte Idee war, mich zu Beginn des Abenteuers auf die große Liebe einzulassen. In der Rückschau wird mir klar: Da war Herzschmerz vorprogrammiert. Mir tut es leid, denn Anna versuchte ein Näherkommen immer wieder möglich zu machen. Sie folgte mir an die entlegensten Ecken dieser Welt und nährte weiter die Hoffnung, irgendwann als Duo unseren Entdeckergeist zu stillen. Es muss eine herbe Niederlage sein, die ihr bestimmt bitter aufstößt, wenn sie bald allein im Flugzeug sitzt. Doch wahrscheinlich hätte die Beziehung in Deutschland sowieso keinen Bestand. Denn unfreiwillig in der Heimat wäre ich sicherlich kein glücklicherer Mensch. Ich hätte meine Träume aus den Augen verloren.

Tiefschwarze Wolken ziehen am Himmel über der Stadt auf, während Anna und ich immer noch still dasitzen. Es grollt dumpf aus der Ferne, und erste Blitze erhellen für kurze Momente die in der Dämmerung liegende Landschaft. Vor einem Jahr ergriff ich die Flucht. Ich rannte, rannte und rannte. Und heute spüre ich die tief verwurzelte Stimme in mir drin. In einer Zeit, wo alle Reisenden Nepal fluchtartig verlassen und zurück in die sichere Heimat eilen, ist es für mich an der Zeit, endlich stehen zu bleiben. Meine Flucht hat hier ein Ende, ich bleibe und stelle mich dem, was zu dieser Krise im höchsten Gebirge der Welt mit dazugehört.

Ich breche das Schweigen zwischen Anna und mir, erzähle ihr von meinem Entschluss, die Evakuierung endgültig verstreichen zu lassen und mich heute nicht mehr auf die ELE-

FAND-Liste zu setzen. »Anna, es tut mir leid. Irgendetwas hält mich auf diesem Weg. Irgendetwas tief in mir will, dass mein ständiges Unterwegssein hier zu Ende ist. Anna, ich habe keine Ahnung, was mich hier in Nepal während der nächsten Tage, Wochen oder Monate erwarten wird, aber ich werde nicht mit dir nach Deutschland fliegen.«

Das Auge des Sturms ist nun genau über uns. Ein Blitz schlägt in die Wasseroberfläche des Sees ein. Der Knall ist so laut, dass die Vibration alles zum Beben bringt. Anna muss schreien, damit ich sie höre, denn das Wellblech über uns schlägt los zum finalen Trommelwirbel.

»Ich bleibe auch!«, scheine ich auf Annas Lippen lesen zu können.

»Was meinst du?«, frage ich nach, um mich zu vergewissern.

»Ich werde hierbleiben. Hier in Nepal, hier bei dir. Ich wusste, dass du nicht zurückfliegen wirst.«

Ich kann kaum glauben, was ich höre. Ganz unerwartet ist sie da: Annas Entscheidung, ebenfalls auszuharren, hier mit mir. Ich bin aufgeregt, kann nicht mal antworten. Mit einem gelösten Seufzer weicht all der Druck der letzten Wochen, ich lächle Anna an. Da ist sie plötzlich wieder, die Vision vom Leben zu zweit.

Das Rauschen des Regens hüllt uns ein. Annas Leben zu Hause ist durch die Pandemie ebenfalls auf Eis gelegt. Heute Morgen kam eine E-Mail: Ihr nächster großer Doku-Dreh im Sommer ist auf unbestimmte Zeit verschoben. Auch in Deutschland geht wegen Corona gar nichts mehr. Die Kulturbranche steht still. Ihre Jobs sind verlegt, Ausstellungen abgesagt.

»Michael, ich will nicht in mein altes Leben.« Es sei, als stelle ihr die Pandemie gerade einen Freifahrtschein aus: Bleib weg, es zieht dich nichts nach Hause. Ihr Blick strahlt Wärme aus. Mit ihrem Stuhl rückt sie näher zu mir, um ihren Arm auf meinen Rücken zu legen. Ihre Hand beginnt sich sanft zwischen meinen Schultern zu bewegen. »Ich werde mit dir zu Hause bleiben.« Wir schauen uns tief in die Augen.

Minutenlang sitzen wir auf unseren blauen Plastikstühlen auf der überdachten Veranda nah beieinander und gucken dem Spektakel der Blitze zu. Sie sind gewaltig und nah. Anna wirkt gelöst und entspannt. Fast im Sekundentakt krachen die Blitze in die Berge um uns herum. Der Donner ist bloß noch ein einziges Dauergrollen, das nicht zur Ruhe kommen will. Wie wild gewordene Götter, die mit hellen Pfeilen nach uns schießen. Einen Moment später schlägt etwa fünfzig Meter neben unserem Haus ein Blitz direkt ins Maisfeld ein. Der Donner knallt zeitgleich, ohne sekundenlange Verzögerung. Eine kräftige Vibration wandert durch den ganzen Körper. Ohne einen Gedanken zu verschwenden, springe ich auf und renne ins Haus. Es packt mich ein Urinstinkt, eine Stimme, die mir keine andere Wahl lässt, als ins Bett zu springen und mir die Decke über den Kopf zu ziehen. Wie lange mir das dünne Wellblech heute Schutz bieten wird, weiß ich nicht. Doch ich entschließe mich an diesem Tag, unser Versteck nicht mehr zu verlassen.

Unser Nachbar, der Bettler

8. April 2020

Auf der ganzen Welt hat das Reisen in diesen Tagen seine Berechtigung verloren. Unsere Entscheidung, die Pandemie im Himalaya auszusitzen, fühlt sich mittlerweile verboten an. Die letzte Maschine zur Rettung deutscher Urlauber ging heute Morgen um Viertel nach elf.

Wir sind in der dritten Woche des Lockdowns, und er wurde erneut verlängert. Seit Tagen erreichen mich die Nachrichten von Freunden, die mich irgendwo auf der Welt für ein Wegstück begleiteten. Inzwischen reist von ihnen kaum noch jemand.

Da sind Kathrin und Jens, die ihre Jobs und die gemeinsame Wohnung in Nordhessen gekündigt hatten, um für Jahre per Anhalter um die Welt zu trampen. Als ich sie traf, träumten sie davon, den asiatischen Kontinent zu verlassen, den Pazifik mit einem Schiff zu überqueren und für weitere Jahre durch Südamerika zu reisen. Ende Januar wäre es endlich so weit gewesen. Sie ergatterten eine Kabine auf einem Containerschiff nach Mexiko. In einem chinesischen Hostel in Hafennähe warteten sie, bis das Schiff voll beladen und zum Starten bereit war. Am

Abend vor dem Aufbruch dann ein Anruf der Reederei: »Es tut uns leid, alle Häfen in China sind bis mindestens Mai für Passagiere gesperrt. Sie können nicht auf das Schiff. Wir empfehlen Ihnen, China schnellstmöglich zu verlassen. Wir haben Ihnen bereits eine E-Mail mit möglichen Flügen für morgen gesendet.« Eine eindringliche E-Mail des Auswärtigen Amtes kam gleich hinterher. Statt auf dem Schiff über den Ozean saßen Kathrin und Jens am nächsten Tag im Flugzeug nach Europa.

Damien und Phoebe, zwei Reisefreunde aus Myanmar, sind aktuell in Rajasthan in Indien abgetaucht. Ihr Gastgeber verbietet ihnen, rauszugehen, und kauft sogar für sie ein. Die beiden erzählten mir von zwei jungen Franzosen, die sie zu Beginn des indischen Lockdowns trafen und die mit dem Fahrrad Richtung Delhi unterwegs waren. Die Globetrotter berichteten gar von Steinen, die immer wieder in ihre Richtung flogen. Aus Angst, sie brächten das Virus mit, wurden sie von der Polizei kurzerhand gestoppt und samt Rädern zum Hauptstadtflughafen eskortiert. Dort saßen sie dann unfreiwillig im nächsten Flieger nach Europa.

Auf Instagram verfolgte ich die Geschichte von Johanna und Malte, die mit ihrem Van gerade in Südostindien unterwegs waren. Absurd, denn vor weniger als zwei Monaten war ich an genau denselben Orten wie sie. Heute ist es Hoteliers dort verboten, Touristen aufzunehmen. Einer ließ dennoch Gnade walten und die Deutschen übernachten. Doch er bat sie, die Unterkunft vor Sonnenaufgang wieder zu verlassen. Manche indischen Hotelgäste reisten sogar ab, aus Angst vor den beiden Weltenbummlern. Am nächsten Morgen ächtete die regionale Zeitung der Stadt das Hotel und beschuldigte es, sich nicht an geltende Regeln zu halten. Johanna und Malte sind mittlerweile wieder zurück in Deutschland.

Bei Anna und mir gibt es kein Zurück mehr. Ein seltsames Gefühl nach all den Geschichten, doch auch Erleichterung darüber, dass uns Khadga trotz der Pandemie in seinem Gästehaus aufgenommen hat. Vielleicht fühlt auch er sich im Glück, denn weltweit scheint er einer der wenigen zu sein, die trotz der Pandemie noch vom Tourismus profitieren dürfen. Eine Woche ist seit unserem verstörenden ersten Einkauf nun vergangen. Khadga bietet erneut an, für uns die wöchentlichen Erledigungen zu tätigen. Doch wir lehnen ab. Die letzte Zwiebel ist verbraten, die große Packung Haferflocken, die ich seit Indien mitschleppe, ist leer, und unser Appetit nach Frischem ist seit Tagen ungestillt. Außerdem ist da die Neugier, die uns hinunter ins Dorf zieht.

Um dieses Mal ein Treffen mit den drei Jungs auf der Treppe zu vermeiden, testen wir einen Schleichweg, den uns Khadga empfohlen hat. Ein schmaler Pfad, der immer wieder von dicken Steinen unterbrochen wird, führt uns zum Gelände einer im Bau befindlichen Talstation einer Bergbahn. Die riesige Baustelle des modernen Neubaus mit seiner verglasten Front steht still, Schubkarren ruhen in der Ecke, und Schaufeln ragen schräg aus den Sandhaufen heraus. Wir schlendern über die Asphaltdecke, die, der Farbe nach zu urteilen, vor Kurzem erst gegossen worden ist.

Der Gedanke, dass hier irgendwann Taxis und Reisebusse parken, um Touristen am Ausgangspunkt ihrer Gondelfahrt abzuliefern, wirkt bizarr. Denn der weiße Betonbunker liegt eingebettet in ein Meer aus einfachen Hütten mit Wellblechdächern. Ziel der Bergbahn ist es, Besucher der Touristenstadt Pokhara den Achttausendern des Himalayas näher zu bringen. Um ehrlich zu sein, etwas, das sich jeder Reisende hier wünscht: einmal einen freien Blick auf das höchste Gebirge der Welt zu haben, genauso wie man es aus dem Internet kennt. Ein zwanzigminütiger Transfer aus dem Zentrum der Stadt und weitere zehn Minuten in einer Gondel, und schon sollen Touristenherzen höherschlagen. Khadga erhofft sich, mit seinem Gästehaus, bloß einen Steinwurf entfernt, von dem Vorhaben zu profitieren. Sogar ein Fünfsterneresort sei neben der Bergbahn geplant. Dem Dorf wird das guttun, da ist sich der Hausherr sicher. Neue Hotels, Restaurants und Geschäfte werden kommen, und er wird indirekt mitverdienen. In seiner Vision wird das Dorf in zehn Jahren ein vollkommen neues sein.

Unser Gang zum Gemüseladen fühlt sich an, als würden wir uns gerade durch eine Momentaufnahme bewegen. Wirtschaft und Fortschritt warten verschlafen auf das Läuten der postpandemischen Globalisierungsglocke. Alles auf dieser Baustelle liegt parat und harrt aus, bis die Welt sich weiterdreht.

Wir drücken uns an der geschlossenen Schranke vorbei, die den Eingang zum Gelände der Talstation verschließt, und erreichen wieder unsere kleine Bergstraße. Neben uns der erste Einheimische, er sitzt auf einer Mauer und starrt regungslos auf sein Handy. Er bemerkt uns nicht mal, sein Blick bleibt stur auf das Gerät gerichtet. Einige Schritte weiter lehnt ein Motorroller schräg auf seinem Ständer. Ein Mann sitzt seitlich auf dem Gefährt, das sicherlich seit Tagen nicht bewegt wurde. Daneben steht ein kleiner alter Mann mit tiefen Falten im Gesicht und buschigen grauen Haaren. Auch sie scheinen von unserem Anblick gänzlich unbeeindruckt und setzen, ohne uns einmal anzuschauen, ihr Gespräch fort.

»Namaste, ihr zwei! Schön, wieder Westerners zu sehen«, ruft uns eine unbekannte Stimme von der Seite zu, als wir uns schon kurz vor dem Gemüseladen befinden. Überrascht wende ich mich der Stimme zu. Da sitzt ein junger Kerl im Eingangsbereich seines quadratischen Einraumhauses mit Flachdach, das auf mich eher wie eine Autogarage wirkt. Vor ihm steht ein Nähtisch mit Beinen aus Gusseisen und einer langen Tischplatte darauf, die aussieht wie eine mit glänzendem Kunststoff überzogene Küchenarbeitsplatte aus Spanholz. Vor der integrierten Nähmaschine, die einen Großteil ihres Lebens sicherlich schon hinter sich hat, steht ein aufgeklappter Laptop. Davor hockt der junge Nepalese. Seine dicken schwarzen Haare sind locker zur Seite gekämmt, auf seinem Kopf sitzt ein Headset-Kopfhörer. Als Oberteil trägt er ein akkurat gebügeltes, hellblaues Hemd, untenrum kurze Shorts und Flipflops.

»Gibt's denn keine Fremden mehr in der Stadt?«, beginnt Anna den Small Talk.

»Vergiss es!«, antwortet der junge Mann. Er schaut sehnsüchtig die Straße hoch und erklärt uns, wie voll es hier sonst um diese Jahreszeit ist. Das Geheimnis der Straße sei ein kleiner Pfad, der am oberen Ende der Gasse beginnt und durch den Dschungel hoch nach Sarankot führt. Dort oben soll man die beste Aussicht auf den Himalaya haben. »Aber was erzähl ich euch das, den Platz kennt ihr sicherlich«, mutmaßt er. Anscheinend ist dieser Ort in normalen Zeiten die erste Anlaufstelle für

Touristen. Schön wäre es, denke ich. Bisher kennen wir bloß die vier Wände unserer kleinen Hütte. Wegen der Ausgangssperre trauen wir uns nicht mal zum Einkaufen richtig raus.

»Die Leute im Dorf haben Angst vor uns«, erwidere ich. Er spürt die Verunsicherung und versucht es mit beruhigenden Worten. Jeder Mensch fürchte sich anfangs vor Fremden, doch er sei sich sicher, wenn wir die Gasse dreimal hoch- und runtergelaufen seien, werde sich hier keiner mehr für uns interessieren. Denn in dem Dorf gehörten Touristen schon seit Jahrzehnten zum Leben der Einheimischen mit dazu.

»Ich bin Shree. Kommt rein, ich lad euch ein.« Die Einladung kommt überraschend. Ich hatte mir für dieses Mal nichts sehnlicher als etwas weniger Aufmerksamkeit seitens der Einheimischen gewünscht. Doch Shrees Herzlichkeit wirkt jetzt schon wie ein spontaner Seelentröster. Er bietet Anna den gelben, mir den dunkelgrünen Gartenstuhl aus schon abgesessenem Plastik an. Die Stühle sind wie bunte Farbkleckse in einer sonst tristen Umgebung. Der Betonboden unter uns ist glatt geschliffen, die grauen Wände des Hauses sind rau, mit einem horizontalen Muster im Putz. Das geschlossene blecherne Rolltor mit Kratzern und Beulen, vor dem Shree sitzt, hat einen königsblauen Anstrich, der an einigen Stellen schon abbröckelt.

»Soll ich euch meinen Traum für die Zeit nach Corona erzählen?«

Anna und ich nicken beide gespannt, während Shree uns zwei Tassen mit nepalesischem Chai einschenkt. Sobald die Bergbahnstation fertig gebaut ist, möchte er ein kleines Restaurant auf seiner Veranda eröffnen. Jeder, der zur Gondel will, kommt hier am Haus vorbei. Mit geübtem Blick vermisst Shree die überdachte Terrasse. Der Platz reicht vielleicht für zwei, drei Tische. Meistens auf dem Sprung, würden die Touristen ihr Essen am liebsten mitnehmen, erzählt er uns. *Momos' Heaven* soll der Laden heißen, in dem er zehn unterschiedliche Sorten Momos anbieten will.

Jedes Land der Welt hat seine eigenen Maultaschen. Was in Italien »Tortellini« heißt, sind in Russland »Pierogi« und in China »Dumplings«. »Momos« sind die nepalesische Variante der gefüllten Teigtaschen. Momos mit Hühnerfleisch, vegetarische Momos mit Gemüse, Momos mit Schokolade gefüllt als Dessert – an Ideen mangelt es Shree nicht. Annas Augen werden bei seiner Beschreibung immer größer, denn sie liebt die kleinen, halbmondförmigen Teile. Shree lächelt verträumt, während sein Blick zur Baustelle wandert.

Bis es so weit ist, muss er weiter seinen Unterricht halten. Er ist Lehrer an einer Schule in Pokhara, und wir treffen ihn in seiner Pause zwischen zwei Schulstunden an. Ich bin verwundert; aus Deutschland weiß ich, dass die Schulen dort aktuell geschlossen sind. Von Nepal hätte ich dasselbe erwartet. Shree schmunzelt, denn derzeit sei er eher so etwas wie ein ehrenamtlicher Lehrer. Jeden Tag sitzt er hier und macht Online-Unterricht. Das Problem dabei ist, dass die Eltern aktuell die Schulgebühren nicht bezahlen können. Die meisten haben durch den Lockdown ihre Jobs verloren. Und solange die Eltern nicht für die Schule zahlen, zahlt die Schule nichts für Shree. Seit einem Monat hat er schon kein Geld mehr bekommen. Und er befürchtet, dass es eine ganze Weile so bleiben wird. Ich sehe Idealismus in seinen Augen, als er berichtet, dass Bildung für viele der einzige Ausweg aus der Armut sei. Als Lehrer könne er die Kleinsten jetzt nicht im Stich lassen, denn sie können am wenigsten etwas für diese Krise.

Shree verschwindet kurz in der Küche des Hauses und kommt mit einer bunten Schale mit Zuckerwürfeln wieder. »Seit Beginn der Pandemie gibt es erst neun Infizierte im Land, das war gerade die Meldung im Radio«, beginnt er, während er seinen Chai süßt. Seit Tagen frage ich mich, wie sich Nepal scheinbar als einziges Land der Welt gegen einen größeren Ausbruch des Virus wehren kann. Ich gebe die Frage an Shree weiter, doch der winkt bloß ab: »Die reden Blödsinn, und jeder weiß es.«

Er glaubt, das Virus sei schon lange im Land. In manchen Nachrichten sei zu hören, dass der Erreger sogar schon in Pfützen in den Straßen von Kathmandu nachgewiesen wurde. Wäre dies tatsächlich der Fall, wäre das Virus überall. Woher soll man wissen, wie viele Fälle es gibt, wenn in Nepal nicht mal Tests vorhanden sind? Doch wenn hoch oben in den Bergen Menschen sterben, scheint es der nepalesischen Regierung egal zu sein, was die Ursache dafür ist.

»Für die meisten Menschen im Land ist die nächste Arztpraxis eh zu weit weg.« Shree beginnt zu lachen, als er uns von Dorfschamanen erzählt, die heute noch die Menschen in den Bergen heilen. Unten in der Stadt fasst der Arzt Shree nicht mal an. So erging es ihm direkt zu Beginn des Lockdowns. Er hatte Fieber und Husten, doch der Arzt schickte ihn einfach wieder heim. Er sollte gepresste Zitrone mit Ingwer, Knoblauch und Honig trinken, das sei die beste Medizin gegen dieses Virus.

»Aber hat der Arzt dir nicht mal in den Hals geschaut?«

»Weißt du, Anna, das ist nicht das erste Mal, dass man uns nicht behandelt.«

Offiziell ist das Kastensystem in Nepal seit den 1960er-Jahren abgeschafft. Doch in den Köpfen hält es sich offenbar hartnäckig. Shree wurde in die niedrigste Kaste geboren, er ist ein sogenannter »Unberührbarer«. Nach wie vor glauben viele, dass dort, wo Unberührbare am Brunnen Wasser holen, das Wasser unrein wird. Essen, welches von Unberührbaren mit den Händen angefasst wurde, werfen Angehörige höherer Kasten in die Tonne. Sehen Menschen der niedrigsten Kaste einem am Morgen in die Augen, soll der Tag ein unglücklicher sein. Er erzählt weiter, dass letzte Woche im Nachbardorf sogar ein junger Mann getötet wurde, weil er eine Frau aus einer höheren Kaste heiraten wollte. Um die Heirat mit dem Unantastbaren zu verhindern, brachte die Familie der Frau ihn einfach um.

Ich kann kaum glauben, was ich höre, denn Shree erwähnte vorher, dass seine Frau Bimala ebenfalls einer höheren Kaste angehört und die beiden sogar ein gemeinsames Kind erwarten. Ob er auch schon um sein Leben fürchten musste?

Man merkt ihm seinen Ärger darüber an, wie verbohrt viele auf dem Land zu ticken scheinen. Er wünscht sich manchmal in die Stadt, wo die Bewohner weniger in Kasten denken und auch arme Menschen die Chance zum sozialen Aufstieg haben.

»Darum arbeite ich in der Bildung. Die nächste Generation muss wieder einen Schritt nach vorn machen. Und ihr weltoffenen Touristen helft uns dabei.« Er gewinnt sein Lächeln zurück.

Während Shree im Haus verschwindet, um das leere Tablett wegzubringen, hallen seine Worte in mir nach. Ich nippe an der heißen Tasse Schwarztee mit Milch, welche auf Anhieb ein vertrautes Gefühl des Angenommenseins hervorruft. Spricht Shree vielleicht die Kehrseite der östlichen Religionen an? Statt sich gegen die Ungerechtigkeit der Kasten aufzulehnen, übt man sich im Himalaya in Akzeptanz. Hingabe ersetzt einen bitter notwendigen Aufschrei. Und so fügt sich ein Kollektiv in seine angeborene Klasse und vertagt die Veränderung auf die nächste Reinkarnation.

Als sich die Tür des Hauses wieder öffnet, traue ich meinen Augen nicht. Es ist nicht Shree, der herauskommt, es ist der Bettler, der uns vor Tagen um Geld bat. Was zum Teufel macht der hier? Ich wende schnell den Blick ab und verschanze mich hinter der Teetasse. Aus dem Augenwinkel sehe ich Anna, die ebenfalls verunsichert nach unten schaut. Auch der Bettler ist peinlich berührt, denn er dreht sich im nächsten Moment wieder um, um hineinzugehen. Doch Shree versperrt ihm den Weg.

»Freunde, das ist mein Papà Saroj«, stellt er den Bettler vor und legt dabei seine Hand auf die alte Nähmaschine. Saroj ist der Schneider hier im Dorf. Dann wendet sich Shree zu seinem Vater, zeigt mit der Hand in unsere Richtung und stellt uns als die neuen Nachbarn der Straße vor. Saroj nickt bedächtig. Ich würde am liebsten im Erdboden versinken. Ich schäme mich in diesem Moment unglaublich, auf Saroj Veranda zu sitzen.

»Freunde, es tut mir leid. Aber das Betteln ist meine Suche nach Gerechtigkeit. Mir gehts grausam. Und es ist kein Ende in Sicht.«

Shree schaut uns an, verdutzt darüber, dass wir uns kennen. Anna und ich schweigen weiter, während Saroj auf den gepols-

Anna in der Transsib Die Holzklasse schaukelt uns vier Tage durch die Taiga Sibiriens. Ohne einmal auszusteigen und mit durchschnittlich sechzig km/h durchqueren wir sechs Zeitzonen.

Baikalsee Der Zauber liegt für uns in der Fremde. Und hinter jedem neuen Berg wartet wieder eine andere Heimat auf uns, mit ihrer ganz eigenen Geschichte.

Abschied in der Mongolei Nach Wochen gemeinsamer Reise fliegt Anna zurück nach Deutschland. In der mongolischen Steppe spüre ich zum ersten Mal, was Distanz bedeutet.

Leben mit Airbnb-Nomaden Ochir und Tsegi leben im Orchon-Tal in einer traditionellen Jurte. Ihr mongolisches Einraumzelt teilen sie regelmäßig mit westlichen Reisenden wie mir.

Milch als Lebensgrundlage Tsegis Tag beginnt mit Yak-Melken. Danach verarbeitet sie die Milch zu Sahne, Käse, Quark, Schnaps und Airag, vergorener Stutenmilch, dem Nationalgetränk.

Morgendlicher Gang zur Arbeit Überleben in der Steppe heißt, sich von Milchprodukten und Fleisch zu ernähren, Wasser aus dem Fluss zu trinken, mit getrocknetem Yak-Dung zu heizen.

Auf der Suche nach Gras Der Winter naht, und Ochir findet seltener Futterplätze für seine Viehherde. In zwei Wochen wird die Nomadenfamilie weiterziehen, immer der Nahrung hinterher.

Vom Pferd auf das Motorrad Ochir und Tsegi profitieren von den Einnahmen aus der Airbnb-Vermietung. Sie sind moderne Nomaden mit Motorrad, Solarpanel und Fernseher.

chneesturm Eine abenteuerliche Autofahrt, um ersten Mal im Himalaya.

Neujahr Den höchsten tibetischen Feiertag Losar feiere ich im indischen Tawang.

euanfang im buddhistischen Kloster Zur Feier des Tages dürfen die Mönche heute ricket spielen. Die Grenze zu Tibet ist von diesem Teil Indiens nur einen Steinwurf entfernt.

Happy Holi Vier Tage bevor die WHO eine Pandemie verkündet, haben Anna und ich endlich wieder ein Date. Dieses Mal in Nepal.

Holi-Farbenfest in Kathmandu Die Farbe soll böse Krankheiten vertreiben.

Ein Land im Freudentaumel Den Begriff »Superspreader-Event« kennt kurz vor dem Lockdown noch niemand wirklich.

Wanderung um die Annapurna Pläne sind gemacht – Anna und ich möchten hoch hinaus. Doch an Wandern ist nicht zu denken, in den Bergen plagt mich eine Lebensmittelvergiftung.

Das nächste Reiseziel Kaum an einem neuen Ort angekommen, planen wir auch schon wiede das nächste Ziel. Anna und ich wollen weiter nach Indien.

ukunft ungewiss Anna will einen Monat bleiben. Unsere frische Liebe hat unter der iberkontinentalen Fernbeziehung der letzten fünf Monate gelitten.

lück gehabt Wäre Annas Flug bloß vier Tage später gegangen, hätten wir uns nicht wieder-esehen. Denn aus Angst vor dem neuartigen Virus hat Nepal bereits den Flughafen geschlossen.

Der Countdown läuft Ohne es zu wissen, verbringen wir unsere letzten unbeschwerten Momente beim Eintauchen in eine uns fremde Kultur in einem Bergdorf an der Annapurna.

Namaste In der hinduistisch geprägten Welt begrüßt man sich nicht mit Handschlag, sondern verbeugt sich ehrerbietig voreinander, als Zeichen der Wertschätzung.

ockdown in Pokhara Anna und ich sind noch im Schwebezustand zwischen Ländern, Ierbergen und Passstraßen, als die landesweite Ausgangssperre kommt.

ein Vor und kein Zurück Die Botschaft von der Grenzschließung erreicht Anna und mich uf unserem Weg nach Indien. Wir hängen fest und dürfen die Stadt nicht mehr verlassen.

Unerwünscht »Namaste Corona!«, rufen uns Nepalesen immer wieder zu. Man fürchtet sich und geht auf Abstand, denn wir Reisenden könnten das tödliche Virus im Gepäck haben.

Armut wächst Unzählige Nepalesen lebten vor der Pandemie als Tagelöhner. Viele von ihnen verlieren nun durch den Lockdown ihre Arbeit. Ohne Job kein Geld. Ohne Geld kein Essen.

Eingesperrt im Naturidyll Für die Zeit des Lockdowns stranden Anna und ich in Pokhara am Phewa-See. Auf der Suche nach einer Bleibe gelangen wir an den Barrikaden der Stadt vorbei.

Unser Zuhause In dem kleinen Dorf Sedi finden wir ein Steinhaus mit Wellblechdach zur Miete, umgeben von Regenwald und Reisterrassen.

Blick ins Tal Ein Tag ist wie der andere: essen, schlafen, warten. Nepals Regierung verbietet uns, aus dem Haus zu gehen. Unser Rucksack ruht nun leer in der Ecke.

Kochen wie die Einheimischen Nepal importiert sonst viele Lebensmittel aus Indien. In diesen Tagen kommt kaum noch Nachschub nach Pokhara. Auch wir schränken uns ein.

Kochrezept Anna fragt, wie man Dal Bhat zubereitet, eine nepalesische Linsensuppe.

Angewiesen auf den eigenen Anbau In Nepal werden Geld und Essen knapp.

Weg zum Gemüseladen Aufgrund der Ausgangssperre dürfen wir nur noch raus, um uns m nächsten Laden etwas zu essen zu holen.

Khadga mit Bienen Unser Gastgeber übt sich als Selbstversorger.

Nepalesische Küche Reis, Linsen, Kurkuma, Knoblauch, Koriander

Rachana und Indra Sie lernten sich einen Tag vor ihrer arrangierten Hochzeit kennen.

Gesichter Nepals Trotz des Leids verlieren die Menschen um uns ihr Strahlen nicht.

Kailash hat Langeweile Eigentlich sollte Rachanas und Indras Sohn gerade online unterrichtet werden. Doch ohne WLAN und Laptop ist das kaum umsetzbar.

Anna lernt neue Rezepte von Rachana Wenn man die faserige Haut von den Stängeln der Kürbispflanze entfernt, kann man sie zusammen mit den Kürbisblättern anbraten und essen.

Ein Stall für den Ochsen Bisher dreht Khadgas Ochse täglich seine Runden durch das Dorf. Das soll sich nun ändern. Bevor der Monsun kommt, bauen wir ihm einen Unterstand.

Anna auf dem Bauernhof Fleißige Helfer werden immer gebraucht. Im Gegenzug dürfen wir uns im Gemüsegarten bedienen.

Ielfen auf dem Acker Eigentlich wird der Reis in Nepal zur Regenzeit angebaut. Doch eine rockene Hitzewelle plagt das Land.

Iarte Arbeit am Pflug Bevor die Reispflänzchen in den schlammigen Boden gesteckt werden, iuss dieser mit schwerem Gerät eben gezogen und weich gemacht werden.

Mittagessen bei der Feldarbeit Rachana kocht Dal Bhat für die Familie und Helfer. Auch an die Ochsen wird gedacht, sie bekommen einen Haufen mit frischem Gras.

Anna hilft beim Reisanpflanzen In mühsamer Handarbeit stecken die Frauen jede Reispflanze einzeln in den aufgeweichten Boden.

Hindernisse werden aus dem Weg geräumt Bei schwüler Hitze und ohne Schutz vor der Sonne zerkleinern die Männer dicke Erdbrocken zu Schlamm.

Warten, bis der todbringende Monsun vorbei ist In der Nacht fegt ein Unwetter über unser Dorf. Überall brechen die Reisterrassen unter den Wassermassen zusammen.

Das Unwetter verwandelt die Straße in einen reißenden Fluss Zweimal im Jahr kommt die Regenzeit. Eine Naturgewalt, mit der die Menschen hier leben müssen.

Ein Erdrutsch begräbt eine Familie Der Regen bringt Unheil. Unweit unserer Hütte wird eine Familie, die gerade Geburtstag feierte, unter den Schlammmassen begraben.

Abschied von Nepal Aus vier geplanten Wochen im Himalaya ist fast ein halbes Jahr geworden.

Annas Entscheidung Der Entschluss, trotz des Lockdowns in Nepal zu bleiben, hat Anna und mich zusammengeschweißt und unser Leben verändert.

Trust your gut Der Spruch auf Kailashs T-Shirt bedeutet so viel wie »Vertraue deinem Bauchgefühl«. Anna und ich sind dankbar für all das, was die Menschen uns hier lehrten.

Familienzeit Reisen werden nach wie vor unser Familienleben prägen, hier sieht man uns 2022 auf einem kleinen Selbstversorgerhof in Griechenland.

terten Hocker vor seiner Nähmaschine sinkt. Er ist so klein, dass sein Gesicht fast vollkommen hinter seinem Arbeitsgerät verschwindet. Mit seinen knubbeligen Fingern streicht er sanft darüber. Er darf sein Geschäft nicht mehr aufmachen und habe nun resigniert, denn die Leute hätten eh kein Geld, um ihm Arbeit zu geben. Sein Bruder, von dem er uns bereits beim ersten Aufeinandertreffen erzählte, hungert immer noch im Auffanglager an der Grenze, und sein bester Freund hat sich vorgestern das Leben genommen. Er ist morgens mit seinem Boot rausgefahren, abends trieb er tot an Land. Saroj läuft eine Träne die Wange herunter, die er vor uns zu verstecken versucht. Keine Arbeit heißt kein Geld. Kein Geld bedeutet kein Essen. Und ohne Essen verliere Saroj bald auch seinen Verstand.

»Ach, was erzähl ich euch das? Wisst ihr überhaupt, was Hunger ist?«

Sein Angriff schockt mich. Dieser Mann will gehört werden. Saroj meint, das Virus töte vielleicht zwei Prozent aller Menschen auf der Welt. Doch er fragt sich, ob irgendjemand wisse, wie vielen die Armut aufgrund des Lockdowns den Tod bringe? Er sieht das Dilemma darin, dass Corona auch die Reichen kriegen, während an Hunger bloß die Armen sterben. Seine Folgerung klingt einleuchtend und hart zugleich; Hungertode scheinen am Ende weniger wert zu sein als die Corona-Toten. Hunger habe die Regierung noch nie wirklich gestört. Nur so kann sich Saroj die Maßnahmen erklären, welche ihn und andere so tief in die Krise stürzten.

Auch er möchte nicht am Virus sterben. Doch wenn es so kommen sollte, werde er es als Teil der Natur annehmen. Im

Gegensatz zum Virus seien all die Gesetze menschengemacht. Dagegen wehrt er sich. Er ist sich sicher, so könne man die Welt nicht heilen.

Impulsiv schwirren mir die typischen Gegenargumente eines Westerners durch den Kopf. Sollen wir etwa die Pandemie ihr mörderisches Spiel bis zum Ende treiben lassen? Doch wie könnte das, was ich selbst für wahr halte, in einem Land gelten, das sich über die Auslastung der Intensivstationen keine Sorgen zu machen braucht, weil ein Gesundheitssystem ohnehin kaum existiert? Soll ich Saroj nun erklären, dass seine Verzweiflung durch Armut und Hunger erst dann wieder Beachtung findet, wenn auf globaler Ebene Corona besiegt ist? Und soll ich jetzt ausgerechnet ihm weismachen, dass die strenge Ausgangssperre die Lösung aller Probleme ist, während Nepalesen gleichzeitig mit dem Hungertod ringen?

Saroj scheint das Gespräch nicht gutzutun. Er wirkt blass und zittrig. Das Schlimmste in seinem Leben sei der Frust, erzählt er mit gesenktem Kopf. Frust, den er bereits von seinen Eltern kannte.

Als er klein war, lebte er mit seiner Familie auf der anderen Seeseite. Drüben am Ufer, dort, wo heute das Touristenviertel Lakeside liegt. Sie besaßen ein kleines Stück Land. Er ackerte mit seinen Eltern und Geschwistern jeden Tag. Ein ungerechtes Leben für Menschen der niedrigsten Kaste. Sie hatten Vieh, bauten Gemüse und Reis an, und auch seine Eltern lebten von der Schneiderei. Es ging los mit den Hippies aus Europa und Amerika. Menschen mit langen Haaren und bunten Kleidern mochten das Land. Sie meditierten, wanderten durch die Berge und rauchten Haschisch. Saroj glaubt, dass sie, zurück in ihrer Heimat, viel Gutes über Nepal berichteten, denn es kamen immer mehr von ihnen. Es gab Nepalesen, deren Augen beim Anblick dieser schicken, stets sauber gekleideten Menschen glänzten. Saroj sah Freunde, welche die eigene Kultur vergaßen, um das Fremde zu kopieren. Für Touristen entstanden Paläste. Den Westerners schien das Fleckchen Erde, auf dem Saroj als Kind lebte, zu gefallen.

»Wir hatten keine Rechte. Sogar Kühe waren mehr wert als wir.« Also nahm man seiner Familie das Land weg und siedelte sie nach Sedi um. Dort, wo früher ihr Haus stand, schliefen in der Hochsaison heute Tausende Touristen im Viersternehotel, und irgendein Fremder in der Stadt werde reich davon.

Heute, fünfzig Jahre später, sieht Saroj keine Veränderung. Er nennt es Schicksal. Ein großer Investor hatte die Idee, eine Bergbahn mitten in unser Dorf zu bauen. Die neue Straße zur Talstation verlief dummerweise durch seinen Garten. Die Entschädigung war lächerlich. Saroj erzählt uns wieder, dass er krank sei, und hofft, dass er eine weitere Vertreibung nicht mehr miterleben müsse.

Shree winkt bloß ab, als sein Vater davon erzählt. Sein Blick ist optimistischer: Mit seinen Plänen, ein eigenes Restaurant zu eröffnen, will er Teil dieses Spiels werden, das seinen Vater so frustriert.

Während Saroj im Haus verschwindet, sitzen wir still in der Runde. Auch Shree ist verstummt, lächelt uns kurz verlegen zu und sucht mit seinem Blick die Ferne. Es ist unangenehm, als Tourist Sarojs Gast zu sein. Mein einziger Wunsch ist, einfach aufzustehen und zu gehen. Doch dieses Mal sind wir zum

Zuhören gezwungen. Die Flucht, ein auf der Reise stets probates Mittel, ist im Lockdown keine Option mehr. Wir sind eingesperrt in diesem kleinen Dorf am Phewa-See. Hinter der nächsten Straßenecke wartet bloß die nächste Polizeibarrikade.

Saroj blättert in einer dicken gelben Mappe mit diversen gesammelten Dokumenten. Bei einer Seite bleibt er hängen, schnauft tief durch und schiebt die Mappe auf dem langen Tisch zu uns herüber. Es sind Bilder aus seinem Inneren. Schwarze Farbe überzieht die Wände seiner Organe.

»Die Medizin ist am Ende. Nicht mal Schmerzmittel kann ich mir leisten«, stellt er ernüchtert fest.

Mir wird flau, denn ich erinnere mich an unser erstes Treffen mit Saroj. Damals war ich felsenfest davon überzeugt, dass das bloß wieder eine dieser erfundenen Geschichten eines Bettlers sei. Wieder einer, der das Mitleid eines Westerners nutzt, um sein eigenes Einkommen aufzubessern. Wie oft war das während meiner langen Reise schon passiert? In jedem Land, in jeder Stadt, an jedem Bahnhof bat man mich um Geld, erzählte mir von bösen Krankheiten, von Not und von Elend. Nicht ein einziges Mal wandte ich mich dem Bettelnden mit den Worten zu: »Komm, erzähl mir deine Geschichte. Mach dich frei von dem, was dich bedrückt. Und sag mir, wie ich dir helfen kann.« Ganz im Gegenteil, meine innere Abwehrhaltung bestärkte mich jedes Mal in der Überzeugung: Ich kann doch nicht jedem helfen. Was kann ich dafür, dass dieser Mensch in Not ist?

Bis zu unserem Einkaufsladen sind es bloß noch wenige Schritte. In Gedanken lässt mich Saroj nicht mehr los.

»Na, wie war's? Das erste Dal Bhat?«, unterbricht die Verkäuferin meine Grübelei. Der spontane Themenwechsel tut gut. Ich bin froh, dass wir Saroj entfliehen konnten.

»Jeden Tag verfeinern wir das Rezept. Gestern warfen wir noch ein paar Minzblätter mit hinein«, übt sich Anna im Küchengeplauder.

»Gute Idee, so kochte meine Großmutter früher ihr Dal Bhat.«

Wie wir hören, hat sich die Lage in der Stadt offensichtlich noch einmal zugespitzt. An der Grenze zu unserem Distrikt Kaski scheinen Arbeiter in diesen Tagen komplette Lkw-Ladungen Gemüse in den Fluss zu werfen. Und das Ganze unter strenger Beobachtung des Militärs, welches dafür sorgt, dass sich keiner unrechtmäßig am Gemüse bedient. Es ist ein Dilemma: Die Händler möchten den Großmarkt in Pokhara beliefern, doch die Gerüchte, dass das Gemüse aus Indien mit dem Virus kontaminiert sei, halten sich hartnäckig. Man wirft es lieber weg, als zu riskieren, das eigene Volk mit der Krankheit zu verseuchen.

Als die Frau uns in einem Video auf dem Handy zeigt, wie die Ladefläche eines Pritschenwagens langsam nach oben fährt, um frische Tomaten, Gurken, Blumenkohl, Bohnen, Wassermelonen und Mangos eine steile Schlucht hinunterzukippen, können wir unseren Augen kaum trauen. In dem Moment entschließen wir uns, eine weitere Woche mit unserer Linsensuppendiät dranzuhängen und die letzte frische Gurke im Gemüseregal anderen zu überlassen.

Als wir aus dem Laden kommen, muss ich wieder an Saroj, den Bettler, denken. Ihm mangelt es sogar an grundlegenden Medikamenten, um die Schmerzen seiner Krankheit zu ertragen. Wir sind für nepalesische Verhältnisse reich.

Anna schlägt vor, dass wir ihn etwas für uns nähen lassen könnten, um ihm Arbeit zu geben. Sie wird gequält vom Gedanken, dass er uns so offen um Geld fragen musste. Das muss ein erniedrigendes Gefühl sein. Bekäme er jedoch Arbeit von uns, könnte er sich mit dem Geld die Medikamente leisten.

Mir widerstrebt ihre Idee; der Gedanke, dass dieser Mann erst etwas leisten muss, bevor er unser Geld bekommt. Ist das nicht noch schrecklicher, zu betteln und es sich danach erst verdienen zu müssen? Jeder weiß, dass wir genau das haben, was Saroj gerade am dringendsten braucht: Geld. Zwanzig oder dreißig Euro sind hier viel wert. Damit würde er sicherlich lange über die Runden kommen. Und wir würden es in unserer Reisekasse wohl nicht mal merken.

Annas und mein Entschluss steht. Jeder gibt fünfzig Euro. Das sind ungefähr 10 000 Rupien, was hoffentlich für ein bisschen Medizin reichen wird.

Shree sitzt hinter seinem Laptop, mit seinem Headset auf den Ohren. Als er uns sieht, lässt er alles stehen und liegen. Man kann immer noch seine Verlegenheit erkennen. Dennoch lächelt er uns freundlich zu und verbeugt sich leicht vor uns. Er entschuldigt sich bei uns und fürchtet, uns verschreckt zu haben. Dann erzählt er zum ersten Mal von seinem Vater. Shree möchte sein Glück selbst in die Hand nehmen und sich nicht sein Leben lang von anderen oder vom Schicksal abhängig machen. Schließlich lädt er uns ein. Er möchte, dass wir seine ersten Gäste sind, bevor er irgendwann sein eigenes Restaurant eröffnen wird. Er will uns zu zeigen, wie man Momos kocht.

Anna schaut mich mit weit geöffneten Augen an. Ich meine ihre Gedanken lesen zu können. Sie scheint es zu beruhigen, dass die Familie auf diese Art etwas zurückgeben kann. Während ich mit einer Hand in der Hosentasche nach dem Bündel Scheine suche, wechselt Shrees Stimmung plötzlich.

Er erzählt, dass sein Vater Alkoholiker sei. »Die Ärzte verbieten ihm zu trinken, sonst tötet er sich noch selbst.« Der Entzug sei der Grund für Sarojs depressive Stimmung.

In dem Moment, als Shree den Alkohol erwähnt, erstarrt meine Hand, während meine Finger schon das Geldbündel umschließen. Ich ziehe es zögerlich heraus und halte es Shree hin. »Für die Medikamente!«

Na, wenn das mal nicht für Alkohol draufgeht. Shree lächelt verlegen, während er den Kopf schüttelt. Unbeholfen schaut er in die andere Richtung. Ich weiß nicht, wem die Situation gerade unangenehmer ist, ihm oder uns.

Anna und ich schlendern schweigend über die Baustelle der Bergbahn-Talstation. Unser Versuch, den heutigen Einkauf unauffällig hinter uns zu bringen, ist uns nicht gelungen. Seit Nepal im Lockdown ist, steht unser Leben als Touristen still. Zum Sesshaftsein verdonnert, ändert sich unser Blick auf die Dinge. Denn ein Bettler wird nun zu unserem Nachbarn. Und mir wird plötzlich vor Augen geführt, dass ich als Tourist mit alldem direkt zu tun habe. Meine Kultur, mein Wohlstand, mein Reisen verändert die Leben von Menschen, die für mich vorher immer weit weg waren. Mit der Frage, wo ich mein Geld ausgebe und wo nicht, geht eine Verantwortung einher. Helfe ich mit unserem Almosen dem Bettler? Oder treibe ich ihn nur weiter in seine Sucht? Kaufe ich das letzte Gemüse im Regal? Schlafe ich beim nächsten Mal auch wieder in einem Hotel in Lakeside? Und nehme ich die Bergbahn vor unseren Füßen, sobald sie fertig ist, um den höchsten Bergen der Welt wieder ein Stück näher zu sein?

Vom Weg abkommen, um den Weg zu finden

23. April 2020

Seit über vier Wochen sind wir schon im Lockdown. Jeder Tag ähnelt dem nächsten. Kaum zu glauben, wie sich mein Leben seit dem 24. März 2020 verändert hat. Vorher war alles anders. Ich wechselte Unterkünfte so oft wie die eigene Unterwäsche, bereiste ungefähr so viele Länder, wie Deutschland Bundesländer hat, und lernte »Hallo« in vierzehn unterschiedlichen Sprachen. Seit dem Lockdown aber wache ich jeden Morgen im selben Bett auf, bloß mit Boxershorts bekleidet, denn die Temperaturen bleiben sogar nachts oft über zwanzig Grad. Jeden Morgen, immer um kurz nach sieben, werde ich von ein und demselben Geräusch geweckt. Es kommt von einer Frau, die mit lautem Gelächter am offenen Fenster unserer Hütte vorbeiläuft. Es klingt, als wäre sie besessen, denn außer ihr scheint niemand sonst da zu sein.

An diesem Morgen will ich es wissen und springe nach dem Aufwachen direkt zum Fenster. Ich schiebe den dicken gelben Vorhang ein wenig beiseite und blicke durch einen Spalt, um unentdeckt zu bleiben. Die Sonne blendet mich, dennoch erkenne ich Jamuna, die Frau unseres Gastgebers, die eine Reisebene tiefer auf einem schmalen Steg hin- und herläuft und gerade erneut in schallendes Geschrei ausbricht: »Baah hah hah.« Dabei dreht sie ihren Kopf wild umher, als würde sie etwas suchen.

Ich drehe mich um, gehe zu Anna. Ihre nackte Haut ist bloß mit einem weißen Betttuch bedeckt. Sie hat die Augen schon leicht geöffnet und grinst mir zu.

»Anna, ich glaube, die werden langsam wahnsinnig im Dorf«, flüstere ich ihr zu, während ich mich noch einmal unter ihr weißes Leintuch an ihren bettwarmen Körper schmiege. Genau wie seit vier Wochen haben wir auch heute nichts mehr vor.

Stattdessen kommt Routine auf. Ein steter Tagesablauf ersetzt das Abenteuer. Nach dem Aufstehen schlüpfe ich in mein löchriges Hemd und wickele mein schwarzes Tuch als Rock um meine Beine, genauso wie es auch die Männer in Myanmar getragen haben. Barfuß und mit zerzausten Haaren watschele ich über die Wiese, die mich zu den fünf Stufen aus Schiefersteinen neben unserer Hütte bringt. Mein Blick scannt akribisch jede Stufe ab, bevor ich sie mit meinen nackten Füßen berühre. Der Hausherr hat uns nämlich gewarnt, dass sich dazwischen gerne mal die ein oder andere Schlange versteckt. Vor allem zur Monsunzeit nehmen die Meldungen über Schlangenbisse alljährlich zu. Zwar sind nicht alle Giftzähne mit einem tödlichen Saft ausgestattet, doch wenn man Pech hat, bleiben einem nach einem Biss maximal noch 24 Stunden.

Eine Reisterrasse weiter oben steht das Nachbargebäude, in dessen zweitem Stock sich die Außenküche unseres Zuhauses befindet. Oben angekommen weht bereits eine schwülwarme

Brise durch den halb geöffneten Raum. Um zur Kochstelle zu gelangen, drücke ich mich an der Kletterpflanze mit ihren glockenförmigen rosa Blüten vorbei. Ein weinroter Betonpfeiler trägt das Flachdach des Hauses. Die Küchenwand links von mir hat eine kleine Nische zum Kochen, an der Wand vor mir steht ein langer Küchenschrank aus Holz.

Am Herd greife ich nach unten zu einem goldenen Drehknopf und drehe ihn auf. Der Geruch von Gas steigt mir in die Nase. Nepal ist eine Teenation, eine Kaffeemaschine sucht man in dieser Küche vergeblich. Die Tür des Küchenschranks lässt sich bloß schwer öffnen. Als Schutz gegen plündernde Affen aus dem Dschungel ist am Türscharnier ein Ohrenstäbchen als Extrawiderstand eingebaut. Ich greife nach dem Kaffeepulver und kippe ein wenig davon direkt in Annas und meine Tasse. Dann übergieße ich es langsam mit sprudelndem Wasser. Der Duft macht mich endgültig wach. In der Zwischenzeit kommt Anna um die Ecke, drückt sich ebenfalls an der ausladenden bunten Pflanze vorbei und begrüßt mich mit einem zarten Kuss. So als wäre es in unserem Leben nie anders gewesen.

Anna sitzt auf einem Kissen im Schneidersitz auf dem Boden. Vor ihr dampft ihr heißer Kaffee. Sie starrt in die Ferne Richtung Phewa-See. Der Esstisch, an dem vier Personen gut Platz finden, ragt bloß ein wenig über dem Boden auf. Nepalesen essen gerne nah am Boden. Ich sitze dennoch auf einem Stuhl, denn meine Beine sind zu lang und mein Körper ist zu steif, um bequem ohne eine Rückenlehne zu sitzen.

Es muss Jahre her sein, dass ich zum letzten Mal Langeweile verspürte. Doch seit Tagen habe ich keine Idee, wie ich meinen Alltag im Lockdown gestalten könnte.

»Guten Morgen«, ruft uns der kleine Nepalese zu, der gerade auf dem Weg hinunter zum Dorf ist. Ungewöhnlich für Nepal, trägt er festes Schuhwerk. Das bunte Mandala auf seinem T-Shirt leuchtet uns entgegen. Das Balkongeländer unserer Küche liegt auf einer Ebene mit dem Weg, den er nimmt; er geht gefühlt direkt durch unsere Küche. »Genießt euer Frühstück!«, ruft er uns seit vier Wochen jeden Morgen zu und strahlt uns dabei an.

In seinem Schlepptau taucht ein schwarzer, bulliger Ochse hinter der Kurve auf. Auch er dreht hier seine morgendliche Runde. Ob er einen Besitzer hat oder einfach ausgewildert wurde, wissen wir nicht. Ihm scheint es egal zu sein, wem die jungen Maispflanzen gehören, die er gerade mit weit ausgestrecktem Hals oberhalb der Trockenmauer vom Acker stiehlt.

Auch Khadga gesellt sich an manchen Morgen für ein paar Minuten zu uns. Während der Pandemie ist er so etwas wie unser persönlicher Botschafter, denn er hat immer die brandaktuellsten Nachrichten parat. Bloß unseren Kaffee mag er nicht, davon kriege er Herzrasen.

An diesem Morgen erzähle ich Khadga von der immer leichter werdenden Gasflasche unter unserem Herd und erkundige mich nach Nachschub.

»Oh, nicht gut«, erwidert er knapp. Eigentlich kommt zweimal pro Woche ein kleiner Lkw ins Dorf, bei dem man die alte gegen eine neue Flasche tauschen kann. Aber das Gas wird aus Indien geliefert, und wie wir selbst erfahren haben, ist Indien in diesen Tagen weit weg. Seit vier Wochen kommt schon kein Gas mehr nach, »teilt es euch gut ein«.

Jetzt wird also neben Gemüse auch das Gas zum Kochen knapp. Khadga befürchtet, dass dies nicht das Letzte sein wird. Denn angeblich hat Nepal einen der strengsten Lockdowns weltweit. Das Einhalten der Ausgangssperre wird hier von der Polizei und dem Militär überall kontrolliert. Im Land gibt es eine einzige Hauptverkehrsroute von Ost nach West. Und diese ist aktuell an jeder Straßenecke verbarrikadiert.

Aber Khadga beruhigt uns, wir sollten uns keine Sorgen machen. Denn sobald unser Gas leer sein sollte, könnten wir unten bei ihnen essen. Ihre Flasche sei noch fast voll. Zudem baue er sogar selbst Gemüse an. Auch frische Eier gebe es jeden Morgen auf seinem kleinen Bauernhof.

»Ihr hört Jamuna doch bestimmt morgens die Hühner rufen, oder?«

Ein breites Grinsen wandert über Annas Gesicht. »Ach, sie ruft die Hühner? Wir machten uns schon Sorgen, dass sie den Lockdown nicht so gut verträgt.«

Gelächter bricht in unserer gemütlichen Frühstücksrunde aus. Das alles hier wirkt irreal. Hätte mir vor ein paar Monaten jemand erklärt, was Pandemie für die Welt bedeutet, wäre meine Vorstellung davon bedeutend apokalyptischer gewesen. Nepal verhindert vielleicht die Fortbewegung komplett, doch hier im Dorf tragen die Menschen nicht mal Masken. Die Straße wirkt eher, als wäre sie im Dornröschenschlaf versunken. Alle warten still und geduldig, bis die Welt sich weiterdreht. Oder ist dies bloß die Ruhe vor dem Sturm? Laut Khadga ist das Virus bis jetzt nicht mal in unserem Distrikt angekommen.

Der erste Corona-Infizierte des Landes war ein 32-jähriger Mann aus Kathmandu, der ausgerechnet in Wuhan studierte. Nichts, worauf Nepal stolz sein sollte. Aber kaum zu glauben, denn Ende Januar kam er mit Erkältungssymptomen zurück und bewegte sich damals frei durch die engen Gassen der Hauptstadt. Und das Verrückteste ist, er soll laut Khadga nicht eine einzige Person angesteckt haben. Im März, zu Beginn des Lockdowns, hörte man vom zweiten Corona-Fall im Land. Eine nepalesische Studentin war von ihrem Studium aus Frankreich zurückgekehrt und wurde positiv getestet. Seitdem gehen die Zahlen leicht nach oben. In der Presse wurde breit über die junge Frau berichtet. Sogar Morddrohungen soll sie erhalten haben. Denn bis dahin hielt Nepal an dem Glauben fest, dass man die Grenze einfach so lange geschlossen halten müsste, bis das Virus auf der Welt wieder ausgerottet wäre.

Khadga schaut ungläubig in die Ferne. »Für mich ist es wie ein Wunder, dass es bis heute noch keinen Infizierten in Pokhara gibt.« Bis es so weit ist, wähnen sich die Leute in Sicherheit, und kaum einer hält sich hier an die Maskenpflicht oder Abstandsregeln. Auch wir nicht.

Während Khadga sich verabschiedet, gleitet mein Blick sanft über den Phewa-See vor uns, der sich aus kaltem Bergwasser speist. Anna verlässt ihren Schneidersitz, starrt suchend in die Ferne und wandert vor zum Balkongeländer. Sekundenlang geht ihr Blick bloß geradeaus. Dann dreht sie sich um, winkt mich zu sich. Sie versucht, etwas in der Ferne zu fokussieren, streckt ihren Arm aus und deutet mit ihrem Zeigefinger hinunter, Richtung Dorf.

Sie beschreibt das Haus mit den zwei dicken schwarzen Wassertanks auf dem Dach. Dort unten, kurz vor der Kreuzung, da, wo unser Einkaufsladen ist. Dahinter, zwischen all den überfluteten Feldern, scheint ein schmaler Pfad zum Ufer des Sees zu führen. Anna wirkt aufgeregt.

»Michael, da scheint kein Mensch zu sein. Lass uns heut mal was Verbotenes tun, lass uns baden gehen.«

Monatelang passierte ich Ländergrenzen, Gebirge, Flüsse, sah Kulturen und wilde Tiere, um heute am unspektakulärsten Tag der Reise das gefühlt größte Abenteuer einzugehen. Schnell haben wir den schmalen Weg abseits der Straße gefunden, der uns direkt hinunter zu dem ersten, noch nicht bestellten Reisfeld der Einheimischen bringt. Um an das Seeufer zu gelangen, müssen wir an all den Feldern vorbei, die am Ende mit einem Minideich vom See abgetrennt sind. Unsere Schuhe lassen wir hinter dem letzten Haus an einer Mauer zurück. Die Gefahr ist zu groß, auf dem schmalen Steg auszurutschen, um dann samt Schuhen knietief im Wasser zu versinken. Es riecht lehmig, fast faulig. Die Felder sehen aus, als hätte schon seit Monaten niemand mehr hier gearbeitet. Algen und Seerosen liegen wie bunte traditionelle Teppiche auf der Wasseroberfläche.

Vorbei an der stinkigen Brühe erreichen wir das Ufer des Sees, der sich mit seiner dunklen Farbe harmonisch in die Umgebung der bewaldeten Berge einbettet. Ich gehe in die Knie, berühre mit beiden Händen das Wasser. Ganz still liegt der See vor mir, als wäre er von all den schrecklichen Geschichten unbeeindruckt, welche die Pandemie seit Wochen hervorbringt. Jede einzelne Welle des Sees versiegt spätestens im Ufersand wieder. Nach jedem noch so wilden Sturm kehrt er friedlich zu seiner Ursprungsform zurück. Seit unserer Radtour zum Nordkap, wo wir jeden Tag in kalten Bergseen badeten, war ich kein einziges

Mal mehr schwimmen. Nicht mal an Thailands Traumstränden hat es mich ins Wasser gezogen. Die Langeweile in Nepal treibt mich nun zu seltsamen Dingen. Ich ziehe mein T-Shirt aus und tauche meine Unterarme langsam in den See, forme die Handflächen zu einer Kuhle, um das Wasser darin zu fangen, ziehe die Hände langsam wieder nach oben und versinke mit dem Gesicht im kühlen Nass.

»Pass auf, dass du keinen Ausschlag davon bekommst«, ruft mir ein Mann zu, der plötzlich hinter uns auftaucht. Erschrocken drehe ich mich um und sehe den hageren, für Nepal ungewöhnlich großen Mann. Er trägt eine weiße Cap tief ins Gesicht gezogen, seine Augen versteckt er hinter seiner Sonnenbrille. Sein T-Shirt leuchtet in Orange und ist mit fünf großen Buchstaben versehen: NEPAL. Von seinen Ellenbogen abwärts ist fast alles an seinem Körper von Schlamm verdeckt. Hinter der Brille und dem dicken Schnauzbart erahne ich seinen bösen Blick. Er sieht zerzaust und verlottert aus.

»Habt ihr hier im See jemals einen Nepalesen baden sehen?«

Anna und ich schütteln verschüchtert den Kopf. Zum Glück war Anna nicht schon in Unterwäsche. Nacktheit ist in der asiatischen Kultur etwas, was bloß bei verheirateten Ehepartnern ins Schlafzimmer gehört. Zeigt die Frau hier mehr Haut als erwünscht, zieht sie verurteilende Blicke auf sich und ist in den Augen der anderen wohl nicht mehr als ein ungezogenes Flittchen. Doch der Fremde beginnt plötzlich herzhaft zu lachen, als er uns die Verunsicherung ansieht.

»Ich bin Indra«, stellt er sich vor.

Immer noch mit breitem Grinsen erzählt er uns von all den Schreckgespenstern, welche Nepalesen immer wieder erfinden, um bloß nicht zu verraten, dass sie nicht mal schwimmen können. In Wahrheit seien sie neidisch und wünschten sich bei der Hitze dieselbe nasse Abkühlung. Wir grinsen erleichtert. Ich sehe, welch freundliches Gesicht doch hinter der dunklen Brille und dem Schnauzer steckt.

»Ihr könnt nicht schwimmen?«, frage ich ihn zurück und zeige dabei auf all die Fischerboote, die draußen unterwegs sind. Doch die Fischerei scheint hier ein harter Job zu sein, denn das Berufsrisiko, zu ertrinken, fährt jeden Tag mit hinaus. Ich bin erschrocken. Kaum zu glauben, dass hier schon Menschen beim Angeln ertrunken sind. Demütig betrachte ich die friedliche Wasseroberfläche.

Als Indra ein kleiner Junge war, haben alle aus dem See getrunken, erzählt er uns. Heute rät er uns davon ab, darin zu baden. All die Abwasser der Hotels und Restaurants aus dem Touristenviertel am Ufer landeten direkt im See. Zur Hauptsaison seien einfach zu viele Menschen in der Stadt. Nicht mal zum Waschen nähmen die Einheimischen das Wasser. Das verursache nur einen üblen Ausschlag.

Ich blicke über den See hinweg und erkenne auf der anderen Seite, in Lakeside, die mehrstöckigen Hotels. Im Gegensatz zu den Menschen scheint der See den Lockdown richtig zu genießen. Indra nickt. Seit seiner Kindheit habe er das Wasser nicht mehr derart klar gesehen. In den letzten Jahren war es bloß noch eine braune Plörre.

»Das ist alles eine Frage der Perspektive«, fährt er fort. Wir hätten verlernt, der Natur zuzuhören, aber aktuell sage sie uns ganz deutlich, wie gut ihr die Auszeit vom Wahnsinn der Welt tue. Überall werde es wieder grüner, die Luft werde gereinigt.

Die Stadt Kathmandu sei ein weiteres Beispiel dafür. Die Stadt versinke sonst im Smog. Dieses Jahr sähen die Menschen zum ersten Mal seit Jahren die Berge wieder. Ein Bild, an das Indra sich gerne gewöhnen würde.

»Wenn nur all das Leid nicht wäre«, sagt Anna.

Auf Nepal scheint abseits der Krankheit eine schwere Zeit zu warten. Auch für Indra wird es nicht leicht sein. Doch er glaubt, das Leid komme nicht allein durch diese Pandemie. Sie sei bloß der Gipfel des Eisbergs, das Symptom einer kränkelnden Erde.

»Freunde, ich hole meine Hacke vom Feld da drüben, dann gehen wir zu meinem Haus. Ich lad euch zum Tee ein.«

Schon wieder eine Einladung. Wir folgen Indra durch einen dichten Wald aus jungen Bambusbäumen. Die Stämme sind kaum dicker als mein Daumen, doch sie stehen so eng beieinander, dass der einzige begehbare Weg durch ein schmales, ausgetrocknetes Bachbett führt. »Das hier ist die Abkürzung.« Während der Regenzeit könne man den Weg vergessen. Da verwandle er sich in einen reißenden Fluss, erklärt Indra, während er uns die Zweige eines Strauches wegdrückt, um uns den Weg frei zu räumen. Dann lichtet sich der Wald. Wir erreichen eine Kuppe, von der aus man weiter weg unser Dorf sieht. Direkt vor uns blicken wir auf das rostige Wellblechdach eines kleinen Lehmhauses. Wir folgen einem Pfad, drücken uns an der Hauswand aus gestapelten Natursteinen vorbei und erreichen die Vorderseite des Nebengebäudes. Das Steinhaus entpuppt sich als Stall von zwei Ziegen mit ihrem Ziegenbaby, die auf einem Boden aus aneinandergereihten Bambusstämmen stehen.

Wir gehen weiter bis zum nächsten Haus. Und tauchen ein ins Paradies. Umgeben von meterhohen Sträuchern, Bananenpalmen und in allen Farben blühenden Blumen, liegt Indras Haus. Eine kräftige Frau in einem wunderschönen, grün-pinken Kleid kniet auf allen vieren auf der Veranda und poliert den braunen Lehmboden mit Wasser und einem Lappen auf. Der Braunton des Bodens zieht sich ungefähr bis zur Hälfte der Hauswand hoch, dann erst wechselt die Farbe in einen weißen Ton. An einigen Stellen fehlt der Lehmputz, und man erkennt unterschiedlich große Steine als Fundament dahinter.

Unter dem Vordach aus altem Wellblech hängen Flechtkörbe, Jutesäcke und dazwischen eine aus zwei Seilen gebaute Schaukel, auf der ein kleiner Junge mit Haaren bis zum Po hin- und herschwingt. Die Tür ins Hausinnere ist keine Tür. Es ist ein königsblauer Vorhang, der gerade halb zur Seite geöffnet ist. Gegenüber ist eine Wäscheleine aufgespannt mit Kleidungsstücken in so bunten Farben und Mustern, wie ich sie vorher noch nie gesehen habe. Untendrunter, auf dem Boden, steht eine große, runde Spülschüssel, und auf einem Holzbrett daneben ruhen Kupferteller und -becher, in denen sich die pralle Sonne spiegelt. Mit dem nächsten Windhauch weht der duftende Qualm von Räucherstäbchen in mein Gesicht.

»Willkommen daheim«, begrüßt uns Indra in seinem Zuhause.

Die Frau auf dem Boden entdeckt uns jetzt erst. Sie setzt sich zurück, mit dem Po auf ihre Ferse, legt die lehmigen Handflächen aneinander und senkt ihren Kopf.

»Das ist meine Frau Rachana.« Wie er uns erklärt, frischt sie jeden Tag den Lehm am Haus wieder auf. Die beiden wissen eindeutig, wie man es sich schön macht im Leben, denke ich. Auf der Schaukel sitzt ihr knapp fünfjähriger Sohn. »Das ist Kailash.« Der Junge ist nach dem heiligen Berg in Tibet benannt, wo sich laut Hindus und Buddhisten der Mittelpunkt des Universums befindet, dort, wo die Götter zu Hause sind.

Zum ersten Mal, seit ich in Nepal bin, bringe ich selbst meine Hände vor der Brust zusammen und verbeuge mich vor den Fremden. Es fühlt sich seltsam an, doch ich bin gerührt von meiner eigenen Geste.

Der Lehmboden auf der Veranda ist mittlerweile getrocknet. Anna und ich sitzen im Schneidersitz auf einem Teppich aus bunten Mandalas vor einem flachen Tisch. Ich stütze mich mit beiden Händen nach hinten ab. Indra sitzt mir gegenüber und lehnt mit dem Rücken am bröckligen Lehmputz der Hauswand. Seine Beine sind für den Schneidersitz wohl auch zu lang. Rachana taucht in diesem Moment hinter dem blauen Vorhang auf und bringt auf einem runden Tablett Chai in Kupfertassen. Sie hat sich umgezogen und trägt ein um den ganzen Körper gewundenes Kleid, jetzt in kräftigem Rot. Das Tuch aus Seide ist so lang, dass beim Gehen die mit goldenem Farn eingewebten Blütenmuster sanft über den Lehmboden streifen. Die Armreife um ihr Handgelenk klimpern, als sie den Tee auf dem flachen Tisch vor uns abstellt.

Heute ist Indras und Rachanas Hochzeitstag. Nepalesen lieben ihre Feiertage. Umso glücklicher sind die beiden, dass sie ihren Tag heute trotz Ausgangssperre nicht allein feiern müssen. Als Anna Rachanas buntes Outfit sieht, wandert ein Strahlen über ihr Gesicht.

»Du siehst wunderschön aus«, sagt sie leise zu ihr. Indra hört Annas Kompliment, dreht sich glücklich zu seiner Frau und übersetzt ihr die Worte noch einmal.

Sie lächelt verlegen und bedankt sich auf Nepalesisch: »Dhanyabad!« Indras Charme setzt noch einen drauf. Während er stolz grinst, erzählt er, dass sie jeden Tag so schön sei. In Nepal tragen verheiratete Frauen einen Sari. Die Tracht wird um den Körper gebunden und oben über die Schulter geworfen. Das Rot, das Rachana heute trägt, steht in Nepal für die Liebe.

Gestern vor neun Jahren haben sie sich zum ersten Mal gesehen. Zu hören, dass sie dann am nächsten Morgen direkt verheiratet waren, überrascht uns. Die beiden kannten sich nicht mal 24 Stunden, bevor sie sich das Jawort gaben. Indra amüsiert sich herzlich über mein Erstaunen. So ist es eben Tradition hier. Ihre Eltern arrangierten die Hochzeit für sie. Für Indra ist klar, sie waren zu jung und unerfahren, um solch eine Entscheidung selbst zu treffen. Sie überließen es lieber ihren Eltern, die besser einschätzen konnten, was gut für sie war. Zu viele Flausen hatte er als junger Kerl im Kopf.

»Was hätte ich heute für eine Frau, ohne die Hilfe meiner Eltern?«, fragt sich Indra und schüttelt ergeben den Kopf. Ich drehe mich unsicher zu Anna und mustere ihr Gesicht. Ich grüble. Wo war die Hilfe meiner Eltern, als ich Anna traf? Nach einem Moment der Stille bricht am Tisch Gelächter aus.

Indra nickt Anna freundlich zu. »Bei euch Westerners läuft eben alles anders. Wie lange seid ihr denn schon verheiratet?«

Annas und mein Gelächter geht in die nächste Runde. Ich erinnere mich an eine Situation auf der Reise, als wir Einheimischen erzählten, wir seien verheiratet. Ich traf sogar ein reisendes Pärchen in Indien, das sich extra Ringe kaufte, um den Schein einer Ehe zu wahren. Unverheiratete Frauen, die trotzdem in einer Beziehung leben, haben in vielen Teilen der Welt oft einen schweren Stand. Unsittlich sollen sie sein. Anrüchig, mit einem Ruf wie Prostituierte.

»Wir sind überhaupt nicht verheiratet. Wir lieben uns, ohne dass uns jemand dazu zwingt«, haut Anna mit der Westerner-Keule um sich, während sie ihre Hand auf meine Schulter legt. Mit ihren Worten und der Berührung bricht sie gleich mehrere kulturelle Tabus, doch auch ich muss schmunzeln. Indra und Rachana schauen uns mit großen, leuchtenden Augen an. Anna fährt fort: »Könnt ihr euch das vorstellen? Wir sind seit einem Jahr zusammen, waren schon an vielen Orten der Welt. Aber noch nicht einmal zusammen in Deutschland.« Die beiden Nepalesen staunen ungläubig. »Aber keine Sorge, heiraten finden wir beide doof.« Nun ist Annas Rundumschlag perfekt. Ich bin verlegen bei dem Gespräch, doch irgendwie mag ich Annas humorvolle und direkte Art, damit umzugehen. Indra entfährt ein spontaner Lacher, während seine Frau nur skeptisch lächelt.

Dann bemühen wir uns beide darum, ihnen unsere Weltanschauung zu erklären. Als unsere Eltern jung waren, gaben sie sich in der Kirche vor Gott das Versprechen, bis ans Lebensende zusammenzubleiben. Die Familie schaute zu, Verwandte waren zu Tränen gerührt, Freunde feierten das frisch vermählte Paar. Sogar Zeugen mussten sie ernennen, die dem großen Versprechen beipflichteten. Und heute? Was ist aus all den Versprechen geworden? Fast vierzig Prozent aller Ehen in Deutschland werden wieder geschieden. Was bringt dann all der Trubel?

Anna und ich, wir sind einfach zusammen, weil wir uns gernhaben. Nicht weil wir irgendeinem Gott etwas versprochen haben.

Indra ist erstaunt über unsere Art der freien Liebe. Ganz ohne sich zu binden, ganz ohne einen rituellen Akt. Doch was er nicht versteht, ist, wie eine Scheidung funktioniert. Er ist verwundert, was passiert denn dann mit der Familie? Was machen die Kinder nach der Scheidung, was die Großeltern?

Die Frage ist so banal, dass ich selbst zuerst einmal nachdenken muss. Man trennt sich eben voneinander. Der Mann oder die Frau zieht aus, in eine andere Stadt zum Beispiel. Die Kinder sind abwechselnd bei einem von ihnen. In der einen Woche wohnen sie bei der Mutter, in der anderen beim Vater. Und die Großeltern leben bei uns eh nur noch selten mit im Haus. Die sind davon recht unberührt. Als ich Indra den Sachverhalt erkläre, erscheint mir alles recht einleuchtend.

Doch er ist überrascht, wirkt sogar traurig. »Ihr lebt echt in einer anderen Welt.« In Nepal ist der Blick auf das Heiraten ein anderer. Dort ist es nämlich viel mehr als das bloße Versprechen zwischen zwei Menschen. Heiraten ist eine Entscheidung, welche die ganze Familie betrifft. Er nimmt das Beispiel seiner Eltern. Sie hatten sich damals für Rachana entschieden. Denn es war klar, dass Indras Ehefrau am Tag der Hochzeit zu ihnen nach Hause ziehen würde. Und somit auch zu seinen Eltern. »Und eine Familie braucht Frauen.« Indras Blick wandert zu Rachana. Obwohl sie nicht alles versteht, scheint sie zu merken, wovon ihr Mann redet. Er lächelt sie an, während sie verlegen nach unten sieht.

Als seine Eltern alt und gebrechlich wurden, war es Rachana, die sich liebevoll um sie kümmerte. Das ist hier die Tradition. Die Söhne bleiben im Haus der Eltern, und die Töchter ziehen zur Familie der Ehemänner. Nur so funktioniert ein Zusammenleben mit drei, oftmals vier Generationen: »Wie sonst könnte man Kinder, Erwachsene und alte Menschen unter einen Hut bringen?«

Rachana verschwindet im Haus, um mit einem kleinen goldenen Bilderrahmen zurückzukommen. Indras Stimme wird plötzlich sanft und leise. Mit seinem Finger zeigt er auf das Schwarz-Weiß-Bild. »Mein Vater und meine Mutter, sie sind unsere wahren Götter.« Ich erkenne, dass das Bild an derselben Stelle entstanden sein muss, an der wir uns gerade befinden. Vielleicht sind seine Eltern schon gestorben?

Ich werde nachdenklich, denn während ich mit Anna freiheitsliebend um die Welt ziehe, sitzen meine Eltern zu Hause und spüren täglich diese Sehnsucht nach ihrem Sohn. Vor einem Jahr sagte ich: »Lebt wohl, ich weiß nicht, wann ich wiederkomme.« Ich wollte raus, suchte Unabhängigkeit und gierte nach Freiheit. In unserer Welt ist es Teil des Selbstverständnisses, dass ich auch nach meiner Reise nicht wieder zu meinen Eltern ins Haus ziehen werde. Niemanden im Dorf, auch nicht meine Freunde, ja, nicht mal meine Eltern wundert das. Doch das *richtig* meiner eigenen Welt scheint ein anderes zu sein als Indras. Beziehungen enden bei uns oft schon lange, bevor der Tod sie trennt. Und das Altern wird ausgelagert und findet irgendwo zwischen Einsamkeit und Pflegeheimen statt.

Schweigend höre ich Indra weiter zu: Wenn alte Menschen aus der Gesellschaft verschwinden, fehlt eine wichtige Säule im Leben, und das für jeden Einzelnen. Alte Menschen sind das Bindeglied zwischen unserem geschäftigen Geist, der stets um die alltäglichen Probleme kreist, und dem Göttlichen in uns. Sie symbolisieren den Wandel, das Kommen und Gehen. Wenn wir Menschen alt werden, zerfällt auch unser Körper langsam. Doch haben wir eine Wahl? Wird sich jemals ein Mensch gegen diesen Wandel wehren können? Natürlich nicht! Wer zu lernen bereit ist, sich dem Wandel hinzugeben, der wird erfahren, dass er einem natürlichen Kreislauf angehört. Bloß weil Menschen wissen, wie sie dicke Wände um sich selbst bauen, denken sie, die Natur finde da draußen statt. Aber wir selbst sind doch die Natur. Sie findet in jedem Moment in uns statt. Da gibt es keine Trennung, alles steht miteinander in Verbindung. Der Tod des einen ist der Anfang des Neuen. Anfang und Ende sind eins.

»Das ist es, was alte Menschen uns täglich lehren können – Hingabe.« Nun wird der Klang seiner Stimme noch sanfter. Klar brauchen wir Kinder, die lernen. Denn aus Wissen wachsen Chancen. Und wir brauchen auch die Unbekümmertheit der Jugend, sie lehrt uns die Freude am Leben. Und der Ehrgeiz der Erwachsenen, er bringt uns Fortschritt und Sicherheit. Aber wir brauchen auch die Alten, denn nur sie lehren uns Weisheit. Seinen Vater und seine Mutter zu vergessen ist, als ob wir auch diese Weisheit vergessen. »Ohne diese Weisheit wird die Erde mit ihren Menschen bald sehr krank sein.« Indra streicht mit seinem Finger über die Gesichter auf dem Bild seiner Eltern.

Ich blicke weiter auf das Porträt der beiden. Ich sehe Indras Lachen in den Mundwinkeln seines Vaters und sein fröhliches Strahlen in den Augen seiner Mutter. Und ich sehe auch meine eigenen Eltern in dem Bild. Sehe meinen Vater, der sich aus Sorge um mich nicht viel mit meiner Reise befassen kann. Und meine Mutter, die sich selbst in meinen Abenteuern verwirklicht sieht, sobald ich sie daran teilhaben lasse. Während sie zum

Schlafen ins Bett gehen, beginnt bei mir der Tag. Abgenabelt und getrennt von ihnen, gehe ich meinen eigenen Weg.

Die Dämmerung wirft einen grauen Schleier über das Land. Rachana begleitet uns bis zur Straße. Denn die Route vom Hinweg durch den Bambuswald sei im Dunkeln zu gefährlich. Langsam schlendern wir auf braunem Buntsandstein über einen kleinen Hügel. Oben angekommen, erkennen wir die Gipfel in der Ferne, die im letzten warmen Licht der Abendsonne baden. Unterhalb von uns liegt unser Dorf wie in einem Kessel. Auf der anderen Seite des Gebirgsbogens kann man schon die kleine Steinhütte, Annas und mein erstes gemeinsames Zuhause, erkennen.

Rachana kommt zum Stehen und schaut aufgeregt in die Ferne, in Richtung der Großstadt Pokhara. Die Stadt ruht still am Phewa-See, während Rachana in gebrochenem Englisch zu uns spricht.

»Schaut dort! Die Stadt… Haus meiner Mutter.« Rachana strahlt dabei und kann dennoch ihre Wehmut nicht verstecken. Unvorstellbar, sie kannte diesen Mann vor neun Jahren nicht mal annähernd und schlief von heute auf morgen in einem Raum mit seiner kompletten Großfamilie. Das muss sich anfühlen, als würde alles im Leben neu justiert. Ihre Rolle, die sie vorher eingenommen hatte, existierte nicht mehr; plötzlich war sie Ehefrau und Schwiegertochter inmitten fremder Menschen.

»Rachana, wie war das vor neun Jahren für dich? Hattest du Angst?«, fragt Anna.

»Ja! Ein bisschen. Ein kleines bisschen. Gestern hier, heute dort.«

»Aber wart ihr denn verliebt am Anfang?«

»Ah, nein! Keine Liebe, alles arrangiert. Später wurde es Liebe. Am Anfang keine Liebe.«

Dann fängt sie herzhaft an zu lachen. Das ist wie bei Anna und mir, am Anfang war es keine Liebe. Die Liebe wuchs erst mit der Zeit. Rachana ist eine wundervolle Frau. Sie strahlt dich an und umhüllt dich dabei mit ihrer unglaublichen Wärme. Ich zweifle keinen Moment daran, dass sie trotz der arrangierten Ehe tatsächlich glücklich ist. Sie und Indra gehen liebevoll miteinander um. Die beiden mögen sich, hören einander zu und sind aufmerksam miteinander. Musste ich echt erst bis nach Nepal reisen und den Hochzeitstag zweier Zwangsverheirateter miterleben, um zu sehen, was eine glückliche Ehe ist?

»Wie ist es heute für dich? Ist es schön, hier zu sein?«

»Ja, Anna. Schön hier. Glücklich. Ich bin glücklich. Indras Herz ... ist gut!«

Während Anna und Rachana weiterplaudern, gehe ich ein Stückchen voraus, langsam den Berg hinunter. Eine schmerzliche Erinnerung kommt hoch. Wenn Anna und ich in den vergangenen Monaten über Zukunft redeten, ging es dabei stets um die Frage, wann und in welchem Land sie zu mir stoßen wird. Vor einem halben Jahr, als Anna schon wieder seit einigen Monaten in Deutschland war, reiste ich quer durch China. Wir führten eines dieser quälenden Telefonate, und ich erzählte Anna von meinem Entschluss, an Weihnachten nicht heimzukommen.

Noch bis in meine Zwanziger hatte ich den höchsten Feiertag der Familie mit allem, was dazugehört, zelebriert. Doch mit den Jahren begann ich plötzlich darunter zu leiden. Die Tradition, die scheinbar heile Welt, »Oh du fröhliche« im Chor vorm Weihnachtsbaum, Stagnation und Hektik, Enge und Überfluss, und all die Erwartungen und Zwänge, die mit diesem Feiertag verbunden sind.

Das war der größte Traditionsbruch, den ich mir leisten konnte. Weihnachten im Schweigekloster in Thailand: kein Kontakt zur Außenwelt, nicht miteinander reden und nicht mal an zu Hause denken. »Anna, ich werde Weihnachten in Asien sein. Ich weiß nicht, wann ich wiederkomme«, sagte ich ihr am Telefon. Danach herrschte wochenlange Funkstille zwischen uns. Anna und ich – also keine Beziehung mit Zukunft? Sich festlegen ist in meiner Generation aus der Mode geraten. Man hält es sich offen, denn man weiß ja nie. Vielleicht wartet bald schon wieder ein neues Beziehungsabenteuer.

Hinter der nächsten Kurve stoßen wir wieder auf unseren Weg, die Straße zum Gemüseladen. Wir verabschieden uns herzlich von Rachana. Anna umarmt sie, ich verbeuge mich mit einem »Dhanyabad«, einem »Danke« auf Nepalesisch. Dann schlendern wir langsam den Berg hinauf.

»Na, findest du heiraten immer noch doof?«, frage ich Anna.

»Ja, voll.«

Ich mag Annas Sicht auf die Dinge. Sie glaubt fest daran, dass Indra und Rachana genauso glücklich wären, wenn sie sich ganz zufällig am Ende dieser Bergstraße begegnet wären. Würden die beiden heute leiden, wenn die Zwangsheirat nicht gewesen wäre? Man hat das Gefühl, sie können sich glücklich schätzen, dass sie sich gefunden haben – und ohne die Zwangshochzeit hätten sie sich wohl nie getroffen.

Ich denke laut nach. Vertrauen ist doch die Basis aller Beziehungen. Und braucht es nicht eine gewisse Verbindlichkeit, damit Vertrauen wachsen kann?

Anna ist überrascht über meinen Gedanken: »Und so etwas aus deinem Mund?« Doch sie stimmt mir zu. Vertrauen ist alles. Aber muss man den Vogel erst im Käfig einsperren, damit er bleibt? Hebt es nicht die Liebe auf eine neue Stufe, wenn seine Käfigtür offen ist und er dennoch immer wieder zurückkommt? »Muss Verbindlichkeit durch Zwang oder Tradition entstehen?«, fragt Anna in die Nacht. Sie spricht von Kailash, Rachanas und Indras Sohn, dessen Existenz doch mehr zur Harmonie verpflichtet als jedes Versprechen vor Gott.

Vor neun Jahren scheint das Schicksal Indra und Rachana zusammengebracht zu haben; egal, welchen Namen es auch trug, ob Zwang, Tradition, Bestimmung oder Liebe. Ich lege meinen Arm um Annas Schulter und ziehe sie nah an meinen Körper. In dem Moment ist es mir egal, ob man sich hier in der Öffentlichkeit berühren darf oder nicht. Es ist diese Geborgenheit, nach der ich mich so lange sehnte. Bei Anna funktioniert etwas, was ich überall versucht habe, aber trotzdem immer nur dann finde, wenn sie in meiner Nähe ist: Ich kann loslassen. Auch unser Schicksal hat uns in den Bergen Nepals zusammengebracht. Welchen Namen dieses Schicksal trägt, weiß ich nicht. Heißt es Zwang, Ausgangssperre und Stillstand? Ganz egal, denn eines ist gewiss: Gerade wünsche ich mir nichts sehnlicher, als dass dieser Lockdown nie zu Ende geht.

Es vergeht Woche um Woche. Anna und ich kommen an in Sedi. Jamuna weckt uns jeden Morgen mit ihrem Gekicher, das die Hühner anlocken soll; ich koche Kaffee; der Nepalese, der zum Dorf läuft, wünscht uns einen guten Appetit; der Ochse dreht seine Runde; Khadga hat alle Neuigkeiten aus der Welt für uns; und wir kochen mittags Dal Bhat. Mittlerweile täglich mit einer frischen Gemüsebeilage, denn die Lage an den Distriktgrenzen und auf dem Großmarkt scheint sich zu entspannen. Dass irgendwann der Moment kommt, an dem wir freiwillig nicht mehr auf die gelbe Linsen-Kurkuma-Suppe verzichten möchten, hätten wir nicht für möglich gehalten. Das nahrhafte Nationalgericht macht süchtig. Laut Khadgas Theorie setzen Linsen Glückshormone im Körper frei, worin der Grund liege, dass alle Nepalesen so glücklich seien.

Die Tage sind mit wenigen Höhepunkten gespickt, was diese Zeit gleichzeitig zu solch einer besonderen macht. Die Langeweile ist vertrieben und wird von Müßiggang abgelöst. Doch der wöchentliche Gang zum Gemüseladen bleibt nicht mehr unser einziger Ausflug ins Dorf. Wir fühlen uns sicher rund um Pokhara, denn die Sieben-Tage-Inzidenz im Distrikt liegt nach wie vor bei 0.

Shree macht sein Versprechen wahr und zeigt uns, wie man Momos macht. Sogar Saroj, sein Vater, hat bei dem Treffen ein Lächeln im Gesicht. Ohne danach zu fragen, hat er Anna als Überraschung eine traditionelle Bluse in den buntesten Farben des Landes geschneidert. Wenn sie damit über die Straße im Dorf läuft, bleiben die Nepalesen erstaunt stehen.

Indras nächste Einladung zum Tee lässt ebenfalls nicht lange auf sich warten. Als er uns dem Rest der Familie vorstellt, staunen wir nicht schlecht. Bisher dachten wir, er lebe bloß mit Rachana und seinem Sohn Kailash in dem kleinen Haus. Weit gefehlt, denn die vier Wände teilen sie sich mit Indras Bruder, dessen Frau und deren beiden erwachsenen Söhnen. Wir erfahren, dass die Eltern der beiden Männer schon einige Jahre tot sind, sie vorher aber alle zusammen zu neunt in dem einfachen Lehmhaus wohnten.

Was auf dieser Weltreise geschieht, hätte ich mit der akribischsten Planung nicht voraussehen können. Ich bin damals aufgebrochen, um in andere Welten abzutauchen, um fernab des Tourismus Teil dieser Fremde zu werden. Nirgendwo fand ich, wonach ich suchte, denn immer blieb ich der reiche Tourist, der kurz irgendwo aufkreuzt, neugierig die Nase reinsteckt, um dann nach spätestens einem Monat auf Nimmerwiedersehen weiterzuziehen. Nirgends gelang mir das Ankommen, nicht beim Radfahren, nicht in der Transsibirischen Eisenbahn, nicht als Freiwilligenarbeiter in China und nicht bei den Mönchen in Tibet. Ich war immer nur zu Besuch. Ich kratzte mit den immer gleichen Fragen an der immer gleichen Oberfläche. Auch mir wurden die immer gleichen Fragen gestellt, und ich erzählte in jedem weiteren Land meine eigene Geschichte von Neuem. Ich wollte nie Tourist sein. Und dennoch war ich immer einer.

Und ausgerechnet in dem Moment, als meine Reise zum Erliegen kommt, Visa für ungültig erklärt werden und Ländergrenzen schließen, komme ich an jenem Ort an, der mich scheinbar einsperrt. Aus Reisebekanntschaften werden plötzlich Nachbarn, aus Nachbarn werden Freunde.

Unser Platz in der Kastenwelt

8. Juni 2020

Eiskaltes Wasser läuft über meinen Körper. Mir bleibt die Luft weg, und dennoch versuche ich dagegen anzuatmen. Als Letztes ist mein Kopf dran, langsam schiebe ich ihn unter den kalten Duschstrahl. Ich puste tief aus, presse meine Augen zusammen. Es ist dunkel im Raum, ich will meine Augen mitten in der Nacht nicht mit dem hellen Badezimmerlicht blenden. Anna wird sicherlich schon wach sein und sich fragen, warum ich um drei Uhr in der Früh unter der Dusche stehe. Der Juckreiz auf meinem Kopf hat mich wahnsinnig gemacht. Einige Stellen habe ich mir sogar schon blutig gekratzt. Das Einzige, was hilft, ist kaltes Wasser auf der Haut. Und ausgerechnet am nächsten Tag hat uns Khadga für den Bau eines neuen Stalls für den Ochsen eingeplant. Denn wie sich herausgestellt hat, ist es tatsächlich sein Tier, das uns morgens immer zum Frühstück begrüßt. Ich werde todmüde sein.

An diesem Morgen werde ich nicht von Jamuna geweckt. Denn ich liege immer noch wach. Anna liegt still neben mir. Ihr Oberkörper ist bloß mit einem nassen Handtuch zugedeckt. Es ist so heiß und schwül im Raum. Meine Kopfhaut macht mich noch verrückt. Vielleicht sollte ich mir wie die Mönche Südostasiens einfach eine Glatze scheren. Jetzt verstehe ich, warum sie auf Hauthygiene so akribisch Wert legen – und dass die kahle Rasur nicht nur ein religiöses Bekenntnis ist, sondern auch ganz praktische, weltliche Vorteile hat.

Seit ich in Myanmar in der Klosterschule mit Waisenkindern war, plagt mich dieser Ausschlag. Die kleinen Novizen und Novizinnen, die ich auf Englisch unterrichtete, schliefen nachts in Katakomben, die ein bisschen wie Legebatterien in großen Hühnerställen aussahen. Einerseits war das für die Kinder sogar gut, denn so konnten sie sich gegenseitig warm halten; Bettdecken gab es dort nämlich kaum welche. Andererseits konnten sich durch den engen Körperkontakt alle möglichen Krankheiten ausbreiten. Obwohl wir Volunteers auf dem Boden eines Nebengebäudes schliefen und zumindest nachts auf Abstand gingen, waren wir vor den Viren nicht gefeit und reisten nach unserer Zeit als Freiwilligenarbeiter alle mit einer fetten Atemwegsinfektion ab. Auch Hautkrankheiten gaben die Kinder untereinander und an uns weiter: Windpocken, Läuse, Krätze, Hautpilz und Dinge, die einfach ohne Diagnose blieben. Die behandelnden »Ärzte« waren keine Ärzte, sondern genau wie ich ganz normale Volunteers.

Seit ich Anfang Februar die Waisenschule verließ, kratzte nicht nur der Hals, sondern auch die Kopfhaut. Jetzt im Lockdown wird es immer schlimmer. Die Luft ist feucht und schwül. Wenn in unserer Hütte ein Kleidungsstück länger als eine Woche am Haken hängt, fangen die Wand und die Baumwolle zu schimmeln an. Auch ich leide an der modrigen Feuchte.

Ich erzähle Khadga vom blutig gekratzten Kopf, als er im kleinen Schuppen hinter seinem Haus gerade das Werkzeug für den Stallbau zusammensucht. Er dreht sich zu mir, drückt mir eine Rolle aus Draht, eine Säge und einen Hammer in die Hand. Dann kommt er einen Schritt näher, um sich meinen Kopf anzuschauen. Es ist mir unangenehm, und dennoch gehe ich sanft vor ihm in die Knie. Ein leichter Geruch von Schweiß und Erde zieht mir entgegen. Sein lila Polohemd, auf das ich starre, ist von der Sonne ausgeblichen. Mit erdigen Fingern schiebt er nacheinander meine Haarbüschel hin und her.

»Das sieht nach Hautpilz aus.« Es fühlt sich nicht gut an, dass er meine Vermutung bestätigt. Dann müssen die Haare wohl ab. Entmutigt gucke ich ihn an. Doch er klopft mir grinsend auf die Schultern. »Jetzt bist du einer von uns.« Anscheinend plagt sich jeder zweite Nepalese damit herum. Vor allem in der feuchten Jahreszeit. Da hilft bloß eine Salbe aus der Apotheke, meint Khadga.

»Die Apotheken in Pokhara sind bis abends geöffnet.«

»Du meinst, wir sollen das Dorf verlassen?«

»Ja, im Notfall darf man in die Stadt.«

Doch zuerst ruft die Arbeit: Es gilt, einen neuen Stall zu zimmern. Mit einer Sichel bewaffnet, bahnt uns Khadga eine Schneise durch den Regenwald, der direkt hinter unserem Haus beginnt und sich bis nach Sarankot hochzieht, das Dorf, welches bald per Bergbahn erreichbar sein soll. Khadga folgt keinem Weg, aber er scheint zu wissen, wo es langgeht. Es ist so steil, dass ich bei jedem Schritt aus meinen ausgelatschten Kung-Fu-Schuhen rutsche, in die ich jeden Morgen wie in Badeschlappen reinschlüpfe. Meine Güte, was die schon alles mitmachen mussten: In China im Shaolin-Kloster, wo ich fast einen Monat als Erntehelfer war, hatte man sie mir geschenkt. In Myanmar wurden sie nachts von Straßenhunden gestohlen, und ich fand sie am nächsten Morgen eine Straße weiter, wo sie halb zerfetzt im Graben lagen. Im Februar stapfte ich damit durch den Schnee im Norden Indiens. Und dieses Mal stellen sie ihre Geländefähigkeit im nepalesischen Dschungel unter Beweis.

Khadga mahnt uns zur Vorsicht, denn hier sollen oft Schlangen im Gebüsch lauern. Ich sehe nicht mal meine Füße, alles ist grün um mich herum. Wäre da tatsächlich eine Schlange auf dem Boden, würde ich schlimmstenfalls einfach drauftreten.

»Stopp«, schreit Khadga plötzlich, sodass ich mich gedanklich schon auf einen Biss im Bein gefasst mache. Doch Khadga gibt uns mit einer deutlichen Kopfbewegung zu verstehen, nach oben zu schauen. Wahnsinn, ich traue meinen Augen nicht. Eine ganze Affengroßfamilie hangelt sich von Ast zu Ast. Sogar ein Baby hängt bei seiner Mama um den Hals und lässt sich gemütlich durch die Baumkronen tragen. Kaum zu glauben, wie nah wir der Natur in unserer Hütte die ganze Zeit über sind. Wenn die Nepalesen von den bösen Affen im Wald redeten, dachte ich immer, das seien bloß seltsame Schreckgespenster in den Köpfen der Menschen. So als würde sich in Deutschland jemand vor Geistern im Wald fürchten. Doch die Affen sind real. So nah am Menschen und zugleich wunderschön entspannt.

»Nicht gut, die plündern bestimmt bald wieder unser Dorf«, befürchtet Khadga und bedeutet uns, dass wir am Ziel angekommen sind.

Die Luft ist staubig vom Aufprall der Bäume auf dem Boden. Der Geruch von frisch gesägtem Holz mischt sich mit dem von Laub und Erde. Khadga hält die rostige Säge in der Hand, während er sein Ergebnis begutachtet.

»Zwei Bambusstämme müssten reichen für den Stall«, fällt das Urteil aus. Mit einer Kopfbewegung weist er mich und Anna an, den gefällten Baum ins Dorf zu tragen. In Nepal nutzt man das schnell wachsende Holz des Regenwalds für einfach alles. Aus den jüngeren Pflanzen flechtet man Körbe und webt Matten, aus den bis zu 25 Meter hohen Stämmen ausgewachsener Bäume baut man ganze Häuser, Zäune, meterhohe Baustellengerüste oder wie heute eben einen Ochsenstall.

Wir gehen direkt an die Arbeit. Ich bücke mich und greife das dickere Ende des Bambus. Das Holz ist schwerer als gedacht. Mit einer Hand suche ich vergeblich nach etwas Grip auf der glatten, grün glänzenden Oberfläche. Also umschließe ich das Holz mit beiden Händen und fächere meine Finger auf der Unterseite ineinander. Anna steht hinter mir und tut das Gleiche. Der Abtransport ist ein wahrer Kraftakt, denn der steile Weg, der nicht wirklich einer ist, ist von allen Seiten mit Regenwald zugewachsen. Die Hitze bringt meine Haut zum Schwitzen. Der frische Schweiß auf meinem Kopf erinnert mich an das höllische Jucken.

Wir erreichen den Hang hinter Khadgas Haus, wo schon ein mit Erde aufgeschüttetes Plateau vorbereitet ist. Langsam legen Anna und ich den fünf Meter langen Bambus ab. »Geschafft!« Anna atmet tief durch und streift mir über meinen Arm. Doch ihre Berührung brennt auf der Haut. Ich sehe genau hin und entdecke einen Ausschlag, der langsam den Arm hinaufwandert.

Khadga ist sich sicher: »Eine Bambusallergie!«

Ich bin verwundert: »Gegen Bambus kann man allergisch sein?«

»Klar. Kommt nicht oft vor, aber das gibt es. Und ihr Westerners seid die Natur einfach nicht gewohnt.« Unser Gelächter schallt über die Reisterrassen. Vor allem Anna scheint sich über Khadgas Humor zu amüsieren.

»Khadga, du wirst nicht glauben, wie oft ich Michael auf der Reise gesund pflegen musste. Nach einem Allergietest riet ihm sein Arzt in Deutschland, er solle das Haus besser nicht mehr verlassen. Jetzt ist er hier in Nepal und steht mitten in der Nacht unter der Dusche, um seine Haut zu beruhigen.« Trotz Juckreiz kann ich mir das Lachen nicht verkneifen.

Khadga erheitert Annas Anekdote. Er schaut mich mitleidig an und schüttelt grinsend den Kopf. »Wenn ich euch hier weiterarbeiten lasse, landet heute Abend noch einer im Krankenhaus.« Das will er uns während der Pandemie nicht zumuten. Er schreibt mir den Namen der Salbe auf, die für Linderung sorgen soll, und schickt uns von der Baustelle. »Lasst uns einfach morgen weitermachen.« Khadga verspürt keine Eile und legt die Säge aus der Hand. »Dann dreht der Ochse eben noch eine weitere Runde durch das Dorf.«

Es fühlt sich seltsam an, plötzlich wieder derart Geschwindigkeit aufzunehmen. Auch unser Motorroller wirkt überfordert. Ich musste bestimmt zwanzigmal den Kickstarter treten, bis er angesprungen ist. Eigentlich wollten wir das flotte Zweirad damals nur einige Tage behalten, doch daraus sind mittlerweile zweieinhalb Monate geworden. Ravin vom Rollerverleih meinte per WhatsApp schon, er werde uns bloß die vereinbarten sieben Tage berechnen, da wir den Roller im Lockdown eh nicht benutzen konnten.

Nervös biege ich von unserer kleinen Bergstraße links auf die Hauptstraße des Dorfes. Anna sitzt hinter mir und krallt sich mit beiden Armen fest um meinen Bauch. Bei den Bodenwellen schlagen unsere Helme leicht gegeneinander. Meine mittlerweile lang gewordenen blonden Locken flattern im Gegenwind gegen Annas Visier. Wir sind das einzige Fahrzeug auf der Straße, ansonsten sind bloß Einheimische zu Fuß unterwegs. Zum allerersten Mal seit dem Morgen des 24. März sind wir wieder *on the road*.

Wir verlassen das Dorf. Nach dem letzten tiefen Schlagloch beschleunige ich unsere Honda. Die nächste Linkskurve nehme ich so weit außen wie möglich, um im nepalesischen Linksverkehr keinem waghalsig überholenden Auto in die Quere zu kommen. Doch kein Auto kommt. Es fühlt sich gut an, wieder Fahrtwind um die Nase zu spüren. Rechts eröffnet sich uns der Blick über den Phewa-See, und die ersten Häuser der Stadt tauchen auf. Ich fahre langsamer als vor dem Lockdown, denn niemand rechnet jetzt hier mit Verkehr. Nepalesen schlendern zu Fuß mitten über den löchrigen Asphalt. Die einen kommen aus der Stadt, die anderen wollen hinein.

Bloß ein Mann mit dunkelblauer Uniform, schwarzen Stiefeln und einer schwarzen Maske im Gesicht geht uns nicht aus dem Weg. Auf der Brust hat seine Uniform einen goldenen Streifen, in der Hand hält er locker einen hüfthohen Stock aus Holz. Er winkt mit der flachen Hand nach unten, als er uns kommen sieht, und gibt uns damit zu verstehen, dass wir anhalten sollen.

Ich nutze die letzten Meter, die ich rolle, um mit der rechten Hand hektisch in der Hosentasche nach meiner Maske zu suchen. Vergebens. Wir kommen zum Stehen, und der Polizist redet im energischen Nepalesisch auf uns ein. Seine dunklen Augen schüchtern mich ein.

»Sir, Apotheke, Apotheke«, versuche ich ihm den Ernst der Lage klarzumachen.

»Lockdown!«

Der Polizist zeigt sich wenig kompromissbereit, versteht kein Wort und bemüht sich kaum, weiter mit uns zu kommunizieren. Er signalisiert uns, dass wir den Roller nicht benutzen und zu Fuß weitergehen sollen. Wir folgen seinem Befehl, parken den Roller in der letzten Kurve und durchkreuzen die Polizeisperre wenig später zu Fuß. Dieses Mal bemerkt er uns nicht mal.

Ein ungewöhnliches Bild erwartet uns in der Stadt. Offenbar sind wir doch nicht die einzigen Westerners, welche in der Pandemie in Nepal ausharren. Auf dem Bürgersteig eines Hostels sitzt nämlich ein kleiner, älterer Hippie mit einer typisch nepalesischen Mütze und weißem Vollbart. Er scheint uns als Gleichgesinnte zu erkennen, mit einem breiten Strahlen winkt er uns zu sich.

»Ihr hattet Glück!«, sagt er und erzählt, dass der Polizist den Nepalesen ihre Schlüssel abnimmt und sie mit dem Stock zurück in ihre Häuser knüppelt. Doch er beruhigt uns: »Ihr seid weiß, ihr seid sicher.« Geschockt über seine zynische Aussage, fällt mir ein, dass ich mich vor dem Lockdown schon gewundert hatte, wie die Polizei der Stadt offenbar zwischen zwei Klassen trennt. Denn für uns Touristen gibt es hier eigene Polizisten. Uns beschützen Beamte mit einer anderen Uniform, mit freundlich wirkenden hellblauen Hemden und der gelb leuchtenden Aufschrift *Tourist Police*. Wir sind vor Schlägen sicher, und mit der Polizei der Einheimischen in der dunkelblauen Uniform kommt man als Westerner in der Regel selten in Kontakt. Außer eben im Lockdown, wo mangels Reisenden auch keine Touristenpolizei patrouilliert.

»Ich bin Mario, schön, euch kennenzulernen«, stellt sich der Hippie auf Englisch mit italienischem Akzent vor. Zu unserer Verwunderung erzählt er, dass noch einige Westerners in Lakeside seien. All jene eben, die im Westen kein Zuhause mehr haben. Während Anna das Gespräch mit dem quirligen Mann weiter vertieft, kommt noch ein zweiter aus dem Eingang des Hostels in unsere Richtung. Er starrt uns mit weit aufgerissenen Augen an, als fühle er sich von jemandem verfolgt. Ich erzähle von unserem Plan, zu warten, bis die Grenze wieder öffnet, und bis dahin in den Tag hinein zu leben.

Wie wir von Mario erfahren, lebt er seit Jahren abwechselnd in Nepal und in Indien. Die Visabestimmungen machen es möglich, denn Nepal erlaubt Auswärtigen einen fünfmonatigen Aufenthalt pro Jahr. Danach zieht Mario für das restliche Jahr nach Indien, um, sobald das neue Kalenderjahr beginnt, wieder Anrecht auf fünf Monate in Nepal zu haben. Der sogenannte *Visa Run* ist eine gängige Methode unter den ausgewanderten Hippies. Auch Mario weiß in diesen Tagen nicht, wie es mit seinem Leben weitergeht. Genau wie wir ist er aktuell ohne gültiges Visum im Land, denn durch den Lockdown hat auch das Büro der Einwanderungsbehörde geschlossen. Einen Verlängerungsstempel im Pass gab es auch bei ihm schon lange nicht mehr.

Mario blickt zu dem anderen Mann, der ebenfalls Ende fünfzig sein dürfte und dem Gespräch bis jetzt als Zuhörer beiwohnt: »Freunde, das ist Martin aus den Vereinigten Staaten.« Wir begrüßen ihn, doch er verzieht immer noch keine Miene.

Anna versucht, die unangenehme Stimmung zu lockern: »Dich zieht wohl auch nichts mehr nach Hause?«

»Doch. Meine kranke Mutter liegt im Sterben.«

Annas Gesicht läuft rot an. Ich sehe, wie peinlich es ihr ist, ins Fettnäpfchen getreten zu sein. Dann kommt der Amerikaner ins Reden. Er hofft aktuell darauf, dass der Flughafen wieder öffnet, denn seine Mutter warte bloß darauf, ihn noch einmal wiederzusehen. Doch sein Herz scheint zerrissen zu sein; seit Jahren drückt er sich davor, in die Heimat zurückzureisen. Seine Familie hat er ewig nicht gesehen.

»Daheim wartet die Spritze mit dem Chip auf mich.« Ich bin verwundert, weiß nicht, wovon er redet, und frage weiter nach. Was folgt, ist das Absurdeste, was mir in den Bergen Nepals bis zu diesem Tag begegnet ist. Martin erzählt uns von Bill Gates, den ich bis dahin bloß als reichen Softwareunternehmer kenne. Er plane, allen Menschen einen Chip unter die Haut zu jagen, um uns zu kontrollieren. Um dies zu ermöglichen, habe er eine Pandemie geschaffen. Martin ist sich sicher, das sei der Grund, weshalb Gates die Erforschung von Corona-Impfstoffen mit Millionen von Dollars forciere. Dann hätte er endlich seine eigene Waffe entwickelt, die er für seine Pläne benötige. »Ich mache mir da nix vor«, ergänzt er seine Behauptungen.

Er erzählt, dass Google Maps schon lange, bevor wir es kannten, von amerikanischen Geheimdiensten genutzt worden sei, um uns mit Satelliten aus dem Weltall zu überwachen. Anscheinend gibt es Dinge, die an Anna und mir bisher komplett vorbeigegangen sind. So auch die Satelliten, die so sensibel sind, dass sie aus dem All gerade jedes einzelne Wort von uns aufzeichnen.

Martin ist sich sicher: »Wenn ich in die USA einreise, bin ich fällig. Ich weiß zu viel. Ich bin eine Gefahr für die Elite, die uns beherrschen will.«

Während ihm die ersten Schweißperlen die Stirn runterkullern, sehe ich zwei nepalesische Frauen barfuß durch die Gasse laufen. Sie tragen riesige Weidenkörbe auf ihren Rücken, deren Gewicht an einem Seil lastet, das sie um ihre Stirn gebunden haben. Sie schreien laut durch die Straße, immer und immer wieder. Offenbar rufen sie den Einheimischen den Namen des Gemüses zu, welches sie im Korb zum Verkauf anbieten. Aus der anderen Richtung kommen uns drei Jungs, nicht älter als zehn, entgegen. Ihre Kleider sind dreckig, die Haare zerzaust. Jeder von ihnen trägt eine durchsichtig-milchige Plastiktüte zwischen den schmutzigen Fingern. Langsam und mit schläfrigen Augen tauchen sie nacheinander mit ihrem ganzen Gesicht in die Tüte, um einen tiefen Atemzug zu nehmen. Einer lässt danach gelöst seinen Kopf in den Nacken fallen und stöhnt mit geschlossenen Augen tief auf. Die schnüffeln Klebstoff. Als sie auf unserer Höhe sind, schreien sie uns im Vorbeigehen an: »Geld, bitte! Geld!« Martin greift in seine Tasche und streckt jedem zwanzig Rupien hin. Das reicht wohl für den nächsten Trip.

Während Anna und ich der Straße Richtung Stadtzentrum folgen, auf der Suche nach der ersten Apotheke, geht mir Martin nicht mehr aus dem Kopf. Ich bin geschockt, mit welch einer Überzeugung er uns von seiner Wahrheit erzählte. Eine Elite aus wenigen mächtigen Menschen soll die Geschicke der Welt bestimmen? Ich frage mich, wer diese Elite wohl sein soll.

Eine ungewohnte Stille umgibt uns in dieser typisch nepalesischen Straße. Keine hupenden Autos, keine aufheulenden Roller, keine penetranten Fahrer von Tuk-Tuks, keine Taxifahrer, die einen am liebsten an den Armen ins Auto ziehen möchten. Man hört Hunde bellen, die im Rudel anscheinend die Oberhand über die Straße gewonnen haben; da sind frei laufende Kühe, deren Hufe auf dem Asphalt klackern; Nepalesen, deren Sprache wie Musik in meinen Ohren klingt; und der zarte Windhauch, der sich durch die Stadt am Fuße der höchsten Berge der Welt seinen Weg bahnt.

Typisch für das Touristenviertel Lakeside ist die Straße gesäumt mit Hotels, Restaurants, Souvenirläden und kleinen Cafés. Doch hinter den staubigen Fensterscheiben fehlt das Leben. Das Einzige, was uns hier anstrahlt, sind die bunten Farben der blechernen Rolltore, welche das Herz des Viertels verschließen. Bloß ein paar wenige Tore sind geöffnet, wo anscheinend Einheimische einkaufen. Rechts von uns liegt genau so ein Laden. Darin stapeln sich große, rosa-goldene Dreißig-Kilo-Säcke aus Plastik in vier Reihen, sicher mit Reis drin. Daneben stehen, ebenfalls übereinandergestellt, Eierkartons mit jeweils 25 Eiern pro Lage. Davor in einer Linie vier Kochgasflaschen, genau wie die unter unserem Gasherd, die mittlerweile wieder gegen eine volle eingetauscht wurde. An der seitlichen Wand sind wiederum weiße Säcke aus gewebtem Kunststoff bis zur Hälfte aufgerollt, sodass man sich mit einer Handschaufel getrocknete Bohnen, Kichererbsen, Linsen, Mais oder Chilischoten abfüllen kann. Über der Ladentheke hängen die für Asien typischen Chips- und Nusstütchen, kleine Snacks für zwischendurch. Der Inhalt der Tüten füllt, wenn es hochkommt, bloß zwei Hände voll.

Die Verkäuferin sitzt grimmig auf einem Holzhocker vor dem Laden und wartet auf Kundschaft. Neben ihr ein Holzschild mit der englischen Aufschrift aus gelber Kreide: »Nicht hereinkommen, nicht gegenseitig berühren«. Obendrüber hängen medizinische Masken an einem Haken zum Verkauf.

Khadga hat uns vorher noch mit den in der Stadt geltenden Hygienemaßnahmen instruiert: Abstand halten, Maske tragen und Hände regelmäßig desinfizieren. Ob wir unsere Masken auch auf der Straße tragen müssen, wissen wir nicht. Da es aber einige Nepalesen tun, tragen wir sie ebenfalls.

Vor dem nächsten Rolltor mit einem blauen Anstrich sitzt eine dürre Einheimische auf dem Boden vor einem Bambuskorb, welcher mit einem Deckel verschlossen ist. Vor ihr ist eine weiße Plastiktüte auf dem staubigen Asphalt ausgebreitet, die voller Blut ist. Daneben liegt ein Holzbrett mit einem Messer mit abgenutztem Griff. Mit ihrer ebenfalls mit Blut verschmierten Hand öffnet sie den Deckel des Korbs und zieht mit der anderen einen erlegten Fisch heraus. Unter dem Blut auf der Hand kann man ihre faltige Haut erkennen. Sie greift nach dem Messer, um den ersten Stich in den toten Körper des Fisches zu setzen. Blut spritzt über den dreckigen Boden.

Das nächste Rolltor einige Meter weiter ist kniehoch geöffnet. Als wir fast vorbei sind, rattert es plötzlich mit lautem Krachen nach oben. Ein großer Nepalese mit schwarzer Beatles-

Frisur und einem dicken Oberlippenbart spricht uns an: »Bitte, kommt rein. Ich will euch etwas zeigen.«

Ohne einen Moment lang darüber nachzudenken, was er von uns will, wechseln wir die Richtung und gehen mit dem Mann nach innen. Hinter uns hängt er sich mit seinem ganzen Körper an die Griffe des blauen Rolltors und schiebt es mit donnernder Wucht wieder nach unten. Uns ist etwas mulmig dabei, nicht zu wissen, was jetzt kommt. Dann beginnt er schnell zu reden: »Bitte, schaut euch um! Alles handgemacht. Hier, typisch nepalesische Hemden, Sir. Und dort bunte Blusen, Madam. Wir haben auch warme Sachen für den Winter aus Yakwolle. Oder Tücher aus Schafswolle.«

Nach zweieinhalb Monaten im Lockdown, eingesperrt in unserer kleinen Hütte, stehen wir ganz unverhofft plötzlich mitten in einem dieser unaufgeräumten Kleiderläden für Touristen, und ein hochgewachsener Nepalese nuschelt uns sein Sortiment durch seine Maske zu. Links von mir T-Shirts mit dem Kopf Buddhas, rechts ein Pulli mit einem überdimensionalen Marihuanablatt, vor mir ein ärmelloses Shirt mit einem bunten Mandala. Ich bin überrascht, dass der Mann trotz Lockdown immer noch im Laden ausharrt. Dann erklärt er uns, wie schrecklich die Lage für ihn ist. Eigentlich lebt er nur während der Touristensaison hier, ansonsten ist er bei der Familie auf dem Land, vier bis fünf Stunden von hier entfernt. Plötzlich, von heute auf morgen, war er hinter dem Rolltor eingesperrt. Kaum vorstellbar, er schläft seit Wochen hier im Laden auf dem Boden. Es gibt nicht mal ein Fenster. Seine Familie ist weit weg.

Dann geht sein Blick traurig nach unten. »Sonst lebe ich ein halbes Jahr vom Gewinn einer Saison. Und jetzt? Reicht's nicht mal, um über den Tag zu kommen.« Verkaufen tut er mittlerweile weit unter seinem eigenen Einkaufspreis, er ist auf das Geld angewiesen.

Er ist so verzweifelt, dass er den Laden täglich öffnet, obwohl es illegal ist. Vor zwei Wochen schlug die Polizei ihm schon einmal mit einem Knüppel gegen die Rippen, was er heute noch merke. Doch er hat keine Alternative. Bloß das Leben als Bettler auf der Straße könnte ihm noch blühen. Ich frage ihn, wie er ohne Touristen denn Geschäfte machen könne. Denn ich ahne, dass Einheimische hier keine bunten Buddha-T-Shirts kaufen.

»Alle hier im Viertel sind auf der Jagd nach den Letzten von euch!«, berichtet er. Hotels nutzen geheime Eingänge, Cafés öffnen den hinteren Ladenbereich, und Restaurants stellten um auf Straßenverkauf. Und er schiebe eben schnell das Tor hoch, sobald er weiße, nackte Westerner-Knöchel auf dem Gehweg sehe. Er zieht bittere Bilanz: Ohne die letzten Touristen, die noch nicht aus Nepal geflohen sind, wäre er heute schon verhungert. Vergleicht man die Zahlen mit denen einer normalen Hochsaison, ist wirklich fast niemand mehr hier. Sonst kommen an einem Tag Hunderte Leute in seinen Laden. Heute werden wir die Einzigen bleiben.

Nach dem Gespräch den Laden einfach so wieder zu verlassen, ohne etwas mitzunehmen, würde sich mies anfühlen. Dann ist es nun eben an der Zeit für mein erstes gekauftes Souvenir der Reise. In jedem anderen Land habe ich diese Läden mit ihren meist anstrengenden Verkäufern gemieden. Hier fällt mir direkt ein graues T-Shirt ins Auge mit der markanten Silhouette der Annapurna.

»Anna, hast du Lust, den *Never made it to Annapurna*-Club zu gründen?« Anna muss lachen, als ich ihr unser Scheitern in den Bergen wieder ins Gedächtnis rufe.

Bepackt mit einer Einkaufstasche, erreichen wir die Apotheke. Es tut gut, endlich die Medizin zu erhalten, die mich von dem unsäglichen Juckreiz befreien soll. Gerade als wir uns auf den Rückweg begeben, kommt uns eine Gruppe Westerners entgegen. Hippies. Masken brauchen sie offenbar nicht zu tragen, Schuhe ebenso wenig wie die Männer T-Shirts und die Frauen BHs. Von der 1,5-Meter-Abstandsregel, die es auch bis zum Fuß des höchsten Gebirges der Welt geschafft hat, machen sie sich, selbstständig und freiheitsliebend, wie sie sind, gänzlich frei. In einer Kultur, in der die Einheimischen Arme und Beine aus Respekt voreinander stets bedeckt halten, laufen sie halb nackt durch die leeren Straßen der Stadt und genießen sichtlich alle Privilegien, die ein Westerner in Nepal eben hat – sie umarmen und küssen sich, trinken und kiffen. Die Polizei schaut zu, während sie Nepalesen im Lockdown bei dem gleichen Verhalten mit Stöcken vermöbeln.

Was ich sicherlich seit Beginn meiner Reise mit den selbst erkorenen Hippies teile, ist die grenzenlose Faszination für die Fremde. Eine unendliche Neugier für Fernost, geprägt vom Hinduismus und Buddhismus. Doch je mehr ich das Wesen der Hippies zu verstehen denke, je tiefer ich von ihrer Liebe zur Freiheit berührt werde, desto mehr habe ich den Eindruck, dass manche noch suchend um den Kern der fernöstlichen Lebensphilosophien kreisen. Gegenseitiges Mitgefühl sieht anders aus, als sich das zu nehmen, wovon andere ausgeschlossen sind. Und in dieses Tagen ist es ganz besonders bizarr.

Während die vierköpfige Gruppe an uns vorbeizieht, wandert mein Blick wieder zu der Frau, die auf dem Boden den Fisch für ihre Kunden ausnimmt.

Plötzlich höre ich eine laute Stimme mit südeuropäischem Akzent: »Kaum zu glauben, Michael! Du bist hier?« Ich drehe mich um. Verrückt. Es ist Maria aus Portugal. Während meiner ersten beiden Wochen in Indien, kurz bevor ich mich auf den Weg in den Norden machte, reisten Maria und ich gemeinsam mit einem britisch-französischen Paar, das seit sieben Jahren unterwegs ist, und zwei japanischen Studenten durch den indischen Regenwald nahe Bangladesch. Das Letzte, was ich in diesem Lockdown erwartet hätte, ist, hier jemanden zu treffen, den ich kenne.

Wir umarmen uns herzlich, meine Arme berühren ihre unbedeckten Schultern. Küsschen rechts, Küsschen links, dann kriegt Anna ihre begrüßende Umarmung.

»Anna, das ist Maria«, stelle ich sie vor. Vor ein paar Wochen sind wir noch gemeinsam über die Wurzelbrücken Meghalayas in Indien gewandert. Wir hatten eine gute Zeit zusammen. Seit ich reise, war es das erste Mal, dass ich mich einer Gruppe angeschlossen habe.

Anna erinnert sich aus meinen Erzählungen an Maria. »Du bist die, die in Myanmar diese krasse Freiwilligenarbeit gemacht hat, richtig?«

»Ja, das stimmt. Wenn ich daran denke – die meisten AIDS- und Tuberkulosekranken auf der Station leben heute vielleicht nicht mehr.«

Während Anna und Maria ins Gespräch kommen, gehe ich nebenan zu dem kleinen Laden mit dem unübersehbaren

Schild über dem Eingang: *German Bakery*. Der Innenbereich der »Deutschen Bäckerei« scheint gesperrt zu sein, doch die Außentheke hat geöffnet.

Anna und Maria sitzen schon auf der Bordsteinkante, als ich eine große Tüte voller mit Schokolade gefüllter Teilchen und für jeden einen schwarzen Filterkaffee mitbringe.

»Maria, weißt du noch, wie wir per Anhalter vom Regenwald wieder zurück nach Guwahati wollten?« Damals hatte uns ein französisches Paar mit zwei Kindern in seinem umgebauten Lkw mitgenommen.

»Klar, Charlotte, Julien und die süßen Kinder.« Maria erzählt, dass die Familie bis vor ein paar Wochen in einem Dorf bloß drei, vier Kilometer weg von hier gestrandet war. Doch die Einheimischen redeten ihnen ein, der Lockdown in Nepal könne gefährlich für die Kinder werden. Dann haben sie den letzten Rettungsflug nach Frankreich genommen und den Lkw in einem Hinterhof in Kathmandu geparkt. Maria und ich beginnen in Erinnerungen zu schwelgen, als plötzlich ein mit schwarzem Hemd und Bluejeans bekleideter Junge vor mir steht. Mit leerem Blick schaut er mich sekundenlang bloß an. Mir ist es unangenehm, denn ich ahne, dass ich gerade wieder angebettelt werde.

»Ich habe Hunger«, bestätigt er meine Vermutung. Ich schüttele den Kopf, will verhindern, dass er sich am Ende noch Klebstoff zum Schnüffeln von meinem Geld holt. Mein Blick weicht ihm unsicher aus.

Dann versucht er es bei Maria. Ohne zu zögern, steht sie auf: »Ich bin gleich wieder da!« Sie geht zu dem kleinen Laden gegenüber mit den Reissäcken, den Eiern und den Chips über der Theke. Zwei Flaschen Wasser und ein Bündel Bananen heitern das Gesicht des Jungen einen Moment lang auf. Er läuft davon. Als er bei einem kleinen, abgemagerten Kalb, welches die ganze Zeit schon die Straße hoch- und runterläuft, stehen bleibt, trau ich meinen Augen nicht: Er reißt eine Banane ab, schält sie ohne Hektik und hält sie dem Kälbchen hin. Es frisst aus seinen Händen.

Es ist ein Gefühl von Scham, das mich überkommt und das seinen Anfang bei meiner Hippiefreundin Maria nahm. Ich sollte mir wohl besser an die eigene Nase fassen, anstatt andere immer in Schubladen zu stecken und zu verurteilen. Wahrscheinlich blicke ich durch die Hippies, die mir begegnen, bloß in den Spiegel meiner selbst. Ich gehöre doch selbst zu denen auf der Erde, die vom Glück verwöhnt sind. Nur wenige andere Völker auf dieser Erde können Grenzen so frei übertreten wie wir Mitteleuropäer. Man hat mir meine Ausbildung bezahlt. Geld, das ich im Vergleich zu anderen Menschen auf der Welt ziemlich leicht verdient habe, ist hier so viel wert, dass ich Jahre damit auskommen könnte. Ich bin der Reiche. Der Westerner mit Sonderrechten. Ich bin Tourist. Ich entscheide, wer an meiner Reise verdient und wer nicht. Die Menschen sind abhängig vom Tourismus. Von mir. Kein Tourismus, kein Geld. Kein Geld, kein Leben. Bei der Pyramide stehe ich ganz oben. Das ist wohl mein Platz im weltweiten Kastensystem.

Ich muss immer noch an den verrückten Amerikaner Martin denken. Die Elite, welche die Welt beherrscht. Sind nicht genau wir es, die mit unseren Geldscheinen winkend die Zügel des Globus in der Hand halten? Seit ich unterwegs bin, schwirrt mir diese Frage durch den Kopf: Mit welchem Recht reise ich überhaupt?

Auf dem Rückweg in unser Dorf gehen wir bei Indras Familie vorbei. Als Überraschung haben wir ihnen drei süße Schokoteilchen aus der *German Bakery* mitgebracht. Wir möchten uns endlich für die vielen Einladungen zum Tee revanchieren. Rachana strahlt wie jedes Mal, und Indra bittet uns, auf dem Boden Platz zu nehmen. Es fühlt sich vertraut an, hier zu sein. Bei Indra kann ich einfach ich selbst sein.

In Gedanken bin ich noch beim aufwühlenden Tag in der Stadt. Ich teile meine Fragen mit Indra, denn ich bezweifle, ob wir Touristen Nepal nachhaltig guttun. War denn deren Leben schlecht, bevor wir Menschen aus dem Westen kamen?

»Michael, weißt du, von welcher Welt meine Eltern mir erzählt haben?«, stellt Indra mir die Gegenfrage. Die Menschen hatten nichts. Sie hatten ihre Ochsen, um den Pflug zu ziehen; sie hatten Ziegen als Milch- und Fleischlieferanten; sie hatten ihr Stück Feld, um sich selbst zu ernähren. Mit dem Tourismus kamen die Vertreter einer materiell hochgerüsteten Kultur. Sie lehrten seine Eltern, Dinge zu brauchen, von denen sie vorher nicht gewusst hatten, dass sie überhaupt existieren. Sie brachten Technik, Mobilität, ja, sie brachten Bildung und Fortschritt. Nach Tausenden von Jahren als einfache Bauern zeigten sie dem Land, dass mehr möglich war. Die Nepalesen sahen zu den ersten Westerners auf und bestaunten, wie gut man es doch haben kann. Über Jahrzehnte lösten sie sich von ihrer natürlichen Genügsamkeit, sie wollten mehr und genauso leben wie sie. Die eigene Kultur genügte plötzlich nicht mehr, sie begannen an ihr zu zweifeln. Menschen glaubten, die eigenen Traditionen überwinden zu müssen, um eine bessere Zukunft zu haben. Indra wirkt ernst, während er von seinen Eltern berichtet.

Durch seine Worte scheint mir etwas bewusst zu werden. Kulturen, die sich über eine lange Zeit bewährt haben und stabil waren, knacken sich selbst mit der Brechstange. Mit dem Ziel, den Status einer Industrie- und Konsumgesellschaft zu erlangen. Heute ist Nepal tief gespalten. Die einen möchten so schnell wie möglich modern sein, ziehen in die Stadt oder wollen nach Europa oder in die USA auswandern. Die anderen leben auf dem Land, wie früher, fürchten den Wandel und haben einen Feind: den Materialismus des Westens.

»Michael, du hast die Welt gesehen. Steht Nepal in dieser Sache allein da?« Indra schaut mich fragend an. Als ich zum ersten Mal in meinem Leben ein fremdes Land bereiste, glaubte ich fest daran, dass andere Kulturen von der Aufgeklärtheit des Westens und der Moderne lernen können. Mit jedem weiteren bereisten Land wurde mir langsam klar, wie eurozentrisch diese Sicht doch war. Denn in der Fremde sah ich nicht bloß den Fortschritt, welcher die westliche Orientierung brachte. War es nicht vor allem die Verbundenheit zur Natur, die den Menschen an den entlegensten Orten dieser Welt durch die rasante Veränderung abhandenkam? Und mündete die Abnabelung nicht immer wieder in Zerstörung der Natur? Auf meiner Reise ist mir die komplette Bandbreite begegnet.

Über Weihnachten meldete ich mich für ein Schweigeretreat in den Bergen einer thailändischen Insel an. Dass Koh Samui eine der bestbesuchten Trauminseln Thailands ist, mit Luxushotels und florierendem Nachtleben, wurde mir erst vor Ort richtig klar. Vor meiner mentalen Ruhepause schlenderte ich über eine Partymeile direkt am Meer, vorbei an einer Pizzeria, dem Irish Pub und einer McDonald's-Filiale. Dahinter das abgezäunte All-inclusive-Resort mit Privatzugang zum Meer. Ich fand Thailand an vielen Orten, doch wenig davon auf dieser Insel.

In China lebte ich mit anderen Volunteers in einem Shaolin-Kloster. Wir halfen in der Küche, die vielen Kung-Fu-Schüler zu bekochen, und ernteten in den Bergen die Bananenpalmen ab. Nach Feierabend sah ich auf der Dachterrasse junge Europäerinnen, zum Teil noch keine zwanzig Jahre alt, die im Bikini sonnenbadeten und bei ihrem täglichen Yoga viel Haut zeigten. Daneben befand sich der verglaste Meditationsraum der Mönche, die sich im geschützten Raum ihrer Praxis hingeben wollten. Nachdem unser Betreuer die Mädchen auf die asiatische Art, durch die Blume, um mehr Respekt gegenüber der Lebensweise im Kloster bat, rebellierten die jungen Frauen aus dem Westen gegen die jahrhundertealte Bekleidungskonvention im Tempel.

Ich reiste mit Maria in den indischen Regenwald, dem Ultra-Geheimtipp unter den nach authentischen Erlebnissen süchtigen Reisenden. Im Gegensatz zu Koh Samui ist es hier noch nicht lange her, dass der erste Europäer die Vorzüge dieses Ortes entdeckt hat. Es waren die spektakulären Wurzelbrücken, welche die tiefen Schluchten der Berge lediglich mit ineinander verwachsenden Baumwurzeln verbanden. Erste westliche Pioniere eroberten den mystischen Ort und tauchten für kurze Zeit in das Leben der ansässigen Naturvölker ein. Fernab der

Zivilisation schafften es die von der Natur gebauten Brücken schließlich in den Reiseführer von Lonely Planet. Seitdem wimmelt es dort nur so von Touristen. Ein Investor aus der Stadt baute das erste Hostel in das Dorf, in dem Maria und ich zu Gast sein durften. Wir suchten den Kontakt zu den Dorfbewohnern. Die einen fanden Gefallen am neuen Geschäftsmodell und wollten Teil davon sein, die anderen verfluchten den Hostelbetreiber, denn wie man hörte, litten schon die ersten empfindlichen Wurzelbrücken unter der Last der Besucher. Für die Einheimischen sind die Brücken überlebenswichtig – wenn der Monsun kommt und sich die Bäche in den Tälern in reißende Flüsse verwandeln, wäre die Bevölkerung dort ohne die Brücken von der Außenwelt abgeschnitten.

Ich nahm die Fähre auf die Insel Olchon im sibirischen Baikalsee. Früher trafen sich dort die Schamanen der Gegend, um sich am heiligen, mittlerweile bei Touristen beliebten Schamanenfelsen mit ihren Ahnen zu verbinden. Heute steht dort ein buntes Zirkuszelt, und bezahlte Scharlatane haben den mystischen Ort mit ihren Shows besetzt. Einheimische protestieren auf den Straßen gegen die Touristen, da sich aufgrund der fehlenden Infrastruktur für den Massentourismus die Insel von selbst zerstört. Fäkalien und Müll landen in der Hauptsaison ungefiltert im einst saubersten See der Welt.

In der Mongolei sehnte ich mich nach einem Einblick in das Nomadenleben, wollte aber nicht mit irgendeiner für Touristen gebauten Jurte abgespeist werden. Vorher auf der Reise gelangte ich oft per Anhalter unerwartet mitten in eine fremde Welt hinein, weit weg vom Tourismus. Doch in der Mongolei sind die Distanzen und gleichzeitig die Gefahren zu groß, um für die Nacht irgendwo in der endlosen Steppe zu stranden. Zelten im Sommerschlafsack war mir bei nächtlichen minus fünfzehn Grad zu riskant. So ließ ich das Hitchhiken sein und wurde von öffentlichen Verkehrsmitteln abhängig. Die Wahrscheinlichkeit sank, hier irgendwo echte Nomaden zu treffen.

Ich durchforstete das Internet und fand die beiden Airbnb-Nomaden Ochir und Tsegi. Der Kontakt lief über die Tochter, die Englisch sprach und selbst als Studentin in der Hauptstadt lebte. Ein Bus fuhr zehn Stunden lang durch die Steppe, um mich mitten in der Nacht irgendwo im Nirgendwo rauszulassen. Ochir, der Vater der Familie, holte mich eine Viertelstunde später mit seinem Motorrad ab und brachte mich unter dem klarsten Sternenhimmel, den ich je gesehen hatte, zu seiner Jurte. Während ich vorher jahrelang von Nachhaltigkeit geredet hatte, lernte ich dort, was sie tatsächlich bedeutet. Wasser trank man aus dem Fluss nebenan. Geheizt wurde mit getrockneten Yakfladen, welche ich tagsüber auf der unendlichen Weide einsammelte, denn Bäume für Brennholz gibt es in der Steppe nicht. Nahrung lieferte einem das Fleisch der eigenen Herde. Vielfalt im Speiseplan brachten die etlichen Verarbeitungsmöglichkeiten von Kuh-, Yak- und Kamelmilch.

Ochir und Tsegi waren moderne Nomaden, ihr Fernseher in der Jurte lief über ein kleines Solarpanel. Perfekte Bedingungen, denn hier gab es nichts, was Schatten auf das Solarfeld werfen konnte. Alle drei Monate war es für die beiden dann so weit: Mit Sack und Pack reiste man milderen Temperaturen hinterher. Alles, was nach dem Umzug an ökologischem Fußabdruck blieb, war eine runde Fläche im Gras, wo drei Monate lang kein Gras wachsen konnte. Und sogar die verwuchs sich spätestens im nächsten Frühjahr wieder. Ich als Tourist, mit denen sich die beiden ihr Schlafzimmer teilten, ließ mein Geld dort, mit dem sie das Internat für ihre beiden Kinder in der Stadt bezahlten. Daraus machten sie kein Geheimnis.

»Über Generationen waren wir Nomaden. Und heute macht der Fernseher in der Jurte alles kaputt. Unsere Kinder wollen auch so leben wie ihr. Sie wollen keine Nomaden mehr sein«, erfuhr ich anhand der Übersetzer-App am Handy, was Ochirs traurige Worte bedeuteten. Er befürchte das Ende dieser naturverbundenen Lebensweise.

Während wir unter dem Wellblech seines Lehmhauses sitzen, lauscht Indra gespannt meinen Geschichten. Er hält ein paar Sekunden lang inne, als müsste er erst mal verarbeiten, was er gehört hat.

Es macht ihn traurig, zu erfahren, dass anscheinend auf der ganzen Welt immer mehr Kulturen den Draht zur Natur verlieren. Vor der Pandemie arbeitete er selbst im Tourismus, und mit jeder Tour, die er als Trekking-Guide begleitete, wuchs auch sein schlechtes Gewissen. Woche für Woche brachte er Touristengruppen hoch zum Base-Camp des Mount Everest. Er spricht von einer Massenveranstaltung, zu der die Gipfelbesteigung des höchsten Berges der Welt mittlerweile geworden ist. Schon als kleiner Junge war er viel mit seinen Eltern in den Bergen, doch waren für sie die mehr als 8000 Meter hohen Gipfel heilig. Sie ließen die Berge ehrfürchtig Berge sein. Heute liegen dort oben die Leichen derer, die nie mehr zurückkommen. Außerdem leiden die Berge unter einem Müllproblem. Er habe das Gefühl, dass Touristen ausgerechnet das zerstören, was sie vorher suchten – wie die Wurzelbrücken in Indien. Die Menschen kämen ihretwegen und zerstörten sie gleichzeitig.

Ich weiß, ich bin Teil des Problems. Am Anfang der Reise wollte ich mich selbst nicht mal Tourist nennen. Ich wollte Reisender sein, auf der Suche nach authentischen kulturellen Eindrücken. Diese lebten von ihrer Unvorhersehbarkeit und dem Zufall der Begegnungen. Doch wenn ich irgendwann wieder in Deutschland bin, werde ich meinen Freunden davon erzählen, wie Indra uns fast beim Nacktbaden im See erwischt hat. Ich werde von einem herzlichen Volk berichten. Ich werde vom Dal Bhat der einfachen Leute und dem magischen Blick in die Berge schwärmen. Genau wie ich damals von anderen inspiriert wurde, zu reisen, werde ich auch wieder Menschen zum Reisen animieren. Und genau damit bin ich unersetzlich im Rad des Tourismus.

»Hindus sprechen von Karma, das ist wie Ursache und Wirkung in einem ewigen Kreislauf«, erklärt mir Indra. Ins Nirwana komme der, der es vermag, aus diesem Kreis auszubrechen. Doch genau wie ich outet auch Indra sich als Teil davon. Touristen haben sein Leben verändert. Touristen haben ganz Nepal verändert. Und Nepal wird wiederum die Menschen verändern, die es bereisen. Er als Tourist-Guide wird weiter von ihren Empfehlungen profitieren.

Tourismus verändert vieles. Plötzlich bezahlen Reisende dafür, dass andere so kochen wie schon seit Ewigkeiten. Menschen werden dafür bezahlt, dass sie auf traditionelle Weise tanzen und singen. Dann wollen Reisende die gleichen Kleider tragen wie die Einheimischen, um sich einmal so zu fühlen wie sie. Schmückt sich ein Reiseziel mit dem Wort *Locals*, wirkt das gleich wie eine qualitative Aufwertung. So beauftragt man einheimische Guides, die einen durch die einst geheimnisvollsten Ecken einer Region führen. Wir Westerners haben keine Zeit zu warten, bis sich Zufälle oder spontane Einladungen ergeben. Denn Zeit ist Geld. Erlebnisse beim Reisen müssen am besten ein halbes Jahr im Voraus planbar in den dreiwöchigen Jahresurlaub passen. Ganz schleichend werden die eigentlichen Traditionen ausgehöhlt; einst authentische Erfahrungen werden nachgespielt und verkauft. Unter dem Deckmantel des Fortschritts, wachsenden Wohlstands und der Globalisierung wird die Vielfalt der Welt von der Gleichschaltung durch Geld, einer modernen Form des Kolonialismus, bedroht. Sogar die letzten Nischen werden besetzt. Unterkünfte sprießen schneller aus dem indischen Regenwald, als die Wurzeln der Brücken nachwachsen können. Alles wird miteinander verbunden, jeder konkurriert mit jedem, und alle vergleichen sich ständig miteinander.

Ich frage mich: Gab es jemals solch eine kulturzerstörerische Tätigkeit mit globaler Tragweite, wie es beim Tourismus der Fall ist? Gibt es weltweit eine andere Branche, die mehr ökologische Barbarei betreibt als die Reisebranche? Ich denke an Indras Worte, als wir ihn zum ersten Mal auf dem Feld trafen. Das Leid dieser Welt kommt gar nicht nur von dieser Pandemie. Unsere Erde und wir Menschen, die darauf leben, haben uns an einem kränkelnden System infiziert.

In der Nacht liege ich wach. Ich bin dankbar, denn der Juckreiz am Kopf, welcher mich in den Nächten davor malträtierte, ist verflogen. Anna hatte mir mein Haar Strähne für Strähne auf die Seite gekämmt, um mir die Salbe, die Khadga empfohlen hatte, auf die brennende Kopfhaut aufzutragen. Sie wirkt. Doch womöglich bin ich nicht für die Feuchtigkeit gemacht, die der Monsun Asiens uns bringt.

Leben und überleben lassen

15. Juni 2020

Um für etwas Abwechslung im Lockdown zu sorgen, weichen wir von unserem allmorgendlichen Ritual ab. Seit einigen Tagen mache ich uns morgens wieder ein richtiges Westerner-Frühstück: Haferflocken, geröstete Mandeln, Cashew- und Sonnenblumenkerne, Obst in Würfel geschnitten und Hafermilch darüber. Die Zutaten dafür haben wir bei unserem Besuch im großen Supermarkt in der Stadt letzte Woche gekauft. Anders als sonst sitzen wir heute beim Essen nicht in der Küche, sondern unten auf unserer überdachten Veranda. Khadga war seit zwei Tagen nicht mehr bei uns, er scheint zu tun zu haben. Dafür stolziert Jamunas Hahn vor uns hin und her. Er wartet, bis wir unsere leeren Müslischalen auf dem Boden abstellen, um neben uns die letzten Kernchen darin wegzupicken.

Es ist neun Uhr und schon fast dreißig Grad heiß. Die letzte Nacht brachte kaum eine Abkühlung. Am Himmel kreisen Adler in luftiger Höhe über dem Dorf. Ich beginne zu zählen. Siebzehn, achtzehn, neunzehn – bei zwanzig verliere ich den Überblick. Doch eines ist heute Morgen seltsam: Plötzlich ist da wieder eine ungewohnte Geräuschkulisse im Dorf. Ich verenge meine Augen ein wenig, um besser zu erkennen, was auf der Hauptstraße passiert. »Anna, siehst du das? Da fahren wieder Autos«, reiße ich sie aus ihrer Tagträumerei heraus. Und dann wird der allgemeine Lärm durch eine kratzige Männerstimme aus einem Lautsprecher ergänzt. Irgendwas passiert hier gerade, heute, nach drei Monaten im strengen Lockdown mit Ausgangssperre.

Ein dunkelblauer Polizeiwagen biegt unsere Straße den Berg hinauf ab. Es ist ein Pick-up mit zwei weißen, kegelförmigen Lautsprechern auf dem Dach, von denen einer nach links, der andere nach rechts die Gegend beschallt. Die Stimme wird lauter. Gerade so kann ich noch erkennen, dass vier Polizisten auf der Ladefläche sitzen. Dann verdeckt der mittlerweile zwei Meter hohe Mais mit seinen kräftigen, langen Blättern die Sicht auf das letzte Stück der Straße.

In dem Moment taucht Khadgas Mutter zwischen den Maispalmen auf der Reisterrasse neben uns auf. Nach getaner Arbeit nutzt sie unsere Veranda immer als Abkürzung. Sie trägt einen riesigen Weidenkorb, der mit einem Gurt um den Kopf gebunden ist, und ein langes Messer in der Hand. Jedes Mal, wenn ich sie sehe, kann ich nicht aufhören, sie anzustarren. Ihr orangerotes Kopftuch ist am Hinterkopf wie bei einem Piraten zusammengebunden. Unter dem Tuch fällt ein grauer, geflochtener Zopf heraus. Ihr Oberteil ist ein schwarz-rot-weißes Hemd, und um die Beine flattert eine weite grüne Baggy-Hose aus feinem Stoff. Um ihre Hüfte ist eng ein dickeres, aufgezwirbeltes Tuch gebunden, das ihr bei der Erntearbeit Halt im Rücken gibt. Beide Ohren sind mit goldenen Ohrringen geschmückt, und in ihrer Nase trägt sie ein Piercing. Das faltige Gesicht wird ergänzt durch einen roten Strich an ihrem Haaransatz. Mit dem hinduistischen Brauch, der schon über 5000 Jahre alt sein soll, wünschen Frauen ihren Ehemännern damit ein langes Leben. Was bei uns der Ehering ist, nennen die nepalesischen Frauen »Sindur«. Khadgas Mutter sieht großartig aus. Ihr Ehemann kann sich glücklich schätzen.

Als sie die Stimme aus dem Lautsprecher bemerkt, schaut sie auf, hält inne und entdeckt uns vor unserer Hütte. Ein breites Grinsen bringt noch mehr Falten in ihr Gesicht. Sie blickt Richtung Polizei-Pick-up, hört einen Moment den Durchsagen zu und winkt ab. Im Vorbeigehen zieht sie einmal fest an Annas Ärmel, um ihr anzudeuten, dass sie für nepalesische Verhältnisse zu viel Haut zeige. Dann drückt sie sich mit dem großen Korb an uns vorbei, aus dem oben einzelne Blätter von Maispflanzen als Futter für den Ochsen herausgucken.

Plötzlich hören wir Khadga schreien, der stürmisch die Treppe heraufrennt: »Anna, Michael! Der Lockdown wird ab heute gelockert.« Es fühlt sich an, als würde in diesem Moment das Blut in meinen Adern aufhören zu fließen. Das kann nicht sein, er muss sich irren. In Nepal gehen gerade zum ersten Mal in der Pandemie die Zahlen nach oben. Sogar in unserem Distrikt gibt es nun die ersten Infizierten. Der Lockdown darf noch nicht vorbei sein.

Khadga erzählt, er habe es auch nie für möglich gehalten, aber die Polizisten hätten es gerade verkündet. Der Druck im Land scheint zu groß gewesen zu sein. Nepal steuert unabhängig von der ersten Welle gerade auf eine humanitäre Krise zu. In Kathmandu und Pokhara gehen die Leute schon auf die

Barrikaden. Das wird sicherlich der Grund gewesen sein. Was für ein seltsames Timing. In anderen Ländern sollte der Lockdown die erste Welle brechen. Nepal hat dicht gemacht, bevor sie überhaupt kam. Jetzt, wo sie hier tatsächlich ausbricht, geht dem Land die Puste aus, und alles öffnet wieder?

Mit dem Gedanken der Öffnung will ich mich nicht anfreunden. Mittlerweile habe ich mich so an das Leben im Lockdown gewöhnt, dass ich mir ein Ende kaum vorstellen kann. Alles ist ruhiger geworden, ich habe keinen Druck mehr, das nächste Land, die nächste Stadt und die nächste Unterkunft zu planen. Zwischen Anna und mir herrscht endlich wieder Harmonie. Mit unserem ersten gemeinsamen Zuhause haben wir uns gut arrangiert. Die anfänglichen vereinzelten Feindseligkeiten, die wir zu spüren bekamen, sind gegenseitiger Toleranz gewichen. Aus den Fremden in unserem Dorf sind Freunde geworden. Und nun soll alles einfach so vorbei sein?

Auch Anna blickt Khadga ungläubig an und fragt, was denn genau gelockert werde. Er erzählt, dass die neuen Regeln ab sofort gelten würden. Nepal will in drei Etappen öffnen. In der ersten Phase sollen für drei Wochen Läden wieder öffnen, also Kleiderläden, Schneidereien, Elektroläden und andere. Dicht bleiben Schulen, Kinos, Diskotheken, auch die Grenzen und der Flughafen bleiben geschlossen.

Khadga fasst zusammen: »Für die nächsten drei Wochen wird sich für euch nichts ändern.« Die Aussage beruhigt mich. Ich sah uns schon, wie wir in ein paar Tagen irgendwo an der Grenze stehen und das Land verlassen müssen, weil unsere Visa abgelaufen sind. Aber vorerst bleibt es dabei, es gibt kein Entkommen.

12. Juli 2020
Mittlerweile sind vier Wochen vergangen, seit die ersten Lockerungen wirksam wurden. Trotzdem fühlt es sich immer noch wie der gleiche Lockdown an. Von den vereinzelten Öffnungen in Einkaufsstraßen der Stadt sind wir nicht betroffen.

Doch eines ist anders: Die Monsunzeit hat in Nepal begonnen. Entgegen meiner Erwartung, dass es in dieser Zeit viel regnet, ist es seit Tagen trocken und heiß. Die Tage werden anstrengender, der eigene Kreislauf streikt bei der Hitze; die lang ersehnte nasse Abkühlung von oben und das nächtliche Gewitter bleiben aus. Sogar die Nepalesen scheinen unter dem extremen Klima zu leiden. Sie warten sehnsüchtig auf den Regen. Es ist kaum Bewegung auf den Straßen. Jeder sucht den Schatten seiner Veranda. Aufgrund der immer schneller steigenden Fallzahlen im Land wurde die zweite Phase der Öffnung um weitere Wochen verschoben. Es bleibt also beim *Lockdown light* mit immer noch nächtlichen Ausgangssperren.

Der Stillstand hält an, und die Not ist groß. Neue Touristen sind in weiter Ferne, die Armut schnürt den Menschen die Kehle zu. Also versucht man sich unter Freunden zu helfen.

Wir sind mit Indra an diesem schwülheißen Sommertag auf seinem Acker verabredet. Eigentlich feierten die Nepalesen den nationalen Feiertag *Asar Pandhra* schon vor zwei Wochen. Das ist der Tag, an dem der Reis normalerweise feierlich auf den Feldern gepflanzt wird. Doch dafür sind die Reisbauern auf den Regen dieser Jahreszeit angewiesen, der dieses Jahr nicht kommen will. Es hat seit Tagen keinen einzigen Tropfen geregnet. Indras Familie muss heute dennoch raus. Der Anbau kann nicht länger verschoben werden. Der Reis muss auf das Feld.

Die Sonne brennt, es sind schon weit über dreißig Grad, und es ist erst elf Uhr. Anna und ich sind den ganzen Morgen schon aufgeregt. Die Spannung wird nicht weniger, als wir zur vereinbarten Zeit an Indras Haus ankommen. Auch Indra wirkt angespannt, als er uns den Leuten in seinem Garten vorstellt. Die Familie seines Bruders ist dabei, deren beide Söhne, drei Freunde aus dem Dorf und Rachanas beide Schwestern.

Indra blickt hinunter zum See und sucht sein Stück Land. »Kaum zu glauben, heut gehts zurück aufs Feld.« Als ich ihn frage, ob sie denn im letzten Jahr keinen Reis gepflanzt haben, schüttelt er den Kopf. Seit acht Jahren war er nicht mehr unten. Sein Job brachte gutes Geld. Und gerne macht er die Arbeit im Dreck nicht. Doch die ganze Last liegt nun auf seinen Schultern. Er geht davon aus, dass er die nächsten zwei Jahre als Guide kein Geld verdienen wird. So wie damals, nach dem großen Erdbeben im Jahr 2015. Das ist schlecht, er ist der einzige Verdiener der Familie. Vor ein paar Jahren hat ihn sein Bruder noch auf den Trekking-Touren rund um den Mount Everest begleitet, aber er hatte einen Unfall und kann nicht mehr mit hoch.

»Aber ich will mich gar nicht beschweren«, sagt er, während er den Vorbereitungen seiner Familie zuschaut – mit seinem Gehalt für sieben Leute gehörten sie vor der Pandemie immer noch zur Mittelschicht. Die Zeiten sind nun vorbei; heute schätzt er sich glücklich, wenigstens noch den Acker zu haben. Er zählt uns auf, welche einzelnen Flächen er besitzt. Wenn alle bestellt sind, wird der Reis fast ein Jahr lang reichen, um die komplette Familie satt zu machen.

Ich bin erstaunt über seine einfache Rechnung. Arbeitslosengeld, Corona-Hilfen oder Kurzarbeitergeld gibt es in Nepal nicht. Wie sich das wohl anfühlen muss, wenn kein Sicherheitsnetz existiert, das einen auffängt? Welch ein Druck das sein muss. Egal wie oft ich in meinem Leben schon knapp bei Kasse war, ich hatte trotzdem nie wirklich Existenzangst. Da sind meine Eltern, die mich, wo immer ich mich auch rumtreibe, sicher unterstützen würden. Da ist mein Bruder, der damals mit 4000 Euro für das russische Visum für mich gebürgt hatte und mir mit dem Darlehen einen Geldregen auf dem Konto bescherte. Und da ist, wenn alle Stricke reißen, der Staat, der mich auffängt und bemüht ist, mich über dem Existenzminimum zu halten. Existenzminimum wird in Nepal anders definiert. Bei Indra geht es schlicht ums Überleben.

Indra wirkt an diesem Tag traurig. Er erzählt, wenn in Nepal der Versorger der Familie sterbe, sei der Bruder für die Familie verantwortlich. Viele Männer im Dorf, die dem Druck nicht mehr standhielten, sähen nur einen Ausweg: Selbstmord. Seit Ausbruch der Pandemie ist die Selbstmordrate im ganzen Land stark gestiegen. Indra hat keine Wahl, er muss heute auf das Feld.

Es ist ungewohnt, ihn heute so zu sehen. Der sonst fröhliche Mann ist voller Sorgen. Beim Frühstück hatten Anna und ich noch vorfreudig auf das heutige Highlight geblickt: »Wow, heute dürfen wir wie echte Nepalesen Reis anbauen!« Doch heute geht es nicht um uns. Es geht um mehr. Für Indras Familie geht es darum, den Kampf gegen die Pandemie zu gewinnen. Hier im Dorf wird die Schlacht gegen Corona auf dem Reisfeld ausgetragen.

Auf der Straße ist nach Monaten der Verkehr zurückgekehrt. Trockener Staub, den die vorbeirauschenden Autos aufwirbeln, brennt in den Augen. In der nächsten Kurve, in der bei einem Unwetter irgendwann ein Drittel der Straße weggebrochen sein muss, zweigt unser Weg hinunter zum See ab.

Rachana geht voraus. Heute ist auch sie weniger gelassen als bei den letzten Treffen. Sie trägt einen großen Korb auf dem Rücken, mit unzähligen Reispflänzchen, die im Bündel zusammengeschnürt sind. Im eigenen Garten hatten sie diese vorgezogen, bevor sie heute ihren endgültigen Bestimmungsort finden. Dahinter klettert ihre Schwester die Asphaltstufe hinab. Von ihrer Stirn kullern schon die ersten Schweißperlen. In einem ausrangierten Reissack trägt sie das Werkzeug, welches für den Tag auf dem Acker benötigt wird. Danach die andere Schwester, auch sie mit einem Korb. Dieser ist mit einem großen Topf, zwei Schüsseln und Geschirr befüllt. Das ist wohl unsere Verpflegung für die Pause, denn aus ihrem Korb zieht ein angenehm herzhafter Curry-Duft heraus. Sie stöhnt kurz auf, als sie das ganze Gewicht, an ihrer Stirn befestigt und auf dem Rücken baumelnd, die Schwelle herunterschleppt. Dicht gefolgt von Anna, die vor mir läuft. Ihre Aufgabe ist es, die volle Teekanne und zwei lange Bambusstöcke, welche größer sind als sie, zum Feld zu bringen. Ich selbst trage ebenfalls einen alten Sack voll mit Reispflanzen. Nicht auf dem Rücken, sondern seitlich vor der Hüfte. Das muss eindeutig die schlechtere Technik sein, denn ich trage nicht mal halb so viel Gewicht wie die Frauen und kann die Finger jetzt schon vor Schmerz kaum noch in den Sack krallen. Die Pflanzen sehen aus, als bräuchten sie dringend Wasser, die Halme liegen erschöpft auf der Seite.

Am Ufer angekommen, sehen wir Indras Neffen, der gerade versucht, ein altes Holzboot wieder flott zu machen.

»Kommt, helft!«, ruft er uns zu.

Anna und ich legen gleich unser Gepäck ab, um ihm zu Hilfe zu eilen. Das blau-gelb gestreifte Boot ist dort, wo eigentlich wir sitzen sollten, vollgelaufen. Kleine Eimer liegen parat. Der Neffe, Anna und ich fangen an, das Wasser aus dem Bootsinneren zu schaufeln. Mein Eimer ist klein und hat dazu auch noch ein Loch im Boden. Das wird ewig dauern. Ich werde ungeduldig beim Schöpfen. Doch die Nepalesen scheinen Zeit zu haben, setzen sich ans Ufer und machen eine erste Lagebesprechung.

Dann geht es mit dem Boot rüber zu Indras Ackerflächen. Der Weg über das Wasser soll schneller sein als zu Fuß über die vielen schmalen Pfade. Die Sonne knallt erbarmungslos vom Himmel, und meine Arme sind vom Wasserschöpfen schon schwer. Doch jetzt gibt es kein Zurück.

Es ist Mittag, die Sonne steht am höchsten Punkt. Neun Menschen sind nun auf dem Feld, stehen barfüßig bis zu den Knien im aufgeheizten Schlamm. Jeder hat jetzt seine Aufgabe. Sogar Kailash, Indras und Rachanas knapp fünfjähriger Sohn, ist mit dabei und trägt als Handlanger Werkzeug von hier nach da. Das erste von etwa sieben zehn mal zwanzig Meter langen Ackerstücken gleicht eher einem grünbraunen Tümpel. Der gleiche modrige Geruch, der uns bei unserem Schwimmversuch vor einigen Wochen entgegenkam, dringt in meine Nase. Im ersten Schritt muss das ganze Unkraut, das jetzt noch die Wasseroberfläche bedeckt, rausgerissen werden. Das ist die Arbeit der Frauen. Auch Anna packt mit an.

An den Stellen, wo die Frauen das Wasser von den nepalesischen Wasserrosen befreit haben, kommen die Männer an die Reihe. Indra drückt mir eine Hacke mit viel zu kurzem Holzstiel in die Hand, mit der ich die dicken Erdklumpen unter Wasser klein kriegen soll. Denn für den Reis muss der Boden weich und schlammig sein. Ist er zu hart, wird nichts darin wachsen. Die Brühe ist allerdings so trüb, dass ich keine Ahnung habe, wo ich hinschlagen soll, um die harten Brocken zu treffen. Also haue ich einfach drauflos, rein ins dreckige Wasser. Zum ersten Mal am Tag bricht Gelächter aus. Denn anscheinend habe ich, ähnlich wie beim Tragen schwerer Gewichte, noch nicht ganz die richtige Technik raus. Schon nach dem ersten Schlag landet der größte Teil des Schlamms direkt in meinem Gesicht. Indra kommt herzhaft lachend durch den Schlamm zu mir gewatschelt.

»Perfekt, das ist der beste natürliche Sonnenschutz.« Es tut gut zu spüren, wie sich die Anspannung bei allen löst. »Michael, du musst mit den Füßen suchen, wo die Klumpen sitzen. Nur bei den großen hilf mit Werkzeug nach«, gibt Indra mir Nachhilfe bei der Feldarbeit.

Nachdem die groben Brocken klein sind, geht der Wandermarsch der Männer in die zweite Runde. Wie ein Storch wate ich mit den Nepalesen über den nachgiebigen Untergrund, um die Erde mit dem Wasser zu einem großen Schlammgemisch zu rühren. Es ist schön, wieder Kind zu sein und im Matsch zu spielen. An manchen Stellen sacke ich bis zu den Knien ein – eine sanfte Massage für die Füße und Beine. Es fühlt sich gut an, den Dreck der Arbeit auf der Haut zu spüren.

Doch dann wird die aufkommende Euphorie von einem spitzen Felsen im Boden jäh ausgebremst. Die scharfe Kante des Steins reißt mir eine kleine Wunde in meinen aufgeweichten Fuß. Normalerweise kennt dieser bloß frische Luft oder die weiche Baumwolle des Stoffschuhs. Das hier ist er nicht gewohnt, doch ich mache weiter. Ich setze mich bestimmt nicht nach einer Stunde schon als Invalide an den Rand des Spielfelds. Denn bis jetzt hat nicht mal ein einziges Reispflänzchen das Feld berührt.

Während wir Männer bereits tief im Schlamm versunken sind, stehen im Nachbarfeld zwei Ochsen und schauen uns wiederkäuend zu. Jetzt sind sie dran.

»Michael, ich zeige dir, wie man den Pflug fährt, dann gehen wir schon mal zum nächsten Feld«, ruft mir Indra mit einem breiten Grinsen zu.

Mein Herz überschlägt sich. Ich wollte schon immer surfen lernen. Nun auch noch auf einem nepalesischen Surfbrett!

Indra positioniert die muskulösen Rinder direkt vor mir. Er spannt den hölzernen Pflug um sie und legt ein dickes Seil um ihre weit herausstehenden Nackenknochen. Er drückt mir eine Peitsche aus Holz in die Hand, führt mir mit einer einfachen Handbewegung vor, wie ich diese zu benutzen habe. Dennoch nehme ich mir fest vor, sie nicht zu gebrauchen. Ich will schließlich auch nicht zur Arbeit gepeitscht werden. Allenfalls Schläge andeuten werde ich vielleicht. Meine leicht blutigen Füße ruhen auf einem dicken Holzbalken, der zur Hälfte im Schlamm versinkt. Dieser soll die Ackeroberfläche gleichmäßig eben ziehen. Die Zehen ins Holz und die Finger um die Griffe gekrallt, gebe ich selbst spontan den Startschuss.

»Hatsch!«, schreie ich auf. Das Kommando habe ich mir schon Tage vorher bei einem anderen Reisbauern abgeguckt. Die Nepalesen scheinen mich zu verstehen, denn sie lachen erneut. Auch die Ochsen tun, was sie sollen, und marschieren los. Ein berauschendes Gefühl kommt auf. Ich bin frei. Und zugleich irgendwie geerdet. Im direkten Kontakt mit dem Boden unter mir, mit den Rindern vor mir, ja mit meinem eigenen, schon schmerzenden Körper, bringe ich in diesem Moment Ordnung ins natürliche Chaos dieses Ackers. Da, wo zuvor dicke Erdbrocken waren und wilde Wasserpflanzen wuchsen, wird bald schon Reis sprießen. Reis, der uns seit Wochen Energie zum Leben schenkt.

Nun ist Anna wieder an der Reihe. Nach der Begradigung mit dem Pflug übernehmen die Frauen die Arbeit. Jede von ihnen mit einem dicken Büschel Reispflanzen in der Hand. Eine einzige Reispflanze besteht aus den dünnen Fäden der Wurzeln und einem langen Halm, der sich weiter oben in zwei bis drei grüne Blätter verzweigt. Von Weitem sieht es aus wie ein einzeln ausgerupfter Grashalm. Minutenlang kopfüber, ab der Hüfte nach unten gebeugt, stecken die Frauen nun jeden Halm einzeln mit den Wurzeln in den Schlamm. Irgendwie kann ich kaum glauben, was ich sehe. Das passt so absolut nicht mit dem zusammen, was ich vorher über Reis dachte. Aber um ehrlich zu sein, hatte ich vorher in meinem Leben kaum einen Gedanken daran verschwendet, mir vorzustellen, wie Asiens weißes Gold wirklich wächst. Was ich sehe, überrascht mich. Die Frauen setzen doch tatsächlich jede Pflanze einzeln mit Bedacht und mühsam in den Boden. Stück für Stück.

Ich schaue Anna an, die auch flüchtig zu mir herüberguckt. Wir lächeln uns beide liebevoll zu. Danach konzentriert sie sich wieder auf den Boden. Zwischen Daumen und Zeigefinger das kleine Pflänzchen, das nur darauf wartet, über sich hinauszuwachsen. Ihre nassen Hände tauchen immer wieder ab. Auch sie sieht glücklich aus. Dass die nepalesischen Frauen um sie herum etwa zwanzig Pflanzen im Akkord einsetzen, während sie noch bei der zweiten ist, stört sie gar nicht. Die schlammige Erde, in der wir alle knietief stehen, scheint uns alle miteinander zu verbinden. Jeder tauscht mal Blickkontakt mit dem anderen. Jeder mit einem sanften Lächeln im Gesicht. Die Anspannung des Morgens ist nun endgültig verflogen.

Fünf rechteckige Felder und gefühlte 10 000 Reispflänzchen später ist mein Gefühlsrausch zu Ende. Die pralle Sonne bringt meinen Kopf zum Glühen. Mein Rücken schmerzt, der Dreck hat sich tief in die Wunden meiner Füße gefressen, und mein Magen knurrt. Es ist Mittag, Dal-Bhat-Zeit. Ich habe Glück, denn ich kriege den Platz direkt neben den Ochsen, die von Indra mit an den Tisch, na ja, eher zu Boden gebeten werden. Durch ihre breiten Rücken habe ich wenigstens etwas Schatten im Gesicht. Der Schwanz eines meiner beiden tierischen Nachbarn hängt in der braunen Brühe des Ackers. Bis er mit einem unkontrollierten Peitschenhieb versucht, die Fliegen an seinem Körper zu vertreiben, was mir eine weitere Ladung Schlamm ins Gesicht schleudert. Ich kann mich nicht mal mehr wehren, ich bin erledigt.

Dann bringt Indra das Essen. Doch nicht unseres, sondern das der Tiere.

»Die Ochsen helfen uns, schnell voranzukommen, warum sollten sie nicht mit uns essen dürfen?«, fragt er, während er den beiden zuerst auftischt. Sie haben sicherlich genauso einen Kohldampf wie wir, denke ich und schaue zu, wie sie das frisch gepflückte Gras verschlingen. Indra erzählt, dass es für die Tiere keinen Lockdown gebe. Die Ochsen ziehen zweimal im Jahr den Pflug. Den Rest der Zeit gehen sie im Dorf spazieren. Er lacht, während er den Ochsen die Schultern tätschelt. Er weiß, dass er ohne sie bei der Arbeit auf den Reisfeldern aufgeschmissen wäre. Deshalb sollen sie ihre Zeit genießen.

»Wisst ihr, dass Westerners in Nepal anfangs eine schwere Zeit hatten?«, fragt er Anna und mich. Wir schütteln den Kopf. Er erklärt uns den Grund. In Nepal essen die Menschen kein Kuhfleisch, im Gegenteil, sie verehren ihre Kühe. Bloß die Unberührbaren, die aus der niedrigsten Kaste, aßen Kühe. Als nun die ersten Weißen ins Land kamen, fragten diese in Restaurants nach Kuhfleisch. Nichts war ihnen heilig. Genau wie den Unberührbaren. Anfangs wollte deshalb kein Priester, kein Händler, kein Beamter und kein Akademiker etwas mit den unzivilisierten Menschen aus dem Westen zu tun haben. Bloß die armen Völker in den Bergen, die Sherpas, kümmerten sich um Touristen. Und plötzlich floss viel Geld in die armen Berggegenden. Einheimische wurden zu Bergführern, vermieteten Gästezimmer im eigenen Haus und kochten traditionelle Gerichte, auf die Westerners heiß waren. Und irgendwann, Jahre später, erkannten auch die höheren Kasten, dass da richtig Kohle zu machen war.

»Und die wollten dann auch mitmischen?«, unterbreche ich ihn.

»Richtig!«, bestätigt Indra. Plötzlich war es allen egal, dass die Weißen Kühe essen. Hauptsache, es klingelte in der Kasse. Indra glaubt, mit der Gier nach Geld verhalte es sich wie mit dem Corona-Virus. Ein Land nach dem anderen werde damit infiziert.

Er ist sich sicher: »Jede Kultur hat ein eigenes Richtig und Falsch.« Jeder definiere seine Moral für sich und stoße sich an der von anderen. Der Westen kenne keine Kasten, fresse dafür aber Kühe. Nepalesen ächteten die niedrigste Kaste, feierten aber die heilige Kuh. Für ihn scheint jede Gesellschaft nach ihren eigenen Glaubenssätzen und Wahrheiten zu leben.

Mir wird bewusst, mit welchen Vorurteilen ich während meiner ganzen Reise von den verschiedensten Seiten eingedeckt wurde. Ich überlege, wie bei uns manche schon über das nahe gelegene Osteuropa denken, denn da endet bereits der Horizont vieler. Oder welch einseitiges Bild wir über die Menschen in Russland oder China haben. Doch egal, wo ich auch hinkam, ich hatte nirgendwo das Gefühl, dass die einfachen Leute dort *falsch* lebten. Sie lebten anders. Anders richtig. Meine Erfahrung zeigt eher, dass es in jedem Land diejenigen gibt, die sich von anderen trennen. Aber auch die Menschen, die sich des Verbindenden bewusst sind.

»Siehst du, Michael! Und genauso ist es auch in Nepal.«

Die einen Nepalesen sehen im Westen das Böse. Das Streben nach Geld versaue fremde Kulturen und mache sie zu konsumierenden Hamstern im Hamsterrad. Andere sehen ein Individuum in jedem einzelnen Touristen und die große Gemeinsamkeit, dass doch alle Menschen letztlich ein erfülltes Leben führen wollen. Indra ist kein Freund davon, die Unterschiede zwischen den Kulturen zu suchen. Denn dies sei der Beginn der Trennung. Er liebt die Vielfalt und ist auf der Suche nach Gemeinsamkeiten.

Während er erzählt, mustere ich ihn. Indra und die Seinen leben im Verbund mit der Familie. Sie wollen den Draht zur

Natur nicht verlieren, bauen ihr Gemüse selbst im Garten an. Chemischen Dünger gibt es hier keinen, die Natur wird gewahrt und verehrt. Ihre Tiere behandeln sie gut. Und all das, ohne dass Indra sein Handeln an irgendeiner Religion festmacht. Denn er ist kein Fan von Religionen, dort trennt man ihm ebenfalls zu stark. Ich bin erstaunt darüber, wie Indra, der sicherlich nie weit reisen konnte, das in Worte fasst, was ich während eines Jahrs auf Weltreise oft spürte und wofür mir dennoch die richtigen Worte fehlten.

»Indra, in Deutschland würde man dich einen *alternativen Öko* nennen«, erkläre ich ihm. Anna muss lachen, doch ich erkläre ihm: Sein Traum ist auch mein Traum. Seit Jahren habe ich die Vision von einem einfachen Leben in der Natur. Das Dogma »Machet euch die Erde untertan« ist mir fremd, viel lieber will ich eins sein mit der Erde und den Tieren. Genauso wie Indra es mir vorlebt.

Auf einem glänzenden Kupferteller schiebt mir Rachana einen riesigen Haufen Reis zu und eine separate Schüssel mit fein duftender Linsensuppe. »Dal-Bhat-Power, 24 hours«, sagt sie, während sie schon den nächsten Teller fertig macht. Sekundenlang starre ich den weich gekochten weißen Berg auf meinem Teller an – ich lerne zum ersten Mal in meinem Leben schätzen, was Reis eigentlich wirklich ist.

Ich beginne erst langsam zu verstehen, welch harte Zeit die Pandemie für diese eine Familie bedeutet. Heute sehe ich, was die Krise für die Mittelschicht Nepals heißt. Und trotzdem hat Indra einen ungewöhnlichen Blick auf die Dinge. Er redet davon, dass Glück kein Schicksal sei, sondern eine Entscheidung. Man könne selbst entscheiden, wie man die Stürme des Lebens für sich bewertet.

»Wenn man in die eine Richtung geht, ist der Wind aus den Bergen Antrieb, wenn man in die andere läuft, ist er eine Bremse. Wir entscheiden jeden Tag, welche Richtung wir einschlagen.« Indra wählt den Rückenwind.

Es ist beeindruckend, welche Zuversicht er ausstrahlt. Und all das in einem Land, das dem Virus medizinisch kaum etwas entgegenzusetzen hat. Vielleicht führt gerade diese Ausweglosigkeit dazu, die Lösung der Pandemie ganz woanders zu suchen. Es scheint, als hätte Indra seinen Frieden mit dem Corona-Virus geschlossen. Klar leidet er und hat Angst. Doch er gibt sich hin. Und ist dabei nicht allein.

Auch in mir verändert sich etwas grundlegend. Ich erinnere mich an eine Zeit, in der die eigene Ichbezogenheit mein Unterwegssein und meine Reiseroute dominierte. Die Welt drehte sich hauptsächlich um mich und mein Vorankommen. Doch in einer Zeit, in der alle Menschen auf der Welt ganz gleich zum Stillstand gezwungen sind, rückt trotz Lockdown und Abstandsregeln plötzlich die Gemeinschaft in den Vordergrund. Man hilft sich gegenseitig, und wir lernen, was Überleben hier in Nepal bedeutet.

Diese Pandemie stellt die vorherige Zeitrechnung der Reise auf den Kopf, die Uhren ticken langsamer. Vielleicht ist es dies, worin der große Schatz dieser Erfahrung liegt. Unsere Angst, in Nepal nicht willkommen zu sein, ist verschwunden. Nun sind wir Teil des Ganzen. Not und düstere Aussichten trennen uns nicht von den Menschen. Im Gegenteil, wir berühren die Seele Nepals. Man sorgt sich um uns und teilt, wenn es sein muss, auch den letzten Sack Reis mit uns. Aus Gastfreundschaft wird Freundschaft. Aus Stunden werden Tage, die sich sanft als Woche aneinanderreihen. Wir werden eins mit dieser einen kleinen Straße, in einem Dorf, umgeben von den höchsten Bergen der Welt, mit den Menschen, mit ihrer Art, ihrer Denkweise, ihren Ritualen und Bräuchen. Klar sind wir immer noch westliche Reisende und anders. Doch auch das Anderssein fügt sich harmonisch in das Geschehen ein. Man hört sich zu, ist interessiert und lernt voneinander. Wenn man die ganze Vorgeschichte nicht kennen würde und all die Rahmenbedingungen nicht derart beängstigend wären, könnte man glauben, dies hier sei die vollkommen heile Welt.

Meine Wünsche, deine Wünsche

25. Juli 2020

Die Regenzeit ist da. Das ganze Dorf verschwindet in einer dicken Regenwolke. Man sieht gar nichts mehr. Keine Berge, keinen Phewa-See und keine Häuser. Momentelang fühlt es sich an, als wären wir hier an diesem Fleckchen Erde allein. Regentropfen schlagen wie wild geworden gegen das Wellblech über uns. Ein dumpfes Donnergrollen wandert durch das Tal. Ein Chor aus Fröschen hält im Kanon dagegen. Die mit Wasser gefüllten Terrassen rund um unsere Hütte sind seit letzter Woche mit jungen Reispflanzen bestellt, die im Monsun ihre Köpfe erschöpft zur Seite hängen lassen. Die Bananenpalme, die unserem Haus sonst Schatten spendet, biegt sich nun im Wind. Dicke Tropfen prasseln auf ihre Blätter nieder, und das kühle Wasser spritzt uns ins Gesicht.

In der Trockenzeit ist die Luft beißend heiß, und eine rötliche Staubschicht legt sich über das ganze Land. Ihren saftig grünen Glanz gewinnt die Natur erst wieder in der Regenzeit zurück. Die Blätter des Dschungels werden abgespült, und die sonst schwülheiße Luft findet eine feuchte Abkühlung.

Es scheint, als putze sich die Natur für diesen besonderen Tag raus: Heute feiert Kailash seinen Geburtstag. Indras einziger Sohn wird fünf, und wir sind zur Familienfeier eingeladen. Anna und ich stehen auf unserer Veranda und warten, bis der Regen aufhört. Ich lehne an der schwarzen Stange, die unser Vordach aus Wellblech trägt. Meine Arme umschließen Annas Oberkörper. Mit ihrem Rücken legt sie sich leicht zurück an meine Brust. Meist hält der Starkregen bloß für einige Minuten an. Genauso plötzlich, wie er kommt, geht er dann wieder. Den dunklen Wolken kann man bei ihrem Ritt durch die Berge zuschauen.

»Wir brauchen noch ein Geschenk für Kailash«, unterbricht Anna unser Schweigen. In dem Moment hört der Regen auf, auch die Frösche werden still. Alles, was bleibt, ist das Rauschen des kleinen Flusses, der sich seit wenigen Tagen seinen Weg bloß einen Steinwurf entfernt nach unten ins Tal bahnt.

Vor drei Tagen hat Phase zwei der angekündigten Lockerungen der Anti-Corona-Maßnahmen begonnen. Wieder einmal schlendern wir durch das Touristenviertel Lakeside in Pokhara, bloß sind dieses Mal alle Geschäfte geöffnet. Sogar Ravin, der Mann vom Rollerverleih, ist wieder in der Stadt. Statt wie geplant nach sieben Tagen bringen wir unsere Honda erst nach vier Monaten zurück. Gefahren sind wir sie in dieser Zeit bloß ein einziges Mal. Und eben heute, die letzte Fahrt zum Innenhof von Ravins Laden.

»Ich bin endlich wieder hier«, berichtet Ravin erleichtert. Geschäftsleute dürfen in diesen Tagen die Barrikaden auf den Fernstraßen passieren. Für alle anderen, auch für Busse von Pokhara nach Kathmandu, ist die Route immer noch gesperrt.

Doch der junge, sympathische Geschäftsmann fragt sich, warum er überhaupt in die Stadt zurückgekehrt ist. Denn Einheimische mieten nichts bei ihm, und Touristen sind nach wie vor kaum welche hier.

»Wollt ihr den Roller nicht noch ein paar Tage haben?«, bietet er uns an. Anna bedankt sich bei ihm und erklärt, dass die lokalen Stadtbusse seit einigen Tagen wieder fahren. Einer verbindet sogar Lakeside mit unserem Dorf. Und im Gegensatz zu sonst sind die Busse in diesen Tagen leer. Vielleicht kommen wir auf Ravins Angebot zurück, sobald sich die Menschen wie vor der Pandemie wieder in die Busse quetschen und sogar auf den Dächern Gedränge herrscht.

Veränderung liegt in der Luft. Leben und Lärm kehren in die einst ausgestorbenen Gassen zurück. Doch der Aufschwung paart sich mit dem seltsamen Gefühl, dass sich die nepalesische Regierung mit dem viermonatigen strengen Lockdown verkalkuliert haben könnte. Denn die Ausgangssperre kam, als nicht einmal die erste Welle in Sicht war. Nun sind die Menschen im Land müde geworden, sich weiter an die Maßnahmen zu halten. Zugleich steigen mit der Teilöffnung die Infektionszahlen im ganzen Land rasant. Vor allem jetzt in der Regenzeit scheint das Virus leichtes Spiel zu haben. Selbst in unserem Dorf gibt es nun die ersten Fälle. War das alles nur die Ruhe vor dem Sturm? Ist dies vielleicht bloß eine kurze Atempause, bevor der nächste harte Lockdown verkündet wird? Wartet möglicherweise auf Nepal noch das große Unheil, welches im Rest der Welt seit Monaten wütet? Volle Intensivstationen, überfüllte Leichenhallen und Menschen, die vor überlasteten Krankenhäusern auf Sauerstoff hoffen.

Für uns ändert sich trotz der Lockerung wenig. Alles, was im Backstage-Bereich der politischen Bühne möglicherweise gerade über Grenzöffnungen oder gar die Wiederaufnahme des Flugbetriebs diskutiert wird, interessiert uns nicht. Es ist Kailashs Geburtstag, der heute viel wichtiger ist. Zum ersten Mal seit Monaten gehen wir wieder durch die geöffneten Trödelläden der Stadt. Die Verkäufer starten jedes Mal, wenn unser Blick bloß länger als fünf Sekunden an einem Artikel hängen bleibt, ihr engagiertes Verkaufsgespräch. Ich hatte fast schon vergessen, wie anstrengend der Besuch solcher Geschäfte sein kann.

Anna und ich haben keine Ahnung, was man einem nepalesischen Jungen zum Geburtstag kaufen könnte. Wir wissen nicht mal, ob es in Nepal überhaupt eine Geschenkkultur gibt, wie wir sie von daheim kennen. Wir entscheiden uns für ein Malbuch mit Buntstiften aus Holz, einen glitzernden, kegelförmigen Geburtstagshut und ein großes Glas Honig. Zumindest bei Letzterem wissen wir, dass es Kailash gefallen wird. Draußen auf dem verstaubten Gehweg vor dem Laden packt Anna die Geschenke mit einer roten Schleife in gelbes Geschenkpapier ein. Unsere Aufregung steigt, während wir, statt mit dem Stadtbus zu fahren, zurück ins Dorf gehen. Der Schleichweg durch den Bambuswald ist unpassierbar; das Bachbett hat sich durch den Monsun zum Fluss entwickelt. Wir nehmen den Umweg über die kleine, holprige Bergstraße.

Von Weitem sehen wir, dass Kailash mit seinem kleinen Roller vor der Veranda hin- und herfährt. Als er uns entdeckt, springt er gleich auf und rennt durch den blauen Vorhang ins Innere des Hauses. Ich stelle meine zerrissenen Kung-Fu-

Schuhe an die gleiche Stelle wie immer, um barfuß über den frisch polierten Lehmboden zur Küche zu gehen, wo wir Rachana und Indra begrüßen wollen. Doch Kailash kommt mir zuvor, springt aus der Tür des benachbarten Raumes und umarmt meine Beine. Er trägt heute offenes Haar. Die dichten dunklen Büschel, die seit seiner Geburt nicht geschnitten wurden, reichen ihm fast bis zum Po. Indra folgt einer Tradition, er wird die Haare seines Sohnes erst zur Einschulung in die erste Klasse schneiden.

»Happy Birthday, kleiner Mann!« In Kailashs Hand sehe ich das silberne Spielzeugauto, bei dem bereits die Hinterachse und die Kofferraumklappe fehlen. Es scheint sein Lieblingsspielzeug zu sein. Jedes Mal, wenn wir hier sind, möchte er mit mir gemeinsam damit spielen.

Wir sind offenbar die ersten Gäste. Während Anna mit Rachana im Garten verschwindet, um Gemüse für das Abendessen zu ernten, lege ich mich zu Kailash auf den Teppich aus Reisstroh. Immer wieder schubst er die alte Limousine, die in Deutschland sicherlich nicht mehr durch den TÜV kommen würde, zu mir. Während ich sie mit Schwung zurückschiebe, erinnere ich mich an meine frühen Jahre. Ich muss in etwa so alt gewesen sein wie Kailash. Genau wie er hatte auch ich als kleiner Junge lange Haare. Nicht dunkelbraun, sondern hellblond. Und auch ich tat nichts lieber, als mit meinen kleinen Autos zu spielen. Allerdings hatte ich nicht bloß eines davon, sondern eine große Plastikkiste voll mit glänzenden Sportwagen, großen Lkws mit Anhänger, Mannschaftsbussen von verschiedenen Bundesligavereinen, Müllwagen, blinkenden Polizeiautos und sogar Feuerwehren mit einem Knopf für ein Spielzeug-Martinshorn. Wie gerne würde ich jetzt einmal in diese Kiste greifen, die heute noch bei meinen Eltern auf dem Dachboden steht, um Kailash zum Geburtstag einige davon zu schenken.

Als Kailash sieht, dass wir das bunte Geschenk aus unserem Rucksack herausziehen, wirkt er verlegen und zugleich überrascht. Er umgreift es mit seinen kleinen dunklen Händen. Seine braunen Augen leuchten, als er das Geschenkpapier zerreißt. Der Kleine hat sich rausgeputzt für seinen großen Tag. Er trägt ein neongelbes Nike-Shirt mit der Aufschrift »Trust your gut«, was so viel heißt wie »Vertraue deinem Bauchgefühl«. Seine lange Mähne ist mittlerweile wie bei mir oben auf dem Kopf zu einem Dutt zusammengebunden.

»Honig!«, jauchzt er auf, nachdem er das erste Geschenk ausgepackt hat. Dann dreht er sich zu seiner Mama und schaut sie mit einem Blick an, der alles verrät: Er möchte den Honig direkt probieren. Rachana verzieht ihre Miene und redet eindringlich auf ihren Sohn ein. Indra schmunzelt zu uns rüber und erklärt, dass er erst nach dem Abendessen etwas zum Naschen bekommt. Auch das Malbuch kommt gut an. Kailash packt die zehn bunten Stifte sofort aus und beginnt die noch farblosen Formen mit knalligen Farben zu füllen.

»So sitzt er wenigstens nicht mehr den ganzen Tag vor dem Smartphone«, freut sich auch Indra über das Geschenk. Tatsächlich ist uns bei den letzten Besuchen schon aufgefallen, was wir so am anderen Ende der Welt nicht erwartet hätten. Ein kleiner Junge sitzt auf der Veranda eines Lehmhauses, Ziegen laufen um ihn herum, und er starrt aufs Handy und guckt ein Video nach dem anderen. Das Smartphone macht wohl überall gleich süchtig.

»Kailash war schon vier Monate nicht mehr in der Vorschule«, stellt Indra frustriert fest. Der Unterricht findet zwar online statt, aber die Familie besitzt nicht mal einen Laptop. Auch WLAN gibt es keines. Alles, was Kailash bleibt, ist, sich heruntergeladene Comic-Serien immer wieder von Neuem anzuschauen. »Er kann mittlerweile schon mitsprechen.« Sein Vater schüttelt besorgt den Kopf. Nepal scheint durch den Lockdown in den nächsten Jahren auf ein großes Bildungsproblem zuzusteuern. Indra spricht sogar von einer verlorenen Generation. Wenn das mehrere Jahre so bleibe, befürchtet er, dass die Jugend Nepals nicht mal richtig schreiben lernen und für immer Nachteile auf dem Arbeitsmarkt haben werde. Indra wird traurig und geht ins Haus, während Kailash zusammen mit Anna die erste Seite des Buchs bunt anmalt.

Mittlerweile sind auch die restlichen Geburtstagsgäste eingetroffen. Einen Großteil der Leute kennen wir. Mit den meisten waren wir vorletzte Woche beim Reisanbau auf dem Feld. Englisch sprechen nur zwei weitere Cousins von Kailash, die wir heute zum ersten Mal seit unserer Ankunft im Dorf sehen. Der eine trägt eine braune Cordhose, welche die Knöchel nicht bedeckt, der andere einen schwarzen Kapuzenpulli mit der weißen Aufschrift NASA. Beide Jungs würden in Deutschland gut als Hipster durchgehen. Einer trägt einen rosa Karton vor sich her.

Als Kailash ihn bemerkt, lässt er den grünen Malstift aus der Hand fallen und springt schreiend auf: »Mein Geburtstagskuchen, yay.«

Mittlerweile hat sich auch Indra wieder zu uns gesellt. »Das ist unser Geburtstagsgeschenk für dieses Jahr«, sagt er mit Blick auf die rosa Kiste. Kailashs Cousin stellt die Box auf dem

Lehm der Veranda ab. Das Geburtstagskind lehnt sich mit großen Augen darüber und strahlt dem Moment, in dem sich der Deckel öffnet, entgegen.

»Er liebt diese bunte Sahnetorte«, erzählt uns Indra mit einer Träne im Augenwinkel. Danach entschuldigt er sich bei uns, dass er bei dem Gespräch vorhin gehen musste. Es sei ein aufwühlender Tag für ihn. Seit sein Sohn drei Jahre alt ist, schickt er ihn schon in eine private Vorschule. Der Junge soll Englisch lernen und es einmal besser haben als die Generationen davor. »Ich möchte nicht, dass er Guide wird wie ich.« Er mustert seinen Sohn, wie er die Torte bestaunt. Indra wünscht sich, dass Kailash irgendwann in die Stadt zieht und einen soliden Job in einem Büro findet. Er soll später nicht bis zu den Knien im braunen Schlamm stehen, um seinen Reis selbst anzubauen. Er soll so leben wie wir Westerners, nicht bei Wind und Wetter das Gepäck der Touristen durch die Berge schleppen müssen.

Während ich die Einfachheit bestaune, in der Indra mit seiner Familie lebt, wünscht er sich ausgerechnet das für seinen Sohn, wovor ich vor über einem Jahr weggerannt bin. Ich sehne mich nach einem Leben im Grünen, möchte mein eigenes Gemüse anbauen und dem Diktat des Konsums entfliehen. Zur gleichen Zeit liegt Kailashs Zukunft möglicherweise in einer klimatisierten Stadtwohnung, mit einem parkenden Kleinwagen vor der Tür und einem Nine-to-five-Job mit fünf Wochen Urlaub im Jahr.

»Indra, ich hatte einst das Leben, das du deinem Sohn wünschst, und es hat mich trotzdem nicht glücklich gemacht«, erzähle ich ihm, während er mich erstaunt anschaut. In unserer Gesellschaft lernen wir, dass *mehr* immer besser ist. Eine Grundvoraussetzung für unseren Wohlstand ist das ständige Wachstum, das Sich-nie-Zufriedengeben als Motor einer Kultur. Doch es gibt eben auch immer mehr Menschen, die spüren, dass sie dadurch ihr Glück nicht mehren – ganz im Gegenteil.

»In Nepal scheint das Leid unendlich groß. Und dennoch sehe ich ein Strahlen in den Augen der Menschen«, fahre ich fort. Es fühlt sich so an, als seien die Menschen hier noch mit etwas verbunden, von dem die Welt, in der ich groß geworden bin, schon längst getrennt lebt.

Mittlerweile umhüllt Dunkelheit die Veranda des Lehmhauses. Der Mond legt einen einheitlichen weiß-grauen Schimmer über die Baumwipfel des Bambuswaldes. Die bunten Dächer der Häuser im Dorf scheinen in der Nacht alle in derselben Farbe zu leuchten.

Kailash sitzt vor uns im Schneidersitz auf dem Boden, während sein Gesicht vom warmen Licht der einzigen Geburtstagskerze, die in der Sahnetorte steckt, angestrahlt wird. Seine Augen leuchten mit ihr um die Wette. Links und rechts am Tortenrand ragen zwei Wunderkerzen raus, die Kailashs Cousin mit einem Streichholz anzündet. Funken sprühen über den ganzen Tisch. Die Familienmitglieder, die sich rund um den Tisch und das Geburtstagskind versammelt haben, stimmen alle zusammen ein »Happy Birthday to You« an.

Kailash schließt fest die Augen, als er die Kerze ausbläst. Dies scheint der Moment zu sein, in dem sein Wunsch raus ans Universum geht.

Auch ich wünsche ihm etwas, während ich noch einmal den Spruch auf seinem T-Shirt lese: *Trust your gut.* Möge Kailash in

Kontakt mit seiner Intuition kommen, ohne diese mit all den Stimmen zu verwechseln, die sein Leben lang von außen auf ihn einprasseln werden. Möge er lernen, Gedanken sanft wegzuschieben, welche ihm weismachen wollen, er sei nicht gut genug. Möge er der Angst vor dem Scheitern nicht erlauben, ihn davon abzuhalten, neue Ziele zu verfolgen. Möge er seinen Blick beim Schlendern durch die Welt nicht bloß dem nächsten Schritt schenken, sondern ihn zwischendurch in die Ferne heben. Dort, hinter all dem, was man selbst für wahr hält, liegt noch so viel mehr. Mögen seine Visionen vom Leben ihn tragen, wenn seine Wege mal durch Unwetter führen. Möge er einen Raum finden, in dem er wachsen und sich entfalten darf. Möge er, anstatt den menschengemachten Normen blind zu gehorchen, das Vertrauen in sein eigenes Bauchgefühl nie verlieren: *Trust your gut!* In jedem von uns brennt dieses Licht, das leuchten will. Wir müssen es bloß zulassen.

Als Kailash seine Augen wieder öffnet, sind die Zeige- und Mittelfinger seines Cousins schon tief in der Torte verschwunden. Das Geburtstagskind scheint zu wissen, was nun kommt, denn es bricht in schreiendes Gelächter aus. Im Uhrzeigersinn schmiert ihm sein Cousin die blau-weiße, fluffige Sahne einmal übers ganze Gesicht. Die andere Hand verteilt die Spur von der Stirn herunter über die Nase zum Mund. Nun kann sich auch der Rest der Familie samt uns kaum noch halten vor Lachen.

Ich drehe mich rüber zu Indra, der neben mir auf dem Boden sitzt, um mehr über den Brauch mit der Torte zu erfahren: »Ist das eine nepalesische Tradition?«

»Nein, das macht man bei euch im Westen so«, erwidert er.

Ich schaue überrascht drein. Da scheint beim Stille-Post-Spielen zwischen zwei Kulturen etwas schiefgegangen zu sein.

Indra grinst mich an. »Kennst du nicht?«

Jeder scheint es zu genießen, nach vier Monaten im Lockdown für einen Moment lang wieder unbeschwert zu sein. Die Sorgen der letzten Wochen verschwinden. Mittlerweile sitze ich auf einem dunkelgrünen Plastikstuhl etwas abseits des Geschehens. Mein Rücken schmerzt vom langen Hocken im Schneidersitz. Indra leistet mir Gesellschaft, sackt in den weißen Stuhl neben mir und schaut, wie ich, schweigend dem bunten Trubel zu.

Auch Anna sitzt mittlerweile mit Rachana etwas abseits in dem offenen Nebenraum der Lehmhütte. Auf dem Boden brennt ein kleines Lagerfeuer. Annas Wangen glühen rot wie das Feuer. Auf einer Halterung steht ein Topf aus Gusseisen. Flammen lodern drum herum. Dampf steigt aus einem Schlitz zwischen Topf und Deckel auf. Anna hebt mit einem bunt gemusterten Geschirrtuch den Deckel hoch. Eine dicke Dampfwolke steigt nach oben und bringt die Spinnweben an der Decke zum Schwingen. Anna rührt mit einem Holzlöffel den Inhalt um, während Rachana aus abgegriffenen Plastikschälchen Gewürze dazu gibt.

»Chili, nur ein bisschen«, meine ich aus Rachanas Mund zu hören, als sie mit Daumen und Zeigefinger das feuerrote Pulver im Topf verteilt. Anna nickt, sie bleibt auf die Rührbewegung fokussiert. Heute Abend gibt es Dal Bhat. Vor Corona hat die Familie drinnen auf Kochgas das Essen zubereitet. Doch der steigende Preis für Gas brachte sie dazu, auf gesammeltes Holz aus dem Wald zurückzugreifen.

Dann greift Rachana nach einer goldenen Schale auf dem Regal hinter ihr. Sie taucht einen silbernen Löffel in die große Schüssel mit Reis, um ein wenig davon in das Extraschälchen zu geben, steht auf, verlässt die Außenküche und geht zu dem kleinen Altar, der in die Hauswand aus Lehm eingelassen ist.

Die kleine Schüssel mit Reis stellt sie zwischen die goldschimmernden Wasserkrüge mit roten und gelben Blüten. Sie scheint den Reis ihren Göttern zu opfern. In der Ecke steht ein kleiner Rahmen aus Messing mit dem Bild des meditierenden Gottes Shiva im Lotussitz. Er ist bloß spärlich bekleidet, seine hellblaue Haut ist deutlich zu erkennen. Die linke Hand ruht sanft auf seinem Knie, die rechte ist mit einer schützenden Geste nach oben erhoben. Er trägt Halsketten und Armbänder aus roten und goldenen Perlen. Die langen Dreadlocks reichen ihm bis über die Schultern. Ein gelbes Tierfell bedeckt seine Körpermitte, und um den Hals windet sich eine Schlange.

Indra erklärt mir, dass sich Shiva nach dem Tod seiner Frau in die Berge des Himalayas zurückzog, um für den Rest seines Lebens zu meditieren. Dass er Einzelgänger war, bereitete vielen Menschen Sorge, denn ein Dämon bedrohte das Land. Eine Vorsehung sagte, dass bloß Shivas ungeborener Sohn die Menschen noch retten konnte. Man bat deshalb Kama, den Gott, der für die Liebe, die Lust und das Verlangen steht, Shiva mit einem Pfeil zu treffen, um ihn aus seiner Versenkung herauszuholen. Der Plan ging zumindest teilweise auf. Shiva fand zwar keine Ruhe mehr und tötete Kama als Rache für den Pfeilschuss, doch er fand auch seine neue Frau Parvati, mit der er zwei Söhne bekam. Mit dem Tod Kamas verschwand aber die Liebe auf der ganzen Welt. Kamas verwitwete Ehefrau Ratri flehte Shiva an und besänftigte ihn schließlich, Kama wieder zum Leben zu erwecken. Die Liebe wurde wiedergeboren.

In der heutigen Zeit feiert Nepal diesen Tag mit dem bunten Farbenfest Holi, dem Tag, an dem Anna und ich dieses Jahr ausgerechnet unser Wiedersehen feierten. Mich hatte der Gott der Liebe mit seinen Pfeilen auf dem Jakobsweg in Spanien mitten ins Herz getroffen.

»Om Namah Shivaya«, spricht Rachana und läutet dazu eine hell klingende Glocke. Dann beginnt sie mit ihrer wunderschönen Stimme zu singen. Sie verbeugt sich vor Shiva und zündet fünf Räucherstäbchen gleichzeitig an einer Kerze an. Der Rauch verteilt sich im Altar, auch die Veranda versinkt im sanften Schleier. Ich beobachte zwar alles aus einer gewissen Entfernung, doch der süß-herbe Duft schafft es auch bis in meine Nase.

Indra bemerkt, wie fasziniert ich seiner Frau bei ihrem Ritual zuschaue.

»Das macht sie jeden Abend. Für Shiva Mahadev, den großen Gott.« Dann ruft er mir in Erinnerung, dass sein Sohn Kailash seinen Vornamen von jenem heiligen Berg hat, auf dem Shiva angeblich seine Heimat fand und von wo aus er heute über das Schicksal der Menschen bestimmt. Der Berg sei die Verbindung zwischen Himmel und Erde.

Ich blicke zurück zu Anna, die noch immer in der Küche auf dem Boden vor den vielen Töpfen sitzt. Den großen Holzlöffel hat sie beiseitegelegt. Sie taucht einen kleineren Silberlöffel in den Topf mit der Linsensuppe ein, pustet zwei Atemzüge Richtung Löffel, um das Dal zu kühlen, nippt daran und bemerkt in dem Moment, dass ich sie beobachte. Ein Strahlen wandert über ihr ganzes Gesicht. Ich könnte noch stundenlang dabei zuschauen, wie liebevoll sie und Rachana das Essen für die Familie zubereiten.

Während ich die hellgelbe Linsensuppe über meinem Reis verteile, durchströmt mich ein Glücksgefühl. Alle sitzen zusammen und wirken fröhlich, vor allem der kleine Kailash. Mit den Fingern meiner rechten Hand zerdrücke ich den Reis zusammen mit der Kurkuma-Soße zu einem klebrigen Klumpen. Besteck gibt es keines. Als ich den ersten Bissen nehme, beginnt das Geschmacksfeuerwerk. Die leichte Schärfe des Chilis brennt nicht unangenehm, vielmehr macht sich eine wohltuende Wärme in meinem Mund, meiner Speiseröhre und meinem Magen breit.

Als wir uns auf den Heimweg zu unserer Steinhütte machen, ist es stockdunkel. Zum ersten Mal sind wir mitten in der Nacht im Dorf unterwegs. Alles ist friedlich und wartet, bis das Leben mit den ersten Sonnenstrahlen wieder von Neuem beginnt. Anna und ich gehen still Hand in Hand.

In dieser Nacht hat Kama mich erneut mit seinem Pfeil getroffen. Ich möchte mit Anna zusammen sein. Und das soll auch so bleiben. Ich möchte nicht mehr allein reisen, ich möchte da sein, wo sie ist. Holi, das Fest der Wiedergeburt der Liebe, führte uns vor vier Monaten wieder zusammen. Und Indras Sohn Kailash scheint Anna und mich im Namen des heiligen Berges an diesem wundersamen Geburtstagsabend miteinander verschmolzen zu haben.

Unsere Schritte werden untermalt vom aufkommenden tiefen, grollenden Donner. Blitze in der Ferne leuchten uns für einen Moment den Weg. Dann setzt Monsunregen ein. Der

Wind beginnt vom Berg herunterzupeitschen. Die unsichtbaren Fallwinde sind gewaltig. Sie kommen so schnell, wie sie wieder gehen, reißen alles mit sich, was bis dahin keinen festen Platz gefunden hat, und kündigen jedes Mal einen bedrohlichen Wetterwechsel an. So auch jetzt. Es sind bloß noch wenige Meter bis zu unserer Steinhütte, doch wir werden von solch dicken Wassertropfen gewaschen, wie ich sie vorher noch nie gesehen habe. Die Götter scheinen zu tanzen. Irgendwo zwischen Himmel und Erde taufen sie uns in dieser Nacht langsam im Urmeer dieser Welt.

Wo die Götter zu Hause sind

26. Juli 2020

Die ganze Nacht hält der Starkregen an, gepaart mit einem stundenlangen Gewitter. Ich versuche zu hören, wie weit das Unwetter entfernt ist, zähle die Sekunden zwischen Blitz und Donner. In dieser schlaflosen Nacht wird das Zimmer kurz hell erleuchtet, und im gleichen Moment kracht der Donner so laut, dass mein Körper vibriert. Das Gewitter ist genau über uns. Ein nächster Blitz schlägt ein. Dieses Mal scheint er eine empfindliche Stelle zu treffen, denn das Grollen des Donners wird plötzlich zum dumpfen Erdbeben. Es hält einige Sekunden an. Panik steigt auf, an Schlafen ist nun nicht mehr zu denken. Ich habe noch nie zuvor ein Erdbeben erlebt.

Aus Regen wird Hagel, der sich anhört, als würde er jeden Moment unser Wellblechdach durchschlagen können. Ich drücke meine Bettdecke weg. Sehe, dass Annas Augen ebenfalls geöffnet sind. Ich stehe auf und suche, ohne das Licht einzuschalten, den Weg nach draußen. Was ich dort zu sehen bekomme, wirkt wie die Apokalypse. Die grauen Silhouetten der Bäume schlagen hin und her. Golfballgroße Hagelkörner verwandeln die mit Wasser gefüllten Reisfelder in tobende Gewässer. Die Götter sind wütend und zeigen, welch zerstörerische Kraft sie besitzen.

Am Morgen fällt Licht durch den Vorhang ins Zimmer. Mein Körper fühlt sich verkatert an. Draußen herrscht eine bedrückende Stille, nicht einmal die Frösche sind zu hören. Neugier zieht mich raus auf die Veranda. Die Luft ist kühl. Wolken hängen an den Bergen. Nebel hüllt das Dorf in einen diesigen Schleier. Die Wand der Reisterrasse neben unserer Hütte ist unter der Last der Wassermassen zusammengebrochen. Die jungen Reispflanzen der unteren Etage sind unter dem Schlamm der oberen begraben. Durch die dicken Bananenblätter sehe ich nervöses Treiben vor Khadgas und Jamunas Haus. Gerade setzt ein fremder Mann seinen Helm auf, steigt auf sein Motorrad und fährt davon. Er biegt beim nächsten Nachbarn wieder ein, wo schon Leute draußen auf ihn warten.

Dann kommt Jamuna die Steintreppe hoch zu unserer Hütte. »Namaste, guten Morgen, geht es euch gut?«, fragt sie. Ihre Augen sehen müde und besorgt aus.

Anna hat mitbekommen, dass irgendetwas nicht zu stimmen scheint, und streckt ihren Kopf aus dem Zimmer. »Na ja, schlafen konnten wir nicht. Aber ja, uns geht's gut«, beruhigt sie Jamuna.

Jamuna hat sich Sorgen gemacht, denn sie hörte, dass wir spät heimgekommen sind. Sie beginnt zu erzählen. Durch den Monsun wurde ein großes Stück Erde am Berg aufgeweicht. Der Boden begann nachzugeben, Schlammmassen rutschten Hunderte Meter in die Tiefe und rissen ein ganzes Haus mit sich. Am Abend hatte die Familie im Haus noch den Geburtstag eines Kindes gefeiert, und in der Nacht kamen dann alle ums Leben. Nur das Geburtstagskind überlebte, verlor bei dem Unglück aber beide Beine. »Seine Mutter, sein Vater, seine Großmutter – alle sind tot.« Jamunas Stimme zittert.

Ich bin sprachlos und schaue zu Anna. Ihr Gesicht wird bleich. »Als wir gingen, waren alle noch am Leben.«

Wir müssen los, schnell, nach unseren Freunden schauen. Herausfinden, wo Kailash jetzt ist. Anna versteckt im Gehen ihr struppiges Haar unter einer Mütze. In großen Schritten springen wir die Treppe hinunter. Vorbei am Haus der Gastgeber, ohne ein Wort zu ihnen zu sagen. Sie blicken uns traurig nach. Voller Angst gehen wir unseren vertrauten Weg hinunter ins Dorf.

Am Straßenrand sehe ich zwei Männer, die sich aufgeregt unterhalten.

»Sir, wissen Sie, welches der Häuser heute Nacht verschüttet wurde?«, störe ich ungeduldig ihr Gespräch. Ich will nicht wahrhaben, was passiert ist.

»Es ist schrecklich. Dort oben.« Die beiden Männer kommen gerade von der Unglücksstelle. Sie wollten helfen. Doch vom Haus war schon nichts mehr zu sehen. Ich bin verwirrt, denn beim Reden schaut er immer in die entgegengesetzte Richtung.

»Da oben? Ganz sicher? Nicht da runter Richtung See?«

»Nein, mein Freund!« Die Familie wohnte abgelegen, direkt unterhalb der steilsten Stelle des Berges. »Ihr müsst zurück in die andere Richtung«, erwidert er.

Mein Schock löst sich. Erleichterung kommt auf. Und im gleichen Zug wächst die Scham: Ich kann mich jetzt nicht ernsthaft darüber freuen, dass statt Indras Familie eine andere betroffen ist! Mir wird flau bei dem Gedanken an das fremde Kind. Anna und ich gehen weiter den Berg hinunter, biegen rechts ab und kreuzen das Flussbett, durch welches sich das Wasser seit dem Monsun eigenwillig einen Weg ins Tal bahnt.

Zwei junge Mädchen sitzen am Flussufer und albern herum. Neben ihnen ein löchriger Eimer, gefüllt mit dreckiger Kleidung. Während das eine Mädchen mit beiden Händen ein Kleid in die Strömung hält, um es zu waschen, wringt das andere die letzten Tropfen aus einer Hose. Etwas weiter oben ist ein Wall aus dicken Felsbrocken errichtet. Das kalte Bergwasser wird in einem kleinen Teich gestaut. Erst jetzt sehe ich, dass zwei ältere Nepalesinnen hinter der Mauer im Wasser baden. Bloß ihre runden Gesichter und nackten Schultern gucken über den Steinen heraus. Meine Anwesenheit ist ihnen unangenehm. Sie versuchen, unentdeckt zu bleiben. Ich schaue weg, gucke nach unten und versuche, beim Queren des Flusses das Gleichgewicht zu halten. Eiskaltes Wasser umspült meine nackten Füße. So kalt, dass sie nach wenigen Schritten wehtun.

Weiter unten im Dorf, dort, wo das Wasser quer über den Asphalt der Hauptstraße strömt, sehe ich einen jungen Kerl in blauem Shirt und einer Jogginghose, die Hosenbeine hat er bis über die Knie hochgekrempelt. In leichter Hocke steht er vor seinem schwarzen Sportmotorrad. Mit einem kleinen Messbecher verpasst er ihm mit dem Flusswasser einen kostenlosen Waschgang. Die Atmosphäre hat etwas von einer bedrückenden Leichtigkeit. Die Einheimischen blicken grimmig drein, doch das Leben im Dorf scheint auch am Tag nach dem Erdrutsch weiterzugehen.

Bis auf den Schlamm, der sich auf beiden Seiten von Indras Haus in kleinen Sturzbächen einen Weg nach unten bahnt, sieht alles aus wie immer. Anna läuft eine Träne die Wange herunter. Wir sind beide froh, jetzt hier zu sein.

Genau wie gestern Abend sitze ich mit Indra auf den Plastikstühlen etwas abseits des Geschehens. Der Regen macht gerade eine Pause. Kailash schaut in der Ecke der Veranda auf dem Smartphone besessen seine Serie. Anna ist zum Teekochen mit Rachana in der Küche verschwunden.

Indra wirkt an diesem Morgen nachdenklich. Die Leichtigkeit des Abends ist verflogen. »Es hätte genauso gut auch uns treffen können.«

Unglaublich, welches Leid das Land in diesen Tagen zu durchleben hat. Und das alles mitten in einer Pandemie. Allein in unserem Distrikt sind in dieser Nacht durch den Starkregen sieben Häuser verschüttet worden. An meinem Handy scrolle ich durch die Online-Ausgabe der *Himalayan Times*, einer englischsprachigen Zeitung, die heute von etlichen Tragödien rund um die Opfer der Schlammlawinen berichtet. Der Tod der Familie in unserem Dorf ist kein trauriger Einzelfall; jedes Jahr sterben Hunderte Menschen durch Erdrutsche.

Auch Indra zeigt sich wenig überrascht. Er erzählt mir von der größten Naturkatastrophe Nepals, dem schweren Erdbeben im Jahr 2015. Fast 9000 Menschen starben, als die Erschütterungen die Häuser der Menschen zum Einsturz brachten. Noch heute seien die Folgen im Land zu spüren und das Elend groß.

Ich scrolle weiter in den Nachrichten. Auch der Tod durch das Virus hat es mittlerweile bis nach Pokhara geschafft. Die erste Welle treibt unaufhaltsam ihr Unwesen, nun auch in unserer unmittelbaren Nähe. In Quarantänelagern herrscht große Not, die humanitäre Krise ist unausweichlich. Ich sehe schreckliche Bilder von Lagern mit katastrophalen Zuständen, lese von Menschen, die hungern. Auch Selbstmorde gehören in Nepal seit der Pandemie zum täglichen Elend. Nepals Gesellschaft blickt in diesen Tagen in einen tiefen Abgrund.

»Es gibt dunkle Tage und helle Tage. Heute ist es dunkel, und wir warten auf das Licht«, beginnt Indra zu reden, während er am Tee schlürft, den uns Anna auf einen kleinen Hocker gestellt hat. Er beschreibt das Leid der Zeit so, als wäre alles in eine dicke, dunkle Wolke eingehüllt. Jeden Tag lesen wir vom Tod, sehen die Anzahl derjenigen, die weltweit am Virus sterben.

Hinzu kommen Kriege, Hungersnöte und die Klimakrise. Wie in einem Teufelskreis werde diese bedrohliche Wolke immer größer. Doch er mahnt. Die Wolke scheint zwar wenig Raum für Hoffnung zu lassen, doch in Wahrheit sei das Licht zu keiner Zeit ganz verschwunden. Hinter jeder noch so dunklen Wolke strahle es hell und warm. Was uns in diesen Tagen fehle, seien Abstand und eine klare Sicht auf das Große und Ganze. Denn die Sonne scheine sogar in diesem Moment, auch wenn der Blick seit Monaten durch die Pandemie getrübt sei.

»Karma«, schießt es aus mir raus. Indra lächelt sanft und sieht mich, ohne zu antworten, mit seinen dunkelbraunen Augen an. Ich scheine ein weiteres Puzzlestück dieser mir früher fremden Kultur gefunden zu haben.

»Indra, siehst du die Pflanze da vorne an der Mauer?« Ich zeige auf eine kleine, zierliche Blume. Mühsam und dennoch vergeblich will sie sich einen Weg zum Licht bahnen, eine kniehohe Mauer direkt daneben lässt einfach keine Sonne zu ihr hindurch. Und bei starkem Regen so wie heute Nacht sammelt sich eine kleine Wasserpfütze um ihren Stiel und droht die ganze Blume zu ertränken. Es ist dunkel, kalt und nass. Sie leidet. Und ihre Wurzeln halten sie an diesem grausamen Ort fest.

Doch es wirkt, als wisse sie, was zu tun ist. Ihre Bestimmung ist es, zu wachsen und zu blühen. Ihre ganze Energie wandert in die bunte Blüte. Dann schafft sie es und öffnet ihr hübsches Kleid im Schatten. Bloß für einen kurzen Moment. Ihr Samen wird vom Wind getragen und landet zwei Meter weiter auf einem von der Sonne aufgewärmten Fleckchen Erde. Dort, dieses Mal vom Licht begünstigt, geht das ganze Spiel von vorne los. Wie bei uns Menschen. Auch wir sind hier zum Wachsen und Blühen. Auch wenn es um uns dunkel ist, säen wir jetzt den Samen für das, was als Nächstes auf uns wartet.

»Das ist es. Das ist Karma«, gibt Indra zurück. Da gibt es Zeiten, die schwierig sind. Und es gibt Orte, an denen es düster ist. Unsere Gedanken können uns dann lähmen und in die Verzweiflung treiben. Oder wir akzeptieren, dass auch dies dazugehört und irgendwann vorbeigehen wird.

Irgendwie ist es paradox: Selten zuvor in meinem Leben war ich derart geballt mit so viel Leid konfrontiert. Doch gleichzeitig begegnet uns seit Monaten eine unverwüstliche, alltägliche Hingabe. Wo wir nur hinkommen, werden wir doch meistens von Menschen angestrahlt und mit ihrer Lebensfreude angesteckt. Ein Samen wird gesät, der uns selbst zum Strahlen bringt. Heute, am tragischsten Tag unserer Reise, eröffnet sich uns plötzlich eine tief verwurzelte Verbindung zur Natur.

Indra spricht weiter: »Wenn wir Menschen verwirrt sind, wissen wir nicht mal, wo wir herkommen und wohin wir irgendwann gehen werden.« Die Pandemie treibe uns alle in einen kollektiven Angstzustand. Doch wir alle wurden einmal nackt geboren, entbunden aus dem Schoße der Natur. Und wir werden irgendwann nackt wieder gehen. Ein ewiges Rad aus Kommen und Gehen. Die einen sterben im hohen Alter an einer Krankheit, die anderen als Kinder in einem Unwetter und wieder andere während einer Pandemie an einem Virus. Bloß weil der Mensch irgendwann gelernt hat, sich von allem, was »draußen« passiert, abzuschotten, scheint er mittlerweile zu denken, er sei über die Natur erhaben. Doch das ist nicht der Fall.

Indra scheint darauf zu vertrauen, dass in Wahrheit nichts verschwindet, wenn wir einmal gehen. Wo soll es auch hin im großen Universum? Ist nicht jeder Ausgang einfach nur ein neuer Eingang? Bloß eines geht mit dem Tod: unser Denken und Bewerten. Unser Geist liebt es, die Dinge zu Lebzeiten als *gut* oder *schlecht* zu bezeichnen. Doch für Indra ist die Natur neutral. Sie folgt bloß einem ständigen Fluss der Veränderungen. Die Natur ist nicht gut oder böse. Ja, auch das Virus kennt kein Wahr oder Falsch. Es tut das, wofür es hier ist. Es ist gekommen, um zu wachsen und sich zu verbreiten. Die Natur schenkt Leben und nimmt es wieder, sie lässt wachsen und irgendwann wieder zerfallen. Das gilt auch für das Corona-Virus. Es ist Teil des ewigen Kreislaufs.

Auch wenn es uns der Verstand immer wieder weismachen will, sind wir nicht hier, um uns an etwas festzuhalten. Wir müssen aufhören, das zu glauben, was uns der Verstand immer wieder erzählt.

»Wir brauchen neue Geschichten in der Welt«, fasst es Indra mit seiner ruhigen, sanften Stimme zusammen. Ein Strahlen kehrt in diesem Moment in seine Augen zurück. »Manche Menschen nennen es Gott, doch ich bin kein religiöser Mensch. Meine Religion ist die Natur.«

Aus dem Treffen wächst langsam die Erkenntnis, dass das Leid dieser Zeit nicht unbedingt *nur* durch ein Virus entsteht. Das Gefühl von Angst, Mangel und Kontrollverlust nimmt seinen Anfang oft als Ergebnis verschiedener Geschichten in unseren Köpfen. Und mir wird klar, die Geschichte der Nepalesen ist offenbar eine andere. Dort, wo es kein ausgeklügeltes Gesundheitssystem gibt, keine solide Wirtschaft, keine Versicherungen, die sogar den Tod absichern können, keinen Arzt, den man jederzeit um Rat fragen kann, eben dort, wo das Netz der Sicherheit nicht in dem Maße existiert, wie wir es kennen, üben Menschen sich in Hingabe. Sie vertrauen auf die Natur, denn sie sind Teil von ihr. Hingabe – eine Gabe, die unserer westlich geprägten Welt wohl irgendwo zwischen Industrialisierung, Konsum und Digitalisierung verloren gegangen sein muss. Denn sind wir heute nicht süchtig danach, die Dinge zu beherrschen?

Auf der ganzen Welt rüttelt Corona kräftig an den künstlich aufgebauten Konstrukten, die der vermeintlichen Sicherheit und Kontrolle dienen. Ärzte kommen an ihre Grenzen, das Gesundheitssystem droht zu kollabieren, Politiker improvisieren, Konsum kommt zum Erliegen. Den Tod sieht man nicht als Gesetz der Natur, sondern als Feind, den es auszurotten gilt.

»Klar, ich wünschte, Corona gäbe es nicht.« Ich höre die Wehmut in Indras Stimme. Seit März ist er ohne Job, und er weiß, dass lange niemand mehr reisen wird. Seine Existenz ist bedroht, bei ihm geht es dabei um Leben und Tod. Auch seinem Sohn fehlt durch die Pandemie eine Perspektive. Doch er ist sich sicher, auf der Welt wird es niemals ein Ende der Herausforderungen geben. »Sie werden kommen, ob wir wollen oder nicht.« Indra akzeptiert dies. Und irgendwie scheint die ganze Situation dadurch schon einen Teil des Schreckens zu verlieren.

Seit wir hier sind, haben wir ihn nicht ein Mal sagen gehört: »O nein, nicht schon wieder eine Verlängerung des Lockdowns!« Ganz im Gegenteil, er nahm die Ankündigungen wahr, nahm sie an und kam mit den Worten »Gibt es etwas, das ich tun kann?« ins Handeln. Und er konnte so einiges tun. Er kramte das alte Werkzeug aus dem Schuppen und ging zurück auf das Feld, um seinen Reis wieder selbst anzubauen. Er nahm sein Leben in die Hand, ohne Frust – tatsächlich war Indras Dankbarkeit unendlich, dass nun durch die Feldarbeit sein tägliches Dal Bhat und das seiner Familie gesichert ist.

Die Regenpause ist zu Ende. Der Monsun setzt wieder ein. Binnen Sekunden verwandelt sich der Boden unter uns in ein rotbraunes Schlachtfeld aus Schlamm. Es scheint, als gäbe es beim Monsun bloß einen An-und-aus-Schalter. Alles oder gar nichts, dazwischen gibt es nichts. Indra steht gemütlich auf, packt seinen Stuhl an der Rückenlehne und bedeutet mir, das Gleiche zu tun. Er schlendert unter das Dach. Vor der rissigen Hauswand stellen wir unsere Stühle ab und setzen uns wieder. Die scharfen Kanten der Stuhlbeine graben sich in den weichen Lehm der Veranda.

Indra spürt meine Verlegenheit. »Kein Problem, Rachana streicht morgen wieder neuen Lehm drüber.« Wir werden beide still und schauen dem Regen zu.

Ich denke an mein altes Zuhause. Eine heile Welt, in der das Narrativ von Wohlstand, Wachstum und einem langen, erfüllten Leben gilt. Doch wie wird es in Deutschland wohl aussehen, wenn ich eines Tages von meiner Reise zurückkehre und in der Zwischenzeit das Virus dort gewütet hat? Wie gehen die Menschen mit dieser Bedrohung um, für die man möglicherweise tatsächlich keine Lösung mehr parat hat? Werden sie beginnen, wild um sich zu schlagen, sobald sie die Kontrolle verlieren? Oder wird man sich als Kollektiv begreifen, sich genügsam in Hingabe üben? Und was, wenn die Pandemie gar nicht die letzte Krise von globalem Ausmaß ist? Eine Krise, gegen die man wehrlos sein wird? Was, wenn die düsteren Prognosen stimmen und die Klimakatastrophe die eigentliche Herausforderung ist?

Ich denke daran, wie ich mir selbst während der Reise in jenen Momenten am nächsten war, in denen ich auch der Natur nahe war. Auf 4000 Kilometern mit dem Rad waren es meine eigene Muskelkraft und der Rückenwind, die mich antrieben – keine Technik, kein Motor und kein Hilfsmittel. Ich packte das Holz in den Wäldern mit meinen eigenen Händen an, welches mir abends am Lagerfeuer Wärme spendete. Ich kochte unterm freien Himmel und roch gleichzeitig den moosigen Geruch der Erde.

Ich stand in der Mongolei auf einem Berg und blickte in die Unendlichkeit der Steppe. Das Bild, welches sich mir dort bot, war simpel. Unmittelbar und unmissverständlich sah ich den Kreislauf der Natur. Die Sonne ließ vor meinen Augen das Wasser der Flüsse verdunsten. Am Himmel sammelte es sich in Form von Wolken. Regentropfen fielen aus ihnen zur Erde. Ein grüner Teppich aus Gras spross aus dem Boden. Die Pferde-, Yak- und Kamelherden ernähren sich davon. Ihr Dung gibt der Erde Nährstoffe zurück.

Und dann stand plötzlich mitten im Nirgendwo eine kleine Jurte im Ödland. An dieser Stelle bettete sich ein kleiner Kreis in einen großen Kreis. Die Menschen tranken aus dem Fluss, heizten mit dem Dung und ernährten sich vom Fleisch der Tiere. Und je genauer ich hinschaute, desto mehr Kreisläufe fand ich, die sich zu einem Gesamtbild zusammenfügten. Auf diesem Berg in der Mongolei erkannte ich das, was sich zu Hause in meiner Welt hinter all den komplexen Prozessen versteckt hält: dass wir alle Teil des Ganzen sind, dass wir alle die Natur sind. Wir können unsere Augen davor verschließen, doch wir werden uns niemals dagegen wehren können.

In Thailand und in Myanmar begab ich mich für mehrere Wochen in eine schweigende Meditation. Ich saß neun Stunden täglich auf meinem Kissen in einem Tempel im Regenwald. Ich führte meine Aufmerksamkeit zum Atmen. Es war mühsam, und es dauerte lange, doch nach einiger Zeit wurde mein Geist plötzlich still. Das Denken durfte Pause machen, denn der Fokus verschmolz mit dem Ein- und Ausatmen. Darin liegt das ganze Geheimnis. Dort, wo Gedanken einen nicht mehr von dem trennen, was uns umgibt, wird man plötzlich eins mit allem. Das, was einem die Geschichte über das eigene Ich erzählt, verschwindet. Man *ist* einfach nur. Man ist Natur.

Ein Virus beherrscht nun also die ganze Welt. Doch ist es tatsächlich die Natur, die ungerecht und böse ist? Oder beginnt das Leid vielleicht erst in unserem Denken darüber, im Bewerten und Handeln? Sind es nicht wir selbst, die jeden Tag entscheiden, welche Geschichte wir darüber erzählen? Ist diese Pandemie nicht vielmehr ein Spiegel genau dieser Geschichtenerzähler? Ein Spiegel unserer selbst?

Es ist noch hell, als wir mit gesenkten Häuptern nach Hause trotten. Als wir die Bergkuppe erreichen, von der wir einen Blick über das ganze Dorf erhalten, sehe ich den Berg hinter unserer Hütte hinauf. Regenwald, so weit das Auge reicht. Und da, an einer winzigen Stelle, fehlt das Grün. Eine schmale Schneise, wo sich die Schlammlawine ihren Weg ein paar Hundert Meter nach unten gebahnt hat. Von dem Haus ist keine Spur mehr zu sehen. Eine ganze Familie wurde einfach ausgelöscht. Und mit ihr unzählige Geschichten, Erinnerungen und Gefühle.

Meine Reise zu dir

2. August 2020
Mein Hintern sackt tief in die weiche Matratze. Der große schwarze Rucksack wirkt sogar leer immer noch gewaltig. An der Rückseite, die monatelang der Wand zugewandt war, hat sich Schimmel gebildet. Die hohe Feuchtigkeit in der Luft hat all meinen Kleidern, die ich neben mir staple, einen modrigen Geruch verliehen. Ich greife nach meinen Wollkleidern, die ich zum letzten Mal in Nordindien trug, und stopfe sie ganz unten in den Rucksack. Dann kommt meine Technik. Ladekabel, Akkus, die kleine GoPro, das Ersatzobjektiv der Kamera und am Ende die Kamera selbst, mit welcher Anna und ich unsere Erlebnisse dokumentierten. Zu guter Letzt stecke ich die wichtigsten Dokumente in den Rucksack: Versicherungspolice der Auslandskrankenversicherungen; drei DIN-A4-Blätter mit Yogaübungen, die ich mittlerweile aber alle ohne Spickzettel beherrsche, und meinen Reisepass.

Vom Himmel ergießt sich ein wahrer Sturzbach, so laut, dass ich die Tür nicht höre. Ich schrecke auf, als Anna patschnass neben mir steht. Ihre bunte Bluse, die ihr Saroj am Anfang des Lockdowns genäht hat, klebt an ihrer Haut. Dort, wo sich die Frauen aus dem Dorf seit der Regenzeit zum Waschen und Baden treffen, im kleinen aufgestauten Fluss, suchte sie nach einer Abkühlung. Dann kam der Regen hinzu.

»Was zum Teufel machst du da? Willst du ausziehen?«, fragt Anna mich entgeistert. Es muss mittlerweile seltsam ungewohnt sein, mich beim Packen meines Rucksacks zu sehen.

»Das ist alles, was ich noch habe«, erkläre ich ihr. Ich stemme das volle Gepäckstück nach vorne, neben die Tür. Seit Tagen fühle ich mich in der Hütte nicht mehr sicher. Sollte die Erde nochmals zu beben beginnen und der Schlamm wieder ins Rutschen geraten, will ich auf der Flucht wenigstens mein Hab und Gut mit dabeihaben.

Anna lacht herzhaft los: »Jetzt bist du verrückt geworden.«

Dann wird es still. Anna nimmt meine Hand und schaut mich mit einem Blick an, den ich von irgendwoher kenne und dennoch fast vergessen hatte. Eine nasse Strähne hängt in ihrem Gesicht. Ihre blauen Augen leuchten. Und dennoch sehe ich auch etwas Trauriges. Ich erinnere mich: Genauso stand sie vor fast einem Jahr am Flughafen in der Mongolei schon einmal vor mir, kurz bevor sie hinter der gläsernen Drehtür verschwand.

»Michael, ich muss bald heim.« Sie wendet ihren Blick ab und schaut zu Boden. Ich schweige. Dann erklärt sie, dass ihr altes Leben wieder nach ihr rufe. In Deutschland ist die erste Welle nun lange vorbei, die Kulturbranche erwacht wieder, Normalität kehrt ein. Anna hat für September ein Jobangebot für einen vierwöchigen Dokumentarfilmdreh erhalten.

»Ich könnte das Angebot ablehnen. Aber ich weiß nicht, ob ich das will«, sagt sie. Die ersten Tränen laufen ihre Wangen herunter. Die Zeichen stehen plötzlich wieder auf Trennung. Anna könnte schon bald im ersten Flieger sitzen, der nach der angekündigten Flughafenöffnung abheben wird. Im Gegensatz zu mir hat sie ihr Leben daheim nie aufgegeben, es hat nur monatelang pausiert. Anna weint. Ich nehme sie fest in meinen Arm und streichele ihr über das nasse Haar. Dann beuge ich mich leicht nach vorn, umfasse mit meinen Händen ihr Gesicht und küsse sie.

Der nächtliche Sturm zieht über das Land. Der Himmel scheint zu explodieren, die Erde grummelt wütend. Mein Rucksack steht neben der Tür, bereit zum Aufbruch. Gedanken wirbeln durch meinen Kopf. Gedanken über meine Reise. Eine ständige Flucht. Ich hetzte von Land zu Land, immer weiter weg von mir. Immer weiter weg von Anna. Ich reiste langsam über Land, doch meine Seele kam nicht hinterher. Ich nannte die ganze Welt mein Zuhause und fand dennoch keine Zuflucht. Und dann wurde plötzlich aus rasanten Abenteuern totaler Stillstand. Die Weite der Welt wurde ersetzt durch die Enge des Dorfes. Aus Einheimischen wurden Freunde. Aus dem Nicht-genug-Kriegen wuchs Genügsamkeit. Mein *Ich* wich dem *Wir*. Und nun ist das Ende genauso plötzlich da, wie damals alles anfing. Was kommt jetzt?

Es ist kurz nach Mitternacht. Anna schläft still neben mir, als die Erde unter mir plötzlich wieder zu beben beginnt. Ich presse meine Augen zusammen, spüre Angst. Die Wände vibrieren. Doch ich bleibe liegen. Keine Flucht, das Wegrennen ist vorüber.

Nachdem Anna mir gestern von ihrem Jobangebot erzählte, herrscht während des ganzen Frühstücks Stille zwischen uns.

Eine frische Brise weht durch die Außenküche. Beide sind wir im Grübeleien versunken. Der Geruch von Kaffee flutet den offenen Raum.

Khadga stört die Zweisamkeit, um uns von den Neuigkeiten in der Welt zu berichten.

»Nepal macht wieder dicht«, fällt sein ernüchterndes Fazit aus. Seit der Teilöffnung gehen die Zahlen steil nach oben. Um das Leben auf den Straßen wieder zu bremsen, dürfen an geraden Kalendertagen bloß noch Fahrzeuge unterwegs sein, deren letzte Zahl auf dem Nummernschild ebenfalls gerade ist, an ungeraden Tagen umgekehrt. Die Strecke zwischen Pokhara und Kathmandu ist nach wie vor gesperrt. Die geplante Flughafenöffnung am 17. August ist auf unbekannte Zeit verschoben. Bis auf ein paar private Charterflüge mit Sondergenehmigungen darf kein Flieger das Rollfeld verlassen. Und die Landesgrenzen sind immer noch verbarrikadiert.

Für Khadga ist das Schlimmste, dass damit alle Hoffnungen zerstört sind. Die erneute Ausgangssperre droht.

Plötzlich ertönt der schrille Schrei einer Frau. Der Berg lässt das Echo durch das ganze Dorf schallen. Khadga schreckt auf und bedeutet uns mit einer Geste, dass wir still sein sollen. Er lauscht. Dann ein zweiter Schrei. Ein lautes Geschepper folgt, als würde jemand mit einem Stock wütend gegen einen Kochtopf hauen.

Khadga zögert nicht länger und springt auf. »Die bösen Geister aus dem Wald sind da!«

Anna und ich gucken uns verdutzt an, während unser Gastgeber plötzlich um die Ecke huscht. Wir sind verwirrt, als wir aus den Nachbarhäusern weitere Menschen herausrennen sehen: Frauen, die wild auf Eimer einschlagen, und Männer, die mit Steinschleudern auf die Bäume des angrenzenden Regenwaldes losgehen. Auch Khadga ist bewaffnet und schießt seine Geschosse in die Baumkronen. Das Schauspiel dauert zehn Minuten, ehe vom einen auf den anderen Moment wieder Ruhe im Dorf einkehrt.

Das Corona-Virus scheint nicht der einzige unsichtbare Feind Nepals zu sein. Wie wir später am Tag erfahren werden, kam an diesem Morgen eine Gruppe Affen aus dem Wald, um aus den Gärten der Menschen Gemüse zu stehlen. Von blinder Zerstörungswut gepackt, reißen die Affen das Gemüse lieblos aus dem Boden und preschen dann wieder davon.

Anna ist völlig unbeirrt von dem Spektakel. Es wirkt, als hätte sie das kuriose Schauspiel nicht mal mitbekommen.

»Wenn ich den Job annehme, muss es schnell gehen«, nimmt sie das Thema von gestern Abend wieder auf. Länger zu warten könnte bedeuten, dass sie das Land erneut überhaupt nicht mehr verlassen könnte. Da das Deutsche Auswärtige Amt Nepal zum sogenannten Hochrisikogebiet erklärt hat, gibt es für Heimreisende nach Deutschland eine Quarantänepflicht von vierzehn Tagen. Anna bleibt kaum Zeit für die Entscheidung. Will sie den Job im September wirklich machen, sind ihre Tage in Nepal gezählt.

Plötzlich ist er wieder da, mein Gedanke übers Weiterreisen. Die gleichen und immer noch unbeantworteten Fragen von vor der Pandemie tauchen wieder auf. Wird es Pakistan? Fliege ich in irgendein beliebiges anderes Land, das noch offen ist? Oder geht es doch zurück nach Deutschland?

Mein Visum für Pakistan ist längst abgelaufen, und die Region rund um den Hindukusch ist von der Pandemie hart getroffen. Sauerstoff wird dort knapp; Krankenhäuser verriegeln ihre Tore, die von Soldaten bewacht werden, und das Land schottet sich weiterhin ab. In Indien, meinem nächsten anvisierten Reiseland, sieht es kaum anders aus. Alte Eisenbahnwaggons werden in den Bahnhöfen von Delhi und Mumbai zu Krankenlazaretten umfunktioniert. Die Inzidenzen in der Milliardenrepublik erreichen Tag für Tag neue Rekorde.

Damien und Phoebe, das englisch-französische Paar, das ich, als die Welt noch in Ordnung war, in Myanmar kennenlernte, waren für den langen indischen Lockdown in Rajasthan gestrandet. Sie gehörten zu den wenigen, die geblieben sind. Doch vor einigen Tagen spitzte sich die Lage im Westen Indiens derart zu, dass man ihnen wieder verboten hat, das Haus zu verlassen. Die Menschen dort fürchteten sich auch Monate nach Beginn des Lockdowns mehr denn je vor ihnen. Seit sieben Jahren reisen die beiden *modern gipsies*, wie sie sich selbst nennen, durch Asien. Indien ist ihre zweite Heimat. Doch am Ende trieb das Virus das reiseverrückte Paar vor wenigen Tagen zurück nach Europa, wo nichts Vertrautes auf die beiden wartete.

Reisen geht nicht mehr. Und glaubt man Indra, kann das für die nächsten Jahre auch so bleiben. Alternativ könnte ich nach Annas Abreise in Nepal bleiben, um weiter im Himalaya auf das Ende der Pandemie zu warten. Die Menschen hier sind gut zu uns, der Staat verlängert das Außerkraftsetzen der Visapflicht von Monat zu Monat, und ich fühle mich mittlerweile irgendwie im Land zu Hause.

Doch trotz allem, irgendetwas fühlt sich falsch dabei an, mich weiter an den Plan von einst zu klammern, an den Traum, mit Anna den indischen Kontinent zu bereisen.

»Würdest du mitkommen? Irgendwann zurück nach Indien?«, frage ich Anna, während sie am Gasherd steht, um uns einen zweiten Kaffee anzusetzen.

»Klar, ich will mein Leben lang reisen«, erwidert sie mir mit einer unaufgeregten Selbstverständlichkeit, ohne nur einen Moment lang zu zögern. Sie schaut nicht mal hoch und verrührt stattdessen weiter das Kaffeepulver in den Tassen mit dem kochenden Wasser. Für sie ist gewiss, Reisen ist genauso auch ihr Leben. Ich bin nicht mal richtig überrascht über ihre Reaktion. Und auch nicht über meinen eigenen Gleichmut: Mir gefällt der Gedanke, dass mein Alleinreisen in Nepal endgültig ein Ende finden könnte.

Es ist der Stillstand der letzten Monate, der mich zu leben lehrte. Ich wurde gezwungen, meinem inneren Drang nach Geschwindigkeit zu widerstehen. Grenzen schlossen vor meiner Nase. Soldaten versperrten mir den Weg. Stille hielt mich fest, als ich davonlaufen wollte. Sie zwang mich, dem Bettler zuzuhören. Und er wurde zum Freund. Stille lehrte mich, dort hinzusehen, wo ich vorher drüber weggeschaut hätte. Ein Reiskorn lehrte mich den Kreislauf der Natur. Und im Wasser des Phewa-Sees scheint sich mein Inneres gespiegelt zu haben.

Heute weiß ich, die Einsicht ist überall. Egal, auf welchem Kontinent, egal, bei welchem Wetter, egal, ob am Meer oder in den Bergen; ob im Winter oder Sommer, im Innehalten liegt das ganze Leben. Und innehalten kann man überall. Es war das

Beobachten, das Nicht-Reagieren und das simple Sein, welches mich in der Zeit des Lockdowns erfüllte. Alles ist eine Frage der Perspektive. Die Pandemie ist das Schlimmste, was der Welt seit dem Zweiten Weltkrieg geschehen ist. Doch für mich steht die Zeit auch für Wachstum und Fülle.

»Ich komme mit«, sage ich zu Anna. Still schaut sie zu mir und beginnt zu lächeln. Sie nickt sanft, so als wolle sie mir sagen, dass sie bereit sei. Eine Träne kullert ihre von der Sonne braun gebrannte Wange herunter. Dieses Mal wird sie nicht für lange Zeit hinter einer gläsernen Drehtür des Flughafens verschwinden. Sie wirft die Arme weit auseinander und wartet darauf, endlich von mir gedrückt zu werden. Dieses Mal nicht zum Abschied.

Ich möchte weiterreisen, mit ihr. Wieder und wieder ein neues Zuhause finden, mit ihr. Ich möchte zurück nach Deutschland, mit ihr. Seit wir uns in einem Pyrenäendorf auf dem Jakobsweg kennenlernten, lag es immer bloß an ihr, dass wir uns wiedersahen. Sie radelte sechs Wochen lang mit mir Richtung Nordkap, sie begleitete mich fünf Wochen lang auf meinem Weg von Russland in die Mongolei. Und sie flog, wenige Tage bevor die Pandemie losbrach, zu mir nach Nepal. Immer wieder hörte sie von mir die Worte: »Wenn du mich sehen willst, musst du zu mir kommen.«

Nun ist endlich die Zeit gekommen, dass ich *ihr* folge. Unsere Reise soll weitergehen, gemeinsam.

An diesem Tag beschließen wir, zum ersten Mal hoch ins Bergdorf Sarankot zu wandern. Ohne die Pandemie wäre das wohl der Ort gewesen, den wir für einen Tagesausflug als Allererstes besucht hätten. Von einer Aussichtsplattform auf etwa 1500 Metern über dem Meeresspiegel soll man einen surreal wirkenden Blick auf das 8000 Meter hohe Annapurna-Gebirge erhalten. Jenes Gebirge, an dessen Ausläufern wir auf unserer Wanderung kurz vor dem Lockdown scheiterten. Heute möchten wir wenigstens einmal einen Blick auf seinen Gipfel werfen.

Es ist schwül, und die Sonne brennt nach den regnerischen letzten Tagen. Der Weg soll anderthalb Stunden lang bloß steil nach oben gehen. Bereits nach den ersten zehn Minuten auf einer Treppe sind wir nass geschwitzt. Das erste Stück führt durch den Regenwald, in dem man zusehen kann, wie die Feuchtigkeit des Bodens in der Hitze verdunstet. Unsere Körper laufen auf Hochtouren. Oberhalb des Waldes führen die Stufen fast senkrecht nach oben. Bergziegen grasen genüsslich neben dem Weg. In Zeitlupe überholen wir sie.

Auf halber Strecke erreichen wir ein kleines Dorf. Die Stufen werden abgelöst von einem Weg aus rotem Sandstein, der mit den bunten Hausfassaden um die Wette leuchtet. Links eine Hütte aus gelbem Naturstein. Dahinter ein Holzhaus mit grünem Anstrich und gelben Fensterläden. Rechter Hand ein Haus in der gleichen Farbe wie der Boden mit blauen Fensterläden. Das Vordach aus Wellblech wird von gebogenen Holzpfeilern getragen.

Zwei Kinder mit verstaubten Kleidern kommen zu uns gerannt. Sie scheinen überrascht zu sein, Touristen haben sie sicherlich lange nicht gesehen. Mit einem Strahlen in den Augen und dreckigen Gesichtern fragen sie nach »Choc'lat, Choc'lat«.

Sie scheinen genau zu wissen, was wir Reisenden aus dem Westen immer mit uns tragen.

Ich stelle meinen kleinen Deuter mit dem Tagesproviant in den roten Staub, wühle mit einer Hand im Inneren herum und drücke dem Jungen eine Tafel mit Zartbitterschokolade in die Hand. »Noch mehr, bitte!«, gibt er sich nicht zufrieden, ohne allerdings sein freundliches Strahlen zu verlieren.

Der Fluss der Reise hat uns wieder; die Magie des Unterwegsseins, sie ist zurück.

Kurz bevor wir den Gipfelort erreichen, hören wir am Waldrand das sanfte Rauschen des kleinen Baches, der einige Hundert Höhenmeter weiter unten auch an unserem Zuhause vorbeifließt. Intuitiv entscheiden wir uns für den Umweg und biegen auf einen kleinen Pfad nach links in den Wald ab. Zwischen uralten Bäumen erwartet uns eine kleine Lichtung. Genau dort überwindet das Flüsschen eine etwa zwei Meter hohe Stufe im Berg. Neben dem Wasserfall sammelt sich das Wasser in einer natürlichen Senke und nimmt dann bergab wieder Geschwindigkeit auf. Der Ort strahlt eine große Ruhe aus.

Dann sehen wir, dass das Flüsschen weiter unten ein großes Stück des Ufers ausgespült hat. Eine breite Schneise aus Schlamm bahnt sich daneben den Weg ins Tal. Das ist sie, die Stelle, an der sich vor wenigen Tagen das Drama abspielte, bei dem eine ganze Familie in den Tod gerissen wurde.

Erst nach einer Weile nehmen wir einen Mann wahr, der direkt neben dem kleinen Wasserfall sitzt, den Rücken an eine Pappel-Feige gelehnt. Die Anwesenheit des märchenhaften Baumes verleiht ihm eine aufrechte Haltung. Der Stamm des alten

Riesen schlängelt sich aus vielen einzelnen Wurzelsträngen nach oben. In der Mitte eines dicken Astes wirkt es, als wäre eine Wurzel blind die Luft hinaufgewachsen, um das schwere Geäst zu stützen.

Der Mann trägt ausgewaschene Kleider und keine Schuhe. Er ist abgemagert, und seine Wangenknochen stehen spitz hervor. Unsere Anwesenheit scheint ihn nicht zu stören, ganz im Gegenteil. Er lächelt, als er uns das Staunen über den mystischen Baum ansieht.

Während sein Blick langsam nach oben in die Baumkrone geht, beginnt er zu erzählen, dass er seit der angeordneten Schließung im März immer wieder zu diesem Ort komme, um sich nach Tagen der Verzweiflung wieder zu beruhigen. »Der Fluss erinnert mich wieder.«

Die Welt unserer eigenen Gedanken sei wie ein Fluss. Irgendwo da oben ist eine kleine Quelle. Das ist nicht wirklich der Ursprung des Wassers, doch Menschen haben sich darauf geeinigt, die Quelle als den Beginn des Flusses zu bezeichnen. Ähnlich scheinen auch unsere Gedanken irgendwo ihren Anfang zu nehmen. Leicht und beschwingt läuft die erste Etappe des jungen Flusses fast von allein. Die Angst, in irgendeinem Erdloch wieder zu versickern, ist nicht vorhanden. In unseren Gedanken kennen wir diese Unbekümmertheit alle. Man packt Dinge an, kommt in einen Flow und lässt sich vom eigenen Tatendrang leiten.

Dann wächst der Fluss, weiß immer genauer, wo er hinmöchte. Er wird größer, und es wird immer schwerer, die eingeschlagene Richtung wieder zu verlassen. Er scheint sich zu verselbstständigen. Dies ist der Punkt, wo sich in unseren Köpfen

Routinen, Vorlieben, Abneigungen und Klischees entwickeln, die wir bloß schwer wieder verändern können. Doch der Fluss trifft auf Hindernisse. Das eine Mal umgeht er sie mit einer Wende, das andere Mal walzt er die Hürde platt und zerlegt sie in ihre Einzelteile. Auch in unserem Kopf haben wir die Möglichkeit, Probleme zu umfahren. Oder wir machen sie uns zu eigen, befassen uns mit Details und räumen den Berg mit aller Kraft beiseite.

Im Laufe seines Lebens trifft der Strom immer wieder auf andere Flüsse, die ihn bereichern und ihn manches Mal verändern. So ist auch unser Denken nichts Festes. Von jeder gemachten Erfahrung neu eingefärbt, ist unsere eigene Welt der Gedanken im ständigen Wandel. Wir treffen Menschen, von denen wir lernen, bewältigen Krisen, an denen wir verzweifeln oder wachsen, und erfahren Augenblicke, die zu Momenten der Einsicht führen. Alles, was im Leben passiert, nimmt Einfluss auf den Fluss unserer Gedanken. Ob wir wollen oder nicht.

Am Ende der Reise erzählt der Fluss dann seine eigene Geschichte. Er besitzt einen Charakter, eine Farbe und einen Klang. Man kennt ihn und gibt ihm einen Namen. Ähnlich wie bei uns Menschen. Wenn wir alt sind, berichten wir unseren Enkeln in den Farben unserer Gedanken. Dort sind die Erinnerungen klar, da sind sie trüb. Geschichten machen Menschen zu dem, was sie sind. Die einen wurden reich, erfolgreich und buhlten um Macht; und es gibt andere wie den ausgezehrten Nepalesen, der uns erzählt, dass er nie viel besaß, nie Lesen und Schreiben lernte und nie aus seinem Heimatdorf herauskam.

Dann gibt es das vermeintliche Ende des Flusses, der zu guter Letzt immer wieder im großen Ozean landet. Doch wer genau hinschaut, sieht, dass im Ozean gar nicht das Ende liegt.

Denn ohne den Ozean gäbe es hoch oben in den Bergen auch keine Quelle. Der Ozean und die Quelle sind beides eins. Auch unsere Gedanken werden nie zu Ende gedacht. Auf den einen folgt schon der nächste. Ein ewiges Rad aus Kommen und Gehen, das je nach Art und Weise der Erzählung Menschen zu dem macht, was sie sind.

Er erklärt uns, dass wir in unserem Leben immer auch die Möglichkeit haben, uns wie er *neben* den Fluss zu setzen, um unsere Gedanken zu beobachten. Ein ganzer Flusslauf hat dazu geführt, dass wir heute sind, wer wir sind. Doch wir brauchen nicht auf jeden Gedanken zu reagieren. Sich seiner eigenen Gedanken bewusst zu werden, schafft Raum zum Handeln. Als würde man aus einem Rad ausbrechen, welches sich immerzu dreht. Es ist das Ende eines vorherbestimmten Kreises.

Ich möchte meiner eigenen Reise keine Erwartungen mehr aufzwingen, wohin sie zu führen hat. Es kommt, wie es kommt. Und ich weiß, ich darf das Beste daraus machen. Nepal hat sehr viel Ruhe in mein Inneres gepflanzt. Die Sorgen sind weg. Die Sorgen, dass meine Reise irgendwie anders weitergehen sollte als mit dem Flugzeug zurück nach Deutschland.

Demut wächst. Das ist es, was mich der Lockdown in Nepal lehrte. Ich möchte aufhören, mich zu beschweren, denn ich habe unvorstellbares Glück. Mir geht es gut. Die Zeit macht mich dankbar für all das, was ich auf meiner Reise erleben durfte. Für all die Privilegien, die ich habe und für die mein weinroter Reisepass ein Symbol ist. Für die Zeit und das Geld, die Menschen in mein Erwachsenwerden investiert haben. Für das Sicherheitsnetz, das mich in Deutschland wieder tragen wird. Für die Chancen, die man mir gewährt. Für das Strahlen und die Liebe der Menschen, denen ich im Laufe meiner Reise begegnete. Und noch begegnen werde.

Nach Monaten im Lockdown sind wir endlich an der Aussichtsplattform angelangt. Wir blicken in Richtung der Achttausender. Aber wir sehen nichts. Das Wetter macht uns einen Strich durch die Rechnung. Dicke weiße Wolken versperren uns die Sicht auf den Himalaya. Doch uns genügt das Wissen, dass die Berge trotzdem da sind, auch wenn sie in diesem Moment von Wolken verdeckt werden.

»Willkommen im *Never made it to Annapurna*-Club«, stellt Anna mit einem glücklichen Lächeln fest.

Eine Erinnerung an mein altes Leben in der Stadt wird wach. Bilder aus einem Teammeeting bei einem früheren Arbeitgeber kommen hoch, dem ich als Manager beiwohnte. Man zeigte uns eine PowerPoint-Folie mit den Firmenlogos der Konkurrenten. In einer Animation räumte schließlich unser eigenes Logo die der Mitstreiter ab. Was blieb, war die Vision von der eigenen Marktführerschaft. Ein Bild der Achttausender des Himalayas folgte, darüber das Motto: »Aim high – Da wollen wir hin, ganz nach oben«.

Als meine Reiseroute feststand, dachte ich: »Wer weiß, vielleicht sehen wir uns dann irgendwann auf einem der Gipfel des Himalayas wieder?«

In diesen Tagen sind sie nah und dennoch unerreichbar. Heute stehe ich vor dem zehnthöchsten Berg der Erde, der Annapurna. Doch sie versteckt ihre Schönheit hinter einem weißen Schleier. Zufrieden wende ich mich ab. Auf der anderen Seite sehe ich dort, hinter den letzten Häusern Pokharas, das Rollfeld des Flughafens. Ich werde heimkommen, ohne es auf die Annapurna geschafft zu haben. Doch ich bestieg meinen eigenen Berg.

7. August 2020

Auf meinem schwarzen Rucksack liegt eine dicke Schicht Staub, als ich ihn auf dem dreckigen Asphalt der Dorfstraße ablege. Die Luft ist trocken und heiß. Nervös schaue ich, ob ich eine Nachricht auf meinem Handy habe. Nichts. Mittlerweile sind wir schon zwanzig Minuten über der Zeit. Dann kommt ein silberner Geländewagen neben uns zum Stehen. Die getönte Scheibe fährt nach unten.

»Ihr wollt nach Kathmandu?« Ja. Das ist unser Mann.

Außer Khadga und Jamuna, von denen wir uns am Morgen bereits oben verabschiedeten, sind alle gekommen. Indra, Rachana, Kailash, Saroj und seine Familie, Shree und seine Frau Bimala. In Nepal ist es Brauch, Reisende vor ihrem Vorhaben zu segnen. Die Frau des Bettlers wirft uns gelbe und rote Blütenblätter über den Kopf. Danach legt Indra jedem von uns ein orangefarbenes Seidentuch um den Hals. Als Anna sieht, dass Rachana weint, kommen auch ihr die Tränen.

Dann packt Indra eine kleine goldene Dose aus. Er öffnet sie. Rachana tupft ihren Zeigefinger in die rote Farbe und geht dann mit ihrer Hand zu unserer Stirn. Sie malt uns sanft ein Bindi zwischen die Augenbrauen. Mit diesem Punkt auf der Stirn öffnet sie uns symbolisch das dritte Auge. Obwohl man in Nepal bei Verabschiedungen auf Körperkontakt verzichtet, umarmen wir uns trotzdem alle. Jetzt kommen auch mir die Tränen. Nun ist es vorbei.

Ein letztes Mal werfe ich mein vollgepacktes Schneckenhaus in den Kofferraum eines Autos. Die Türen knallen, und das Dorf verschwindet hinter der aufgewirbelten Staubwolke unseres Taxis.

Anna und ich haben eines der wenigen Flugtickets einer gecharterten Maschine von Turkish Airlines ergattert. Der Flughafen ist zwar offiziell für den internationalen Flugverkehr noch geschlossen, für einige Flüge gibt es aber eine Sondergenehmigung. Die Besonderheit bei diesen 3000 Euro teuren Tickets war, dass wir den Abflugtag nicht kannten. Nach dem Kauf mussten wir uns in Geduld üben, denn der Flieger würde erst abheben, sobald alle Plätze reserviert seien.

Gestern Abend kam dann der Anruf vom Reisebüro: »Es kann losgehen.« Wäre das Flugzeug bloß zwei Tage früher gegangen, hätten wir es nicht erreicht. Denn durch die Regenzeit ist die einzige Route zwischen Pokhara und Kathmandu immer wieder durch unzählige Erdrutsche und weggebrochene Wegstücke unpassierbar. Tagelang war die Straße komplett gesperrt. Alternative Wegoptionen gab es keine. Doch an diesem Tag haben wir Glück. Die Straße wirkt aufgeräumt. Die einzigen Hindernisse, die Polizeibarrikaden zwischen beiden Städten, dürfen wir mit einer vom Reisebüro ausgehändigten Sondererlaubnis umfahren.

Am Gate des Flughafens begrüßt uns ein mit Sturmgewehr bewaffneter Soldat: »Namaste.« Die Erinnerung daran, wie ich an der indischen Grenze vor einem halben Jahr zum ersten Mal so begrüßt wurde, wird wieder wach. Vor der Eingangstür zum

Terminal wartet ein Arzt. Er trägt einen weißen Ganzkörperanzug, eine medizinische Maske und zusätzlich ein Visier als Schutzschild vor dem Virus. Ich bin an der Reihe.

»Sir, haben Sie irgendwelche Symptome?«, fragt er mich und hält mir eine piepende Pistole gegen die Stirn. Ich verneine, und im gleichen Moment beginnt die Pistole rot zu blinken. »38,5 Grad, Fieber«, sagt er und zeigt auf einen Stuhl im Schatten, auf dem ich Platz nehmen soll. Anna war vor mir dran und ist bereits im Inneren des Flughafens verschwunden.

Karma, schießt es mir durch den Kopf. Nun scheint es sich zu rächen, dass ich vor einem halben Jahr den letzten Posten an der Grenze zwischen Myanmar und Indien angelogen habe.

»Sir, keine Sorge, das war bestimmt nur die pralle Sonne, in der Sie standen«, versucht der Arzt mich zu beruhigen. Dann misst er ein zweites Mal. »37,2! Sir, ich hoffe, Sie hatten eine gute Zeit in Nepal. Gute Heimreise.«

Meine Reise geht weiter. Und unser nächstes Zuhause wird Deutschland sein. Vor einem halben Jahr hätte ich mir sicherlich eine Reise ohne das unüberwindbare Hindernis Corona gewünscht. Heute bin ich dankbar und verneige mich vor der Zeit. Hindernisse werden zum Leben immer mit dazugehören. Auch nach der Pandemie. Und es liegt an uns selbst, welche Sicht wir darauf einnehmen. Diese Reise hat mir gezeigt, wie ich Freiheit auch in größtmöglicher Einschränkung finden konnte.

Namaste Corona! Ich verneige mich vor dir. Du Teil der Natur, Teil von uns.

Epilog

Eine kleine Glühbirne taucht Indras Gesicht in warmes Licht. Es ist Abend in Nepal. Indra sitzt im kurzärmeligen Deutschlandtrikot auf der Lehmveranda. Alles wirkt vertraut, obwohl viel Zeit vergangen ist. Er sieht erschöpft aus, denn er ist erst seit ein paar Stunden von einer Trekkingtour zum Everest Base-Camp zurück.

»Dieses Mal war ich mit einem Franzosen und zwei Holländern oben, nächste Woche hole ich eine Frau aus Hamburg am Flughafen in Kathmandu ab.«

Dann bricht die Internetverbindung wieder ab, und Indras strahlende Augen frieren für ein paar Sekunden ein. Anna und ich telefonieren mit Indra meistens unter freiem Himmel. So fühlen wir uns Nepal näher. Annas Kopf lehnt leicht gegen meinen. Wir starren beide auf den Handybildschirm und warten. Ein kalter Herbstwind weht um unsere Ohren. Bevor die Sonne hinter dem Dach des über 300 Jahre alten Vier-Seiten-Fachwerkbauernhofs verschwindet, bemüht sie sich noch einmal, den mit Sandstein gepflasterten Innenhof um uns herum zu wärmen.

Es tut gut zu hören, dass drei Jahre nach Ausbruch der Pandemie wieder Touristen nach Nepal strömen. Spätestens seit den Grenzöffnungen zu China und Indien liegt die Zahl der Ankünfte wieder auf dem Vorkrisenniveau. Der Monsun ist vorbei, und damit beginnt für Indra gerade die Hauptsaison.

»Es gibt dunkle Tage und helle Tage. Und wir warten auf das Licht«, beschrieb er zu Pandemiezeiten seine Lage. Die Zeit der Dunkelheit scheint für ihn endlich verbannt.

Dann kehrt die Verbindung in den Himalaya zurück. Die Handykamera dreht langsam zur Seite, sodass nur noch Indras halbes Gesicht zu sehen ist. Rachana streckt ihren Kopf ins Bild.

»Hello, Namaste!«

»Rachana! Wie geht es dir?«, ruft Anna strahlend in das Telefon.

Über das Coronavirus redet längst kein Mensch mehr. Rachana berichtet stattdessen von der diesjährigen satten Reisernte. Ihre Augen leuchten, wenn sie von der Gartenarbeit erzählt, die sie weiterhin mit viel Leidenschaft betreibt. Anna wird regelmäßig mit nepalesischen Kochrezepten versorgt, und seit wir das Dorf verlassen haben, wurde von Indra schon der ein oder andere deutsche Tourist als Kurier beauftragt, um uns bei der Heimreise Gewürze und getrocknetes Gemüse mit nach Deutschland zu bringen.

Als wir die Familie damals kennenlernten, war Kailash knapp fünf. Heute ist er acht und ein großer Junge. Seine bis zum Po reichenden Haare sind einem frechen Kurzhaarschnitt gewichen.

»Von insgesamt dreißig Schülern war er dieses Jahr unter den drei besten«, freut sich der Vater.

Auf seiner Privatschule wird ausschließlich auf Englisch unterrichtet. Mittlerweile können wir uns also auch mit dem Jungen fließend unterhalten.

»Ihr würdet das Dorf heute sicher nicht mehr wiedererkennen«, meint Indra.

Der Bau der Bergbahn sei schließlich abgeschlossen. Tausende Touristen erreichen nun von ihrem Hotel in Lakeside innerhalb von fünfzehn Minuten den Gipfel in Sarangkot. Anna und ich können selbst bezeugen: Die Achttausender, die sich dort vor einem auftürmen, sind derart gewaltig, dass sie alles Weltliche belanglos erscheinen lassen. Eine unvergessliche Erfahrung.

Von einem weiteren Highlight in Sedi berichtet uns unser Gastgeber Khadga: dem neu gebauten 5-Sterne-Resort und -Spa mit Luxus-Suiten inklusive eigenem Jacuzzi für 400 Dollar pro Nacht. Unvorstellbar, dass dieses Domizil bloß eine Reisterrasse unter unserer ehemaligen Steinhütte mit Wellblechdach liegt. Doch Khadga sorgt sich wenig um die neue Konkurrenz, denn mit seiner schlicht gehaltenen Unterkunft buhlt er sowieso nicht um die Gunst der Superreichen. Unser Gastgeber konzentriert sich lieber auf seine Karriere als YouTuber. Verrückt, denn oft besuchte er uns für Stunden auf unserer Veranda, um uns in die Geheimnisse der Social-Media-Algorithmen einzuweihen. Wie konnte ich ahnen, dass seine Videos, in denen er all das filmt, was uns so vertraut ist, wenige Jahre später mehr als drei Millionen Mal aufgerufen werden? Khadga ist jetzt ein echter Influencer. Er zeigt seine Mutter, die mit ihren faltigen Händen eine Steinmühle bewegt, um Getreide zu mahlen. Man sieht seine Frau Jamuna, wie sie morgens die Hühner füttert, und seine Tochter Samikshya, die in ihrer Freizeit zwischen Bananenpalmen zu nepalesischen Volksliedern tanzt.

Auch mit Shree und seiner Frau Bimala sind wir noch in Kontakt. Vor Kurzem schickten sie uns ein Video, in dem die beiden von singenden Kindern in Schuluniform belagert werden. Shrees Tatendrang, Nepal zu einem besseren Ort zu machen, begeistert mich heute mehr denn je. Von ihm lernten wir damals einiges über das Kastensystem in Nepal, das zwar offiziell nicht mehr existiert, aber nach wie vor in den Köpfen etlicher verankert ist. Er, in die Kaste der Unberührbaren geboren, wurde nun sogar zum Vorstandsvorsitzenden des *Kindness Club Pokhara* gewählt. Ein gemeinnütziger Verein, der sich für das Wohlergehen von Kindern aus benachteiligten Familien engagiert. Dort betreibt Shree Aufklärung an Schulen, fördert Schülerinnen und Schüler in prekären Lebenslagen mit Stipendien, kämpft gegen Ausgrenzung und Diskriminierung und strebt so nach mehr Freundlichkeit und Mitgefühl in der heranwachsenden Gesellschaft. Sein gelebter Optimismus inspiriert uns, obwohl uns mittlerweile Tausende Kilometer und fast fünf Stunden Zeitverschiebung trennen.

Seit über drei Jahren sind wir nun zurück in Deutschland, unsere Freunde weiterhin dort im kleinen Dorf am Fuße des Himalayas. Nach außen hin könnten die Welten, in denen wir leben, nicht unterschiedlicher sein. Doch im Herzen sind wir einander nah.

Ein schmaler, mit buntem Herbstlaub bedeckter Pfad führt uns quer durch ein Gemüsebeet zu einem winzigen Nebengebäude, das wir heute unser Zuhause nennen. An den ausgefransten nepalesischen Gebetsfähnchen über mir hängen Wassertropfen vom letzten Regen. Meine Stirn streift die Fähnchen, und ein paar Tropfen fallen herab. Anna öffnet die Terrassentür. Ein warmer Hauch weht uns entgegen. Es ist so still, dass wir das

Lodern der Flammen im Kaminofen hören. Die erste Holzdiele knarrt, als wir die Stube betreten. Mein Blick wandert zum Sofa, wo unsere Tochter, eingehüllt in das schwarze Tuch aus Indien, ihren Mittagsschlaf hält. Sie scheint nichts vom Telefonat nach Nepal mitbekommen zu haben. Unglaublich: Vor ein paar Jahren war ich aufgebrochen, um im Alleingang die Welt zu entdecken. Ich traf Anna am ersten Tag dieser Reise, und die Einsamkeit war verschwunden. Und heute? Heute bin ich Vater. Anna und ich sind Eltern einer zweieinhalbjährigen Tochter.

Wir beugen uns über die Kleine, um sie im Schlaf zu beobachten. Sie nimmt die Geborgenheit, die wir ihr geben, und schenkt uns ihr Vertrauen. In selben Moment wird sie wach. Schlagartig überfällt mich dieses Gefühl, für das es keine Worte gibt. Ich blicke in die mandelförmigen Augen ihrer Mutter. Ich erkenne Anna und mich in dem kleinen Wesen.

»Wo wart ihr?«, fragt sie mit verschlafener Stimme.

»Wir waren in Nepal bei unseren Freunden.«

»Bei Anaya?«, will sie mit großen Augen von mir wissen.

Auch Shree und Bimala haben zwischen Nepals erster und zweiter Corona-Welle eine Tochter bekommen: Anaya. Irgendwann werden unsere Mädchen gemeinsam auf dem handgewebten, weinroten Teppich sitzen, wo wir so oft zu Gast waren, und werden über Shrees mit Schokolade gefüllte Momos herfallen.

Ich weihe meine Tochter in den spontan entstandenen Plan ein. Ihre Füßchen strampeln aufgeregt unter dem Tuch. Sie lächelt. Anouk Fjella – sie ist die jüngste Einwohnerin im beschaulichen Achtzig-Seelen-Dorf in Thüringen. Anouk steht für die Bärin, und Fjella heißt Gebirge. Ohne den Lockdown im höchsten Gebirge der Welt wäre sie heute vielleicht nicht bei uns.

Ihr erstes Zuhause ist ein altes, einfaches Vierzig-Quadratmeter-Fachwerkhäuschen zur Miete. Kühe, die uns seit der Reise heilig sind, grasen auf den letzten saftigen Wiesen hinter dem Haus. Kiefern, die das Dorf von allen Seiten umgeben, tanzen im Takt des Herbstes, und ein kühler Wind weht über die Kuppe des Berges, auf dem wir leben. Der Nachbar wandert abends mit einem Stock durch die einzige Straße und treibt die frei laufenden Hühner zusammen. Ein von der Dorfgemeinschaft betriebener Bioladen öffnet einmal wöchentlich. Sein Gemüse bringt man hier mit einer Schubkarre nach Hause. Autos fahren kaum, die Zeit scheint stillzustehen. Es ist ein friedlicher Ort für uns und unsere Tochter.

Seit Nepal ticken unsere Uhren langsamer. Doch alles im Leben hat seine Zeit. Auf Jahre der Einkehr folgen Jahre des Aufbruchs. Die Idee, als Familie sesshaft zu werden, ist reizvoll. Aber noch sind wir weit davon entfernt. Es ist die Neugier nach der Fremde, die uns heute wieder antreibt. Die Welt ist schön, und Anouk soll sie sehen. Mal wieder lassen wir in Deutschland alles hinter uns, denn für uns geht es zurück in die Mongolei, dieses Mal zu dritt. Wir möchten langsam reisen, ohne Pläne, ohne Zeitdruck, um uns wie in Nepal dem Unvorhersehbaren hinzugeben. Seit einem Jahr lerne ich sogar an einer Sprachschule die uralte Nomadensprache Mongolisch.

Wie lange wir da an einem Ort als Familie verweilen werden? »Тэнгэр мэднэ«, eine mongolische Redewendung gibt die Antwort: Der Himmel weiß es.